CAKE-POPS

Kuchenpralinen am Stiel

Autorin: Christa Schmedes | Fotos: EISING STUDIO | FOOD PHOTO & VIDEO

D1917488

DIE GU-QUALITÄTS-GARANTIE

Wir möchten Ihnen mit den Informationen und Anregungen in diesem Buch das Leben erleichtern und Sie inspirieren, Neues auszuprobieren. Bei jedem unserer Bücher achten wir auf Aktualität und stellen höchste Ansprüche an Inhalt, Optik und Ausstattung. Alle Rezepte und Informationen werden von unseren Autoren gewissenhaft erstellt und von unseren Redakteuren sorgfältig ausgewählt und mehrfach geprüft. Deshalb bieten wir Ihnen eine 100 %ige Qualitätsgarantie.

Darauf können Sie sich verlassen:
Wir legen Wert darauf, dass unsere Kochbücher zuverlässig und inspirierend zugleich sind.
Wir garantieren:

- dreifach getestete Rezepte
- sicheres Gelingen durch Schritt-für-Schritt-Anleitungen und viele nützliche Tipps
- eine authentische Rezept-Fotografie

Wir möchten für Sie immer besser werden:
Sollten wir mit diesem Buch Ihre Erwartungen nicht erfüllen, lassen Sie es uns bitte wissen! Nehmen Sie einfach Kontakt zu unserem Leserservice auf. Sie erhalten von uns kostenlos einen Ratgeber zum gleichen oder ähnlichen Thema. Die Kontaktdaten unseres Leserservice finden Sie am Ende dieses Buches.

GRÄFE UND UNZER VERLAG
Der erste Ratgeberverlag – seit 1722.

KV

INHALT

TIPPS UND EXTRAS

24 FÜR GÄSTE UND FESTE

36 HITS FÜR KIDS

50 EDEL UND FEIN

CAKE-POP-BASICS

Sie wollen gleich loslegen, wissen aber nicht genau wie? Hier sind meine Grundrezepte für alle Cake-Pop-Varianten – ob gebacken, geformt oder ausgestochen.

WAS SIND CAKE-POPS EIGENTLICH?

Der Trend schwappte aus England und den USA zu uns – und innerhalb kürzester Zeit waren Cake-Pops auch hierzulande in aller Munde. Die kleinen, kugelrunden Kuchenbällchen am Stiel haben die Herzen von Kindern und Erwachsenen im Sturm erobert. Kein Wunder: Man kann sie für jeden Anlass und jeden Geschmack immer wieder neu kreieren.

WIE KOMMEN DIE CAKE-POPS IN FORM?

Flexible Cake-Pop-Backformen gibt es in gut sortierten Haushaltswarengeschäften zu kaufen. Sie sind in unterschiedlichen Größen, z. B. für 16, 18 oder 20 Cake-Pops, erhältlich.

GRUNDREZEPT FÜR 16 CAKE-POPS

Den Backofen auf 180° vorheizen. 30 g Butter zerlassen. 1 Ei (Größe M), 1 EL Naturjoghurt, 50 g Zucker, 1 Pck. Vanillezucker und 1 Prise Salz mit dem Handrührgerät in ca. 5 Min. weißschaumig rühren. 75 g Mehl mit ¼ TL Backpulver mischen und in den Eischaum rühren. Zuletzt die flüssige Butter unterrühren. Den unteren Teil der Backform auf ein Backblech stellen, den Teig mit zwei Teelöffeln in die Mulden füllen und die Form mit dem Deckel verschließen. Den Teig im Ofen (Mitte) in ca. 20 Min. goldbraun backen. Die Form herausnehmen und 5 Min. abkühlen lassen. Dann den Deckel abnehmen und die Cake-Pops aus den Mulden drücken.

GRUNDREZEPT FÜR 18 CAKE-POPS

Wer eine große Cake-Pop-Backform besitzt, kann mit diesem Rezept gleich 18 Stück backen. Dafür 60 g Butter zerlassen. 1 Ei (Größe M) mit 60 g Zucker, 1 Pck. Vanillezucker und 1 Prise Salz weißschaumig rühren. 80 g Mehl mit ¼ TL Backpulver mischen und unterheben. Die flüssige Butter unterrühren. Den Teig in die Mulden füllen und wie im Rezept für 16 Stück angegeben backen.

FÜR DEN ELEKTRISCHEN CAKE-POP-MAKER

Mit diesem praktischen Gerät kann man 12 Cake-Pops auf einmal backen. Hier empfiehlt es sich, gleich die doppelte Menge Teig zuzubereiten. Für 24 Stück: 100 g Butter zerlassen. 1 Ei (Größe M) mit 1 EL Milch, 100 g Zucker, 1 Pck. Vanillezucker und 1 Prise Salz cremig rühren. 100 g Mehl mit ¼ TL Backpulver mischen und unterheben. Die flüssige Butter unterrühren. Elektrischen Cake-Pop-Maker erhitzen. Die Hälfte des Teigs in die Mulden füllen und die Cake-Pops in 12 – 15 Min. goldbraun backen, dann herausnehmen. Den restlichen Teig ebenso backen.

... ODER GANZ OHNE BACKEN

Heute keine Lust auf Backen? Dann probieren Sie doch mal mein Lieblingsrezept für selbst geformte Cake-Pops: Für 20 Stück 200 g Löffelbiskuits in der Küchenmaschine zerkleinern oder in einen Gefrierbeutel geben, verschließen und die Biskuits mit dem Nudelholz fein zerbröseln. 50 g weiche Butter mit 75 g Puderzucker, 1 Pck. Vanillezucker und 150 g Doppelrahm-Frischkäse verrühren. Biskuitbrösel zugeben und alles zu einem formbaren Teig verkneten. Aus dem Teig 20 Bällchen formen, auf eine Platte oder einen Teller legen und mindestens 30 Min. in den Kühlschrank stellen.

CAKE-POP-FIGUREN

Sie können aus der Cake-Pop-Masse auch Figuren formen oder mit einer Ausstechform Figuren ausstechen. Wenn Sie für ein bestimmtes Motiv keine passende Ausstechform zur Hand haben, hilft Ihnen eine selbst gefertigte Schablone. Dafür das gewünschte Motiv auf festes Papier aufzeichnen und ausschneiden. Die Schablone auf die vorbereitete und ausgerollte Teigmasse legen und mit einem Messer ausschneiden.

AUFBEWAHREN UND TRANSPORTIEREN

Cake-Pops sind das ideale Mitbringsel für jede Party! Stellen Sie die Cake-Pops am Vortag fertig und bewahren Sie sie – fertig verziert – bis zum Servieren im Kühlschrank auf. Hier halten sie sich 3 Tage frisch. Und damit beim Transport nichts abplatzt oder zerbricht, die Cake-Pops in eine große Plätzchendose legen und mit Küchenpapier auspolstern. Mein Tipp: Zum Verschenken verpacke ich die Cake-Pops einzeln in Zellophantütchen, die ich je nach Anlass hübsch verziere.

JETZT GEHT'S AN DIE DEKO

150 g Kuvertüre (Zartbitter, Vollmilch oder weiß) oder Candy-Melts | 20 g Kokosfett | 16 Cake-Pop-Stiele oder Holzstäbchen | 16 unglasierte Cake-Pops | Zuckerdekor (z. B. Streusel oder Perlen)

Für 16 Stück | 20 Min. Zubereitung | 15 Min. Kühlen

1 Kuvertüre hacken (Candy-Melts müssen nicht zerkleinert werden) und mit Kokosfett in eine Schüssel geben. Kleine Mengen in eine Tasse füllen.

2 In einem Topf Wasser erhitzen. Die Tasse kann direkt in das (nicht zu heiße) Wasser gestellt werden, die Schüssel wird über den Wasserdampf gehängt.

3 Einen Cake-Pop-Stiel in die geschmolzene Kuvertüre tauchen, dann 1 cm tief in einen Cake-Pop stecken. So rutschen die Pops nicht vom Stiel. 15 Min. kühlen.

4 Einen Cake-Pop am Stiel fassen, in die Kuvertüre tauchen und wieder herausziehen. Den Überschuss abtropfen lassen, damit die Deko später gut hält.

5 Den glasierten Cake-Pop sofort mit der Deko verzieren, sonst wird die Kuvertüre fest. Kleine Details platziert man am besten mit einer Pinzette.

TIPP

Für kreatives Backzubehör und ausgefallenes Dekomaterial stöbere ich am liebsten im Web. Unter dem Suchbegriff »Cake-Pops Zubehör« finden Sie dort auch Rollfondant, Zuckeraugen oder Candy-Melts. Vieles bekommen Sie aber auch in einer gut sortierten Backwarenabteilung im Kaufhaus oder Supermarkt.

DIE PERFEKTE GLASUR

Der Cake-Pop ist gebacken oder geformt – aber noch ist er nackt! Erst die knackig zarte Hülle aus Kuvertüre oder Candy-Melts macht den Kuchenmini zum Highlight. Mit folgenden Tipps und Tricks werden Ihre Cake-Pops besonders schön.

AUF DIE STIELE, FERTIG, LOS!
Cake-Pop-Stiele aus Papier oder Kunststoff gibt es in verschiedenen Längen in gut sortierten Haushaltswarengeschäften. Perfekt eignen sich auch etwas dickere Holzstäbchen oder Fingerfoodspieße die Sie in verschiedenen Längen in jedem Supermarkt oder Kaufhaus bekommen.

IM TROCKENDOCK
Für die Trockenstation eignet sich am besten eine nicht zu dünne Styroporplatte. Wenn Sie die Cake-Pops darin steckend servieren möchten, überziehen Sie sie am besten vorher mit Alufolie oder Geschenkpapier. Blumensteckmasse (Blumenbedarf) oder eine Schuhschachtel sind ebenfalls geeignet. Bohren Sie in den Deckel der Schuhschachtel mit genügend Abstand kleine Löcher, damit die Cake-Pop-Stiele Halt haben und nicht wackeln.

GEKONNT SCHMELZEN
Wundern Sie sich ab und zu, dass Ihr Schokoüberzug grau und stumpf ist? Damit die Kuvertüre wirklich perfekt glänzt und schön knackig wird, helfen folgende Tricks: Die Kuvertüre unter Rühren schmelzen lassen und dabei vermeiden, dass Wassertröpfchen hineingelangen, denn selbst winzige Mengen Wasser lassen Schokolade oder Kuvertüre klumpig werden. Übrigens: Wird die Kuvertüre beim Schmelzen zu heiß, verliert sie ebenfalls ihren Glanz – durch das sanfte Erwärmen über dem Wasserbad bleibt die Temperatur im grünen Bereich und das Ergebnis wird perfekt.

KNACKIG UMHÜLLT
Die Cake-Pops einzeln in die geschmolzene Kuvertüre tauchen, bis sie rundum damit überzogen sind. Dann zügig aus der Kuvertüre ziehen, dabei aber nicht zu ruckartig bewegen, damit sich der Stiel nicht löst. Um die überschüssige Glasur abtropfen zu lassen, den Stiel langsam drehen und dabei mit der freien Hand ganz zart auf die Hand klopfen, mit der Sie den Cake-Pop festhalten. Den Cake-Pop dann in den vorbereiteten Halter stecken. Den Halter mit den fertig verzierten Pops kühl stellen, bis der Überzug fest ist.

SCHNELL UND EINFACH

Endlose Deko-Arien und ausgefallene Zutaten sind nicht Ihr Ding? Hier sind meine Lieblingsrezepte für alle, die erst mal ein wenig einfacher starten wollen. Aber auch diese Cake-Pops sind schon echte Prachtstücke!

KONFETTI-POPS

Diese regenbogenfarbenen Cake-Pops sind echte Gute-Laune-Stifter! Und beim Bestreuen mit Konfetti-Streuseln helfen bestimmt auch die Kinder begeistert mit.

30 g Butter
1 Ei (Größe M)
50 g Zucker
1 Pck. Vanillezucker
1 Prise Salz
90 g Mehl
¼ TL Backpulver
1 EL Naturjoghurt

Für die Deko:
25 g weiße Kuvertüre
2 EL Milch
200 g Puderzucker
einige Tropfen Lebensmittelfarbe (rot, gelb, grün)
Dekor-Konfetti

Außerdem:
flexible Cake-Pop-Backform für 16 Stück
16 Cake-Pop-Stiele oder Holzstäbchen

Kunterbunt

Für 16 Stück | 1 Std. 15 Min. Zubereitung | 20 Min. Backen | 20 Min. Kühlen
Pro Stück ca. 123 kcal, 1 g EW, 3 g F, 22 g KH

1 Backofen auf 180° vorheizen. Butter zerlassen. Ei, Zucker, Vanillezucker und Salz mit dem Handrührgerät in ca. 5 Min. weißschaumig rühren. Mehl mit Backpulver mischen und einrühren. Die flüssige Butter und den Joghurt gut unterrühren. Den unteren Teil der Backform auf ein Backblech stellen, den Teig mit zwei Teelöffeln in die Mulden füllen und die Form mit dem Deckel verschließen. Den Teig im Ofen (Mitte) ca. 20 Min. backen. Die Form herausnehmen und 5 Min. abkühlen lassen. Dann den Deckel abnehmen und die Cake-Pops aus den Mulden drücken.

2 Für die Deko die Kuvertüre hacken und in einer Tasse im heißen Wasserbad schmelzen lassen. Cake-Pop-Stiele 1 cm tief eintauchen, in die Cake-Pops stecken und diese 15 Min. kühlen.

3 Milch leicht erwärmen, mit dem Puderzucker zu einer dickflüssigen Glasur verrühren und diese dritteln. Eine Portion mit einigen Tropfen roter, die zweite mit einigen Tropfen gelber und die dritte mit einigen Tropfen grüner Lebensmittelfarbe verrühren. Die Cake-Pops einzeln in je eine Glasur tauchen und den Überschuss durch Drehen der Stiele abtropfen lassen. Mit Dekor-Konfetti bestreuen und trocknen lassen.

TIPP

Besonders gut deckt eine Eiweißglasur. Dazu 1 ganz frisches Eiweiß halbsteif schlagen, 200 g Puderzucker und 1 TL Zitronensaft nach und nach einrühren, bis eine dicke, glänzende Glasur entsteht. Die Cake-Pops einzeln hineintauchen und den Überschuss abtropfen lassen. Mit bunten Zuckerstreuseln bestreuen und trocknen lassen.

1

BLACK-AND-WHITE-POPS

30 g Butter | 1 Ei (Größe M) | 50 g Zucker | 1 TL Vanillezucker | 1 Prise Salz | 2 TL Kakaopulver | 50 g gemahlene Mandeln | 50 g Mehl | ¼ TL Backpulver | 125 g Zartbitterkuvertüre | 100 g weiße Kuvertüre | flexible Cake-Pop-Backform für 16 Stück | 16 Cake-Pop-Stiele oder Holzstäbchen

Elegante Schokostückchen

Für 16 Stück | 1 Std. 15 Min. Zubereitung | 20 Min. Backen | 20 Min. Kühlen
Pro Stück ca. 140 kcal, 2 g EW, 9 g F, 13 g KH

1 Den Backofen auf 180° vorheizen. Butter zerlassen. Ei, Zucker, Vanillezucker und Salz weißschaumig rühren. Kakao mit Mandeln, Mehl und Backpulver mischen und einrühren. Die flüssige Butter unterrühren. Den unteren Teil der Backform auf ein Backblech stellen, den Teig mit zwei Teelöffeln in die Mulden füllen und mit dem Deckel verschließen. Im Ofen (Mitte) ca. 20 Min. backen. Herausnehmen, 5 Min. abkühlen lassen, Deckel abnehmen und die Cake-Pops aus den Mulden drücken.

2 Für die Deko Zartbitterkuvertüre hacken und über dem heißen Wasserbad schmelzen lassen. Cake-Pop-Stiele 1 cm tief eintauchen, in die Cake-Pops stecken und diese 15 Min. kühlen.

3 Weiße Kuvertüre hacken und im heißen Wasserbad schmelzen lassen. Je 8 Cake-Pops mit weißer und dunkler Kuvertüre überziehen und den Überschuss durch Drehen der Stiele abtropfen lassen. Übrige Kuvertüre getrennt in kleine Gefrierbeutel füllen und je ein kleines Loch einstechen. Die dunklen Cake-Pops mit hellen, die hellen mit dunklen Linien verzieren. Trocknen lassen.

KOKOS-CAKE-POPS

30 g Butter | 1 Ei (Größe M) | 50 g Puderzucker | 1 Prise Salz | 1 TL weißer Rum (nach Belieben) | 75 g Kokosraspel | 2 TL Speisestärke | ¼ TL Backpulver | 200 g weiße Kuvertüre | 20 g Kokosfett | 2 EL Kokosraspel | flexible Cake-Pop-Backform für 16 Stück | 16 Papierförmchen für Pralinen | 16 Keks-Sticks mit weißer Schokolade

Karibischer Genuss

Für 16 Stück | 50 Min. Zubereitung | 20 Min. Backen
Pro Stück ca. 165 kcal, 2 g EW, 12 g F, 12 g KH

1 Den Backofen auf 180° vorheizen. Butter zerlassen. Ei, Puderzucker, Salz und nach Belieben Rum mit dem Handrührgerät in ca. 5 Min. weißschaumig rühren. Kokosraspel mit Speisestärke und Backpulver mischen und unterheben, die flüssige Butter gut einrühren. Den unteren Teil der Backform auf ein Backblech stellen, den Teig mit zwei Teelöffeln in die Mulden füllen und die Form mit dem Deckel verschließen. Den Teig im Ofen (Mitte) ca. 20 Min. backen. Die Form herausnehmen und 5 Min. abkühlen lassen. Dann den Deckel abnehmen und die Cake-Pops aus den Mulden drücken.

2 Für die Deko die Kuvertüre hacken und mit dem Kokosfett in einer Schüssel über dem heißen Wasserbad schmelzen lassen. Die Cake-Pops einzeln damit überziehen, sofort mit den Kokosraspeln bestreuen und kurz trocknen lassen. Dann in die Pralinenförmchen setzen und jeweils 1 Keks-Stick hineinstecken.

CAKE-POP-HERZEN

Das kommt von Herzen! Saftiger Biskuit wird ausgestochen und bekommt mit rotem Guss und Glitzer den letzten Schliff. Schön verpackt sind diese Cake-Pops ein süßes Mitbringsel.

50 g Butter
3 Eier (Größe M)
90 g Zucker | 90 g Mehl
100 g Aprikosenkonfitüre
1 EL Zitronensaft
Für die Deko:
200 g rote Candy-Melts
20 g Kokosfett
roter Glitzerzucker
Außerdem:
Herz-Ausstechform (4 – 5 cm)
20 Cake-Pop-Stiele oder Holzstäbchen

Macht was her

Für 20 Stück | 45 Min. Zubereitung | 20 Min. Backen | 20 Min. Kühlen
Pro Stück ca. 140 kcal, 2 g EW, 7 g F, 18 g KH

1 Den Backofen auf 180° vorheizen, ein Backblech mit Backpapier belegen. Butter zerlassen. Eier mit Zucker mit dem Handrührgerät weißschaumig rühren. Das Mehl darübersieben, locker unterheben und die flüssige Butter unterziehen. Den Teig auf dem Blech glatt streichen und im Ofen (Mitte) ca. 20 Min. backen. Herausnehmen, den Biskuit auf die Arbeitsfläche stürzen und 5 Min. abkühlen lassen. Dann das Papier abziehen.

2 Aprikosenkonfitüre erwärmen, durch ein Sieb streichen und mit Zitronensaft verrühren. Den Biskuit damit bestreichen und trocknen lassen. Danach 20 Herzen ausstechen.

3 Für die Deko die Candy-Melts mit Kokosfett in einer Schüssel über dem heißen Wasserbad schmelzen lassen. Cake-Pop-Stiele 1 cm tief in die Glasur tauchen, in die Spitze der Herzen stecken und diese 15 Min. kühlen.

4 Die Herzen einzeln in die geschmolzenen Candy-Melts tauchen und den Überschuss durch Drehen der Stiele abtropfen lassen. Die Cake-Pops mit Glitzerzucker bestreuen und trocknen lassen. Zum Verschenken die Herzen in kleine Zellophantüten verpacken.

VARIANTE

Den Biskuit wie beschrieben backen und abkühlen lassen, dann fein zerkrümeln. 150 g Sahne steif schlagen. 150 g Doppelrahm-Frischkäse mit 75 g Puderzucker, 50 g geschälten, gemahlenen Mandeln und 1 Pck. Vanillezucker glatt rühren. Die Schlagsahne unterheben und die Biskuitbrösel gut untermischen. Die Masse zwischen Frischhaltefolie 2 – 3 cm dick ausrollen, Herzen ausstechen und 30 Min. kühlen. Währenddessen 200 g Candy-Melts (rot oder rosa) mit 20 g Kokosfett über dem heißen Wasserbad schmelzen lassen. Cake-Pop-Stiele 1 cm tief in die Glasur tauchen, in die Herzen stecken und diese nochmals 15 Min. kühlen. Die Herzen dann einzeln in die geschmolzenen Candy-Melts tauchen und den Überschuss unter Drehen der Stiele abtropfen lassen. Noch feucht nach Belieben mit Zuckerblümchen, Zuckerstreuseln oder Glitzerzucker verzieren und trocknen lassen.

MARMOR-CAKE-POPS

40 g weiche Butter | 60 g Zucker | 1 Prise Salz | 1 Ei (Größe M) | 1 TL Rum (nach Belieben) | 90 g Mehl | ¼ TL Backpulver | 1 TL Nussnugatcreme | 75 g Zartbitterkuvertüre | 10 g Kokosfett | flexible Cake-Pop-Backform für 16 Stück | 16 Cake-Pop-Stiele oder Holzstäbchen

Klassiker en miniature

Für 16 Stück | 25 Min. Zubereitung | 20 Min. Backen | 20 Min. Kühlen
Pro Stück ca. 90 kcal, 1 g EW, 5 g F, 10 g KH

1 Backofen auf 180° vorheizen. Butter mit Zucker, Salz, Ei und nach Belieben Rum cremig rühren. Mehl mit Backpulver mischen und einrühren. Ein Drittel vom Teig mit Nussnugatcreme verrühren.

2 Den unteren Teil der Backform auf ein Backblech stellen und den hellen Teig mit zwei Teelöffeln in die Mulden füllen. Den dunklen Teig daraufgeben und beide Teige mit einem Holzstäbchen spiralförmig verziehen. Die Form mit dem Deckel verschließen und den Teig im Ofen (Mitte) ca. 20 Min. backen. Herausnehmen und 5 Min. abkühlen lassen. Dann den Deckel abnehmen und die Cake-Pops aus den Mulden drücken.

3 Für die Deko die Kuvertüre grob hacken und mit Kokosfett im heißen Wasserbad schmelzen lassen. Cake-Pop-Stiele 1 cm tief eintauchen, in die Cake-Pops stecken und diese 15 Min. kühlen. Die übrige Kuvertüre in einen kleinen Gefrierbeutel füllen, ein kleines Loch einstechen und feine Linien auf die Cake-Pops spritzen.

BROWNIES AM STIEL

30 g Walnusskerne | 50 g Zartbitterschokolade | 30 g weiche Butter | 2 Eigelb (Größe M) | 50 g Rohrzucker | 1 Prise Salz | 90 g Mehl | 150 g Vollmilchkuvertüre | 20 g Kokosfett | Kakaopulver | flexible Cake-Pop-Backform für 16 Stück | 16 Cake-Pop-Stiele oder Holzstäbchen

Nussvoll und schokoladig

Für 16 Stück | 45 Min. Zubereitung | 20 Min. Backen | 20 Min. Kühlen
Pro Stück ca. 145 kcal, 2 g EW, 9 g F, 13 g KH

1 Den Backofen auf 180° vorheizen. Walnusskerne fein hacken. Schokolade in Stücke brechen und mit Butter im heißen Wasserbad schmelzen lassen. Eigelbe mit Zucker und Salz verrühren, die Schokobutter zugeben und alles cremig aufschlagen. Nüsse und Mehl mischen und unterheben.

2 Den unteren Teil der Backform auf ein Backblech stellen, den Teig mit zwei Teelöffeln in die Mulden füllen und die Form mit dem Deckel verschließen. Den Teig im Ofen (Mitte) ca. 20 Min. backen. Herausnehmen und 5 Min. abkühlen lassen. Dann den Deckel abnehmen und die Cake-Pops aus den Mulden drücken.

3 Für die Deko die Kuvertüre hacken und mit dem Kokosfett in einer Schüssel über dem heißen Wasserbad schmelzen lassen. Cake-Pop-Stiele 1 cm tief eintauchen, in die Cake-Pops stecken und diese 15 Min. kühlen. Die Pops dann in die geschmolzene Kuvertüre (bei Bedarf nochmals erwärmen) tauchen und den Überschuss abtropfen lassen. Die Brownies kurz trocknen lassen und mit Kakaopulver bestäuben.

ZITRUS-POPS

Für Kuchen ist es mir im Sommer oft zu heiß. Aber wenn es fruchtige kleine Cake-Pops in Form von Limetten, Zitronen und Orangen gibt, kann ich nicht widerstehen.

1 Bio-Limette
20 g Zitronat
1 Pck. Vanillezucker
75 g Butter | 125 g Zucker
2 Eigelb (Größe M)
100 g geschälte, gemahlene Mandeln
50 g Mehl
½ TL Backpulver

Für die Deko:

100 g grüne Candy-Melts
75 g gelbe Candy-Melts
75 g orangefarbene Candy-Melts
32 Marzipanblättchen (Fertigprodukt)

Außerdem:

flexible Cake-Pop-Backform für 16 Stück
32 Cake-Pop-Stiele oder Holzstäbchen

Frisch und leicht

Für 32 Stück | 1 Std. Zubereitung | 40 Min. Backen | 25 Min. Kühlen
Pro Stück ca. 115 kcal, 1 g EW, 7 g F, 12 g KH

1 Den Backofen auf 180° vorheizen. Limette heiß abwaschen und abtrocknen. 1 TL Schale abreiben, den Saft auspressen. Zitronat mit Vanillezucker im Mixer sehr fein zerkleinern. Butter zerlassen. Zucker mit Eigelben, Limettenschale und -saft mit dem Handrührgerät in ca. 5 Min. weißschaumig rühren. Mandeln mit Mehl, Backpulver und Zitronat-Vanillezucker mischen und einrühren. Die flüssige Butter unterrühren.

2 Den unteren Teil der Backform auf ein Backblech stellen, die Hälfte des Teigs mit zwei Teelöffeln in die Mulden füllen und die Form mit dem Deckel verschließen. Den Teig im Ofen (Mitte) ca. 20 Min. backen. Herausnehmen und 5 Min. abkühlen lassen. Dann den Deckel abnehmen und die Cake-Pops aus den Mulden drücken. Den restlichen Teig ebenso backen.

3 Für die Deko die grünen Candy-Melts in einer Tasse im heißen Wasserbad schmelzen lassen. Cake-Pop-Stiele 1 cm tief eintauchen, in die Cake-Pops stecken und diese 15 Min. kühlen. Gelbe und orangefarbene Candy-Melts getrennt in zwei Tassen im heißen Wasserbad schmelzen. Je ein Drittel der Cake-Pops grün, gelb und orangefarben glasieren, dabei den Überschuss durch Drehen der Stiele abtropfen lassen. Die Zitrus-Pops noch feucht mit Marzipanblättchen verzieren.

VARIANTE

Für Lime-Pops 1 TL abgeriebene Bio-Limettenschale mit 2 TL Zucker mischen. Die Cake-Pops mit grünen oder gelben Candy-Melts überziehen, nur kurz trocknen lassen und dann mit dem Limettenzucker bestreuen. Wer mag, verziert auch diese Pops noch mit Marzipanblättchen.

3

SPIELKARTEN-CAKE-POPS

150 g Sahne | 150 g Zucker | 1 Pck. Vanillezucker | 1 Prise Salz | 3 Eier (Größe M) | 225 g Mehl | 1 TL Backpulver | 100 g Apfelgelee | 250 g Puderzucker | 1 EL Zitronensaft | 100 g Marzipanrohmasse | rote Lebensmittelfarbe | verstellbarer Backrahmen | Ausstechformen mit Spielkartensymbolen (ca. 1 ½ cm)

Für den Spieleabend

Für 24 Stück | 50 Min. Zubereitung | 25 Min. Backen | 1 Std. 5 Min. Kühlen
Pro Stück ca. 160 kcal, 2 g EW, 4 g F, 29 g KH

1 Backofen auf 180° vorheizen, ein Backblech mit Backpapier belegen. Den Backrahmen auf 24 × 24 cm einstellen und auf das Blech setzen.

2 Sahne, Zucker, Vanillezucker, Salz und Eier weißschaumig rühren. Mehl mit Backpulver mischen und locker unterheben. Den Teig im Backrahmen glatt streichen und im Ofen (Mitte) ca. 25 Min. backen. Herausnehmen, 5 Min. abkühlen lassen, dann den Backrahmen entfernen. Gelee erwärmen, den Kuchen damit bestreichen und trocknen lassen. Danach mit einem scharfen Messer in 24 Rechtecke (4 × 6 cm) schneiden.

3 Für die Deko den Puderzucker mit Zitronensaft und 3–4 EL lauwarmem Wasser zu einer dickflüssigen Glasur verrühren. Marzipanrohmasse mit 2–3 Tropfen Lebensmittelfarbe verkneten, zwischen Frischhaltefolie dünn ausrollen und Spielkartensymbole (z. B. Karo, Pik, Herz, Ziffern) ausstechen. Den Kuchen mit der Glasur bestreichen und jedes Rechteck noch feucht mit den Spielkartensymbolen verzieren. Die Rechtecke vom Blech heben und 1 Std. kühlen.

NOTENBLÄTTER

150 g Sahne | 150 g Zucker | 1 Pck. Vanillezucker | 1 Prise Salz | 3 Eier (Größe M) | 225 g Mehl | 1 TL Backpulver | 100 g Apfel- oder Quittengelee | 250 g Puderzucker | 4 – 5 EL lauwarme Milch | 75 g Zartbitterkuvertüre | 10 g Kokosfett | verstellbarer Backrahmen

Für Musikliebhaber

Für 24 Stück | 45 Min. Zubereitung | 25 Min. Backen | 1 Std. 5 Min. Kühlen
Pro Stück ca. 160 kcal, 2 g EW, 4 g F, 28 g KH

1 Backofen auf 180° vorheizen, ein Backblech mit Backpapier belegen. Den Backrahmen auf 24 × 24 cm einstellen und auf das Blech setzen.

2 Sahne, Zucker, Vanillezucker, Salz und Eier weißschaumig rühren. Mehl mit Backpulver mischen und unterheben. Den Teig im Backrahmen glatt streichen und im Ofen (Mitte) in ca. 25 Min. goldbraun backen. Herausnehmen, 5 Min. abkühlen lassen, dann den Backrahmen entfernen. Gelee erwärmen, den Kuchen damit bestreichen und trocknen lassen. Danach mit einem scharfen Messer in Rechtecke (4 × 6 cm) schneiden.

3 Für die Deko Puderzucker und Milch zu einer dickflüssigen Glasur verrühren. Den Kuchen damit bestreichen, trocknen lassen und die Rechtecke voneinander trennen. Kuvertüre hacken und mit Kokosfett in einer Tasse im heißen Wasserbad schmelzen lassen. Die geschmolzene Kuvertüre in einen kleinen Gefrierbeutel füllen, ein kleines Loch einstechen und Notenlinien, Noten und Notenschlüssel auf die Rechtecke spritzen. Die Cake-Pops 1 Std. kühlen.

KRAPFEN-POPS

Meine Familie liebt diese luftig-fluffigen Cake-Pops. Mit einem Happs sind sie verschwunden – da darf es auch gerne ein zweiter oder dritter sein!

300 g Mehl
1 Pck. Trockenhefe
100 ml lauwarme Milch
2 EL Zucker
1 TL Vanillezucker
1 Prise Salz
50 g zerlassene Butter
2 Eigelb (Größe M)

Für die Deko:

200 g Puderzucker
1 EL Zitronensaft
bunte Zuckerstreusel

Außerdem:

Mehl zum Arbeiten
Öl zum Frittieren (ca. ½ l; ersatzweise Butterschmalz)
24 Holzstäbchen

Frisch am besten

Für 24 Stück | 45 Min. Zubereitung | 1 Std. Ruhen
Pro Stück ca. 160 kcal, 2 g EW, 9 g F, 19 g KH

1 Mehl mit Trockenhefe in einer Schüssel mischen und die Milch einrühren. Zucker, Vanillezucker, Salz, zerlassene Butter und Eigelbe dazugeben und alles rasch mit den Händen zu einem glatten Teig verkneten. Diesen zugedeckt an einem warmen Ort 45 Min. gehen lassen (Bild 1).

2 Den Teig auf der bemehlten Arbeitsfläche kräftig durchkneten, zu einer Rolle formen und in 24 Stücke schneiden. Jedes Stück zwischen bemehlten Händen zu einem Bällchen formen (Bild 2) und auf ein bemehltes Brett oder Blech legen. Die Bällchen mit einem Küchentuch abdecken und nochmals 15 Min. gehen lassen.

3 Öl in einem Topf erhitzen. Es ist heiß genug, wenn an einem ins Öl getauchten Holzstäbchen rasch Bläschen aufsteigen. Die Krapfen-Pops portionsweise ins heiße Öl legen und von jeder Seite in 2 – 3 Min. goldbraun frittieren (Bild 3). Mit einem Schaumlöffel herausheben, auf Küchenpapier entfetten und abkühlen lassen.

4 Für die Deko den Puderzucker mit Zitronensaft und 2 – 3 EL lauwarmem Wasser zu einer dickflüssigen Glasur verrühren. Die Krapfen-Pops damit bestreichen und mit Zuckerstreuseln verzieren. Zum Servieren auf Holzstäbchen stecken.

VARIANTE

Für gefüllte Krapfen-Pops 2 EL Aprikosenkonfitüre erwärmen, durch ein Sieb streichen und in einen Spritzbeutel mit kleiner Lochtülle füllen. Die Tülle seitlich in die gebackenen Krapfen stechen und jeweils etwas Konfitüre hineinspritzen.

1

2

FÜR GÄSTE UND FESTE

Egal ob Osterbrunch, Gartenfest oder Adventskaffee, ob Taufe, Hochzeit oder Geburtstagsparty – für jeden Anlass gibt es die passenden Cake-Pops. Hübsch verziert sind sie die heimlichen Stars auf dem Büfett.

GEBURTSTAGS-CAKE-POPS

Happy Birthday! Dieses Jahr gibt's für das Geburtstagskind einen essbaren Blumenstrauß aus vielen zarten Minikuchen.

50 g Zartbitterschokolade
50 g weiche Butter
50 g Zucker
1 Ei (Größe M)
1 Eigelb (Größe M)
1 TL Kakaopulver
50 g gehackte Mandeln
125 g Mehl
1 EL Himbeergelee
1 EL Mascarpone
25 g Zartbitterkuvertüre

Für die Deko:

350 g rosafarbener Rollfondant
20 bunte Esspapierblüten (Fertigprodukt)

Außerdem:

20 Cake-Pop-Stiele oder Holzstäbchen
runde Ausstechform (8 cm ∅)

Gut vorzubereiten

Für 20 Stück | 1 Std. 15 Min. Zubereitung | 15 Min. Backen | 50 Min. Kühlen
Pro Stück ca. 180 kcal, 2 g EW, 7 g F, 26 g KH

1 Den Backofen auf 180° vorheizen, ein Backblech mit Backpapier belegen. Schokolade mit Butter über dem heißen Wasserbad schmelzen lassen. Die Schokobutter mit Zucker, Ei, Eigelb und Kakaopulver cremig rühren. Mandeln und Mehl unterheben. Den Teig auf das Blech streichen und im Ofen (Mitte) 15 – 20 Min. backen. Herausnehmen, den Kuchen auf die Arbeitsfläche stürzen und 5 Min. abkühlen lassen. Dann das Papier abziehen.

2 Den Kuchen fein zerkrümeln. Die Brösel mit Gelee und Mascarpone zu einer formbaren Masse verkneten. Daraus 20 Bällchen formen und 30 Min. kühlen. Kuvertüre hacken und in einer Tasse im heißen Wasserbad schmelzen lassen. Cake-Pop-Stiele 1 cm tief eintauchen, in die Cake-Pops stecken und diese 15 Min. kühlen.

3 Für die Deko den Rollfondant etwas weich kneten. Danach zwischen Frischhaltefolie dünn ausrollen und 20 Kreise ausstechen. Die Cake-Pops damit umhüllen und die Enden leicht andrücken. Mit Esspapierblüten verzieren.

VARIANTE

Für besondere Gelegenheiten dekoriere ich diese Cake-Pops mit Marzipanrosen. Dafür 200 g Marzipanrohmasse mit 50 g Puderzucker und einigen Tropfen roter Lebensmittelfarbe verkneten. Zwischen Frischhaltefolie dünn ausrollen und Kreise (3 cm ∅) ausstechen. 1 Kreis als Blütenknospe einrollen, 3 – 4 weitere Kreise ansetzen und so eine Rose formen. 200 g Zartbitterkuvertüre mit 20 g Kokosfett über dem heißen Wasserbad schmelzen. Die Cake-Pops damit überziehen, kurz trocknen lassen, in Pralinenförmchen setzen und die Marzipanrosen aufdrücken.

HOCHZEITS-POPS

Ob als kleine Gastgeschenke oder als Hingucker auf der Kaffeetafel – hier haben sich Cake-Pops mal ganz fein gemacht und sind Braut und Bräutigam im Miniformat.

4 Eier (Größe M)
200 g Zucker | 1 Prise Salz
200 g gemahlene Mandeln
100 g Mehl
100 g weiße Kuvertüre
100 g Crème fraîche

Für die Deko:

400 g weiße Kuvertüre
50 g Kokosfett
weißer essbarer Glitzer
weiße Zuckerperlen
150 g Zartbitterkuvertüre
30 g schwarzer Rollfondant

Außerdem:

40 Cake-Pop-Stiele oder Holzstäbchen
40 Papierförmchen für Pralinen

Für den schönsten Tag

Für 40 Stück | 2 Std. Zubereitung | 20 Min. Backen | 50 Min. Kühlen
Pro Stück ca. 180 kcal, 3 g EW, 11 g F, 16 g KH

1 Backofen auf 180° vorheizen, ein Backblech mit Backpapier belegen. Eier, Zucker und Salz mit dem Handrührgerät weißschaumig rühren. Mandeln mit Mehl mischen und unterheben. Den Teig auf das Blech streichen und im Ofen (Mitte) ca. 20 Min. backen. Herausnehmen, auf die Arbeitsfläche stürzen und 5 Min. abkühlen lassen. Das Papier abziehen und den Biskuit fein zerkrümeln.

2 Die Kuvertüre hacken. Crème fraîche erwärmen und die Kuvertüre darin unter Rühren schmelzen lassen. Die Creme abkühlen lassen und mit den Biskuitbröseln zu einer formbaren Masse verkneten. Aus der Masse 40 Cake-Pops formen und 30 Min. kühlen.

3 Für die Deko die weiße Kuvertüre grob hacken und mit 30 g Kokosfett über dem heißen Wasserbad schmelzen lassen. Cake-Pop-Stiele 1 cm tief eintauchen, in die Cake-Pops stecken und diese nochmals 15 Min. kühlen.

4 Die Cake-Pops in die geschmolzene weiße Kuvertüre tauchen und trocknen lassen. Für die Bräute die restliche weiße Kuvertüre in einen Gefrierbeutel füllen, ein kleines Loch einstechen und bei 20 Cake-Pops Streifen und Tupfen als Kleid aufspritzen. Die Braut-Cake-Pops noch feucht mit Glitzer bestreuen und weiße Zuckerperlen als Kette aufsetzen. In Pralinenförmchen setzen.

5 Für die Bräutigame die Zartbitterkuvertüre grob hacken und mit 20 g Kokosfett über dem heißen Wasserbad schmelzen lassen. Für den Frack die übrigen 20 Cake-Pops zuerst seitlich zu einem Drittel in die Kuvertüre tauchen, dann von der anderen Seite. Dabei bleibt in der Mitte ein Stück weiße Kuvertüre als »Hemd« frei. Trocknen lassen. Aus schwarzem Rollfondant 20 Fliegen formen und mit einem winzigen Tupfen Kuvertüre befestigen. Mit einem Zahnstocher kleine Kuvertüretupfen als Knöpfe aufmalen und die Cake-Pops in die Pralinenförmchen setzen.

OSTER-CAKE-POPS

3 Eier (Größe M) | 90 g Zucker | 1 Pck. Vanillezucker | 90 g Mehl | 150 g Doppelrahm-Frischkäse | 2 EL Lemon Curd (englischer Zitronen-Brotaufstrich aus dem Glas; Supermarkt) | 40 g gemahlene Pistazien | 225 g gelbe Candy-Melts | 20 g Kokosfett | 100 g Puderzucker | Zucker-Osterdeko | 20 Cake-Pop-Stiele oder Holzstäbchen | Osterhasen-Ausstechform (5 – 6 cm)

Fürs Osterbüfett

Für 20 Stück | 1 Std. 15 Min. Zubereitung | 20 Min. Backen | 50 Min. Kühlen
Pro Stück ca. 180 kcal, 3 g EW, 7 g F, 25 g KH

1 Backofen auf 180° vorheizen, ein Backblech mit Backpapier belegen. Eier, Zucker und Vanillezucker weißschaumig rühren. Mehl unterheben. Den Teig auf das Blech streichen und im Backofen (Mitte) 20 Min. backen. Herausnehmen, auf die Arbeitsfläche stürzen und 5 Min. abkühlen lassen. Das Papier abziehen und den Biskuit fein zerkrümeln.

2 Frischkäse, Lemon Curd und Pistazien verrühren. Mit den Biskuitbröseln zu einer formbaren Masse verkneten und diese halbieren. Eine Hälfte zwischen Frischhaltefolie 2 – 3 cm dick ausrollen und Häschen ausstechen. Aus der zweiten Hälfte ovale Eier formen, beides 30 Min. kühlen.

3 Candy-Melts mit Kokosfett über dem heißen Wasserbad schmelzen. Stiele 1 cm tief eintauchen, in die Cake-Pops stecken und diese 15 Min. kühlen. Dann alle Pops mit Candy-Melts überziehen. Puderzucker mit 1 – 2 TL lauwarmem Wasser verrühren. Die Glasur in einen Gefrierbeutel füllen und ein kleines Loch einstechen. Die Osterhasen mit Gesichtern, die Eier mit Linien verzieren. Die Osterdeko in den feuchten Guss drücken.

SOMMER-CAKE-POPS

150 g Johannisbeeren | 1 Pck. Vanillezucker | 150 g Löffelbiskuits | 100 g Doppelrahm-Frischkäse | 50 g Puderzucker | 1 EL Aprikosenkonfitüre | 1 TL abgeriebene Bio-Zitronenschale | 225 g grüne Candy-Melts | 20 g Kokosfett | essbare Blüten (z.B. Veilchen, Gänseblümchen oder Kapuzinerkresseblüten; ersatzweise Zuckerblümchen) | 20 Cake-Pop-Stiele oder Holzstäbchen

Für Picknick und Gartenparty

Für 20 Stück | 1 Std. 15 Min. Zubereitung | 45 Min. Kühlen
Pro Stück ca. 135 kcal, 2 g EW, 5 g F, 18 g KH

1 Die Johannisbeeren kurz abbrausen, trocken tupfen und mit einer Gabel von den Rispen streifen. Die Beeren bei Bedarf nochmals trocken tupfen, dann behutsam mit dem Vanillezucker mischen. Die Löffelbiskuits in einen Gefrierbeutel geben, gut verschließen und mit dem Nudelholz fein zerkrümeln. Den Frischkäse mit Puderzucker, Aprikosenkonfitüre und Zitronenschale verrühren. Die Brösel zugeben und alles zu einer formbaren Masse verkneten.

2 Aus der Masse 20 Bällchen formen. Etwas flach drücken, in die Mitte je 2 – 3 Johannisbeeren legen und wieder rund formen. Dann 30 Min. kühlen.

3 Für die Deko Candy-Melts mit Kokosfett über dem heißen Wasserbad schmelzen. Stiele 1 cm tief eintauchen, in die Cake-Pops stecken und diese 15 Min. kühlen. Candy-Melts bei Bedarf nochmals erwärmen. Die Cake-Pops einzeln in die geschmolzene Glasur tauchen und den Überschuss abtropfen lassen. Die Cake-Pops mit Blüten oder Zuckerblümchen verzieren und trocknen lassen.

TAUFPLÄTZCHEN AM STIEL

Eingeladen zur Willkommensparty oder zur Taufe? Mit diesen süßen Keksen erobern Sie das Herz der frisch gebackenen Mutter im Sturm!

200 g weiche Butter
100 g Zucker
1 Pck. Vanillezucker
1 Ei (Größe M)
350 g Mehl
¼ TL Backpulver

Für die Deko:

je 50 g rosafarbener und blauer Rollfondant
250 g Puderzucker
3 EL lauwarme Milch
1 EL Zitronensaft
Lebensmittelfarbe (rot und blau)
bunte Zuckerperlen

Außerdem:

Mehl zum Arbeiten
runde gezackte oder glatte Ausstechform (5 cm ∅)
25 Cake-Pop-Stiele oder Holzstäbchen

Etwas aufwendiger

Für 25 Stück | 1 Std. 15 Min. Zubereitung | 30 Min. Kühlen | 12 Min. Backen
Pro Stück ca. 185 kcal, 2 g EW, 7 g F, 28 g KH

1 Den Backofen auf 180° vorheizen, ein Backblech mit Backpapier belegen. Butter mit Zucker, Vanillezucker und Ei mit dem Handrührgerät cremig rühren. Mehl mit Backpulver mischen und unterkneten. Den Teig 30 Min. kühlen.

2 Den Teig auf der dünn bemehlten Arbeitsfläche mindestens 5 mm dick ausrollen und 25 Kreise ausstechen. Diese auf das Blech legen und im Ofen (Mitte) in 12 – 15 Min. hell backen. Herausnehmen und die Cake-Pop-Stiele vorsichtig in die heißen Plätzchen stecken. Abkühlen lassen.

3 Für die Deko währenddessen aus dem Rollfondant Babyschuhe in Rosa und Blau formen. Puderzucker mit Milch zu einer dickflüssigen Glasur verrühren. Die Hälfte davon abnehmen und mit Zitronensaft etwas verdünnen. Die Plätzchen mit der Zitronenglasur bestreichen und trocknen lassen.

4 Die dickflüssige Glasur halbieren und mit einigen Tropfen Lebensmittelfarbe eine Portion rosa und eine blau einfärben. Die Glasuren getrennt in kleine Gefrierbeutel füllen und je ein kleines Loch einstechen. Die Plätzchen mit den Glasuren unterschiedlich verzieren. Dafür verschiedene Motive (z. B. Kinderwagen-Konturen, kleine Rasseln, Lätzchen oder Baby-Gesichter) auf die Plätzchen spritzen und mit Zuckerperlen belegen. Einige Plätzchen mit dem Namen des Babys beschriften oder mit den Babyschuhen verzieren. Trocknen lassen.

SCHNEEFLOCKEN UND TANNENBÄUME

150 g weiche Butter | 200 g Zucker | 1 Prise Salz | 1/4 TL gemahlener Anis | 5 Eier (Größe M) | 300 g Mehl | 1 TL Backpulver | 200 g gemahlene Mandeln | 200 g Johannisbeergelee | 50 g weiße Kuvertüre | 500 g Puderzucker | 6 – 7 EL lauwarme Milch | 1 TL Zitronensaft | grüne Lebensmittelfarbe | weißer essbarer Glitzer | weiße und bunte Zuckerperlen | 1 EL Kokosraspel | Schneeflocken- und Tannenbaum-Ausstechformen (8 cm ∅) | 32 Cake-Pop-Stiele oder Holzstäbchen

Feine Weihnachtsbäckerei

Für 32 Stück | 1 Std. 30 Min. Zubereitung | 30 Min. Backen | 15 Min. Kühlen
Pro Stück ca. 237 kcal, 4 g EW, 19 g F, 35 g KH

1 Backofen auf 180° vorheizen, ein Backblech mit Backpapier belegen. Butter mit Zucker, Salz und Anis cremig rühren. Eier einzeln einrühren. Mehl, Backpulver und Mandeln mischen und unterheben. Die Hälfte des Teigs auf das Blech streichen und im Ofen (Mitte) 15 – 20 Min. backen. Herausnehmen, auf die Arbeitsfläche stürzen, 5 Min. abkühlen lassen, dann das Papier abziehen. Restlichen Teig ebenso backen. Gelee erwärmen, auf die Kuchen streichen und trocknen lassen. Aus einer Platte Flocken, aus der zweiten Bäume ausstechen.

2 Kuvertüre hacken und im heißen Wasserbad schmelzen. Stiele 1 cm tief eintauchen, in die Cake-Pops stecken und diese 15 Min. kühlen. Puderzucker mit Milch und Zitronensaft verrühren. Die Hälfte davon mit Lebensmittelfarbe grün färben. Die Schneeflocken weiß glasieren und mit Glitzer, weißen Zuckerperlen oder Kokosraspeln bestreuen. Die Tannenbäume grün glasieren und mit bunten Zuckerperlen verzieren. Trocknen lassen.

NIKOLAUS-POPS

60 g Honig | 40 g Rohrzucker | 40 g Butter | 1 Ei (Größe M) | 125 g Mehl | 1 TL Lebkuchengewürz | 1 TL Backpulver | 150 g rote Candy-Melts | 20 g Kokosfett | 32 Zuckeraugen (Fertigprodukt) | 16 rote Zuckerperlen | ½ Rezept Spritzglasur (s. Klappe hinten) | flexible Cake-Pop-Backform für 16 Stück | 16 Cake-Pop-Stiele oder Holzstäbchen

Lebkuchenwürzig

Für 16 Stück | 1 Std. 30 Min. Zubereitung | 20 Min. Backen | 20 Min. Kühlen
Pro Stück ca. 190 kcal, 2 g EW, 8 g F, 29 g KH

1 Backofen auf 180° vorheizen. Honig, Rohrzucker und Butter unter Rühren erwärmen, bis sich der Zucker löst. Etwas abkühlen lassen, dann das Ei einrühren. Mehl, Lebkuchengewürz und Backpulver mischen und unterheben. Den unteren Teil der Backform auf ein Backblech stellen, den Teig mit zwei Teelöffeln in die Mulden füllen und die Form mit dem Deckel verschließen. Im Ofen (Mitte) ca. 20 Min. backen. Herausnehmen, 5 Min. abkühlen lassen, den Deckel abnehmen und die Cake-Pops aus den Mulden drücken.

2 Für die Deko die Candy-Melts mit dem Kokosfett über dem heißen Wasserbad schmelzen. Die Cake-Pop-Stiele 1 cm tief eintauchen, in die Cake-Pops stecken und diese 15 Min. kühlen.

3 Die Cake-Pops einzeln mit den Candy-Melts (bei Bedarf nochmals erwärmen) überziehen. Mit je 2 Zuckeraugen und einer Zuckerperlen-Nase verzieren. Die Spritzglasur in einen kleinen Gefrierbeutel füllen und diesen verschließen. Eine Ecke abschneiden und Mütze und Bart auf die Cake-Pops spritzen. Trocknen lassen.

HITS FÜR KIDS

Sind bei Ihren Kindern Monster angesagt? Oder Märchenwesen aus dem Zauberwald? Oder haben Sie einen kleinen Astronauten daheim? Mit diesen Cake-Pops bringen Sie Kinderaugen zum Strahlen.

SCHÄFCHEN-POPS

Da ist gut Schäfchen zählen! Eine ganze Herde der weiß beflockten Wollknäuel schaut hier aus treuen Lakritzaugen.

100 ml Kokosmilch (aus der Dose)
75 g Marshmallows
200 g Löffelbiskuits
Für die Deko:
150 g weiße Kuvertüre
50 g Zartbitterkuvertüre
3 EL Kokosraspel
6 – 8 große Marshmallows
6 – 8 Stück rundes Mini-Lakritzkonfekt
16 Keks-Sticks mit Schokolade

Tierisches Vergnügen

Für 16 Stück | 50 Min. Zubereitung | 30 Min. Kühlen
Pro Stück ca. 175 kcal, 3 g EW, 7 g F, 23 g KH

1 Die Kokosmilch in einem Topf erwärmen und die Marshmallows unter Rühren darin schmelzen lassen. Den Mix etwas abkühlen lassen. Die Löffelbiskuits in einen Gefrierbeutel geben, verschließen und mit dem Nudelholz fein zerkrümeln. Die Biskuitbrösel zum Marshmallowmix geben und alles zu einer glatten Masse verrühren. Aus der Masse mit angefeuchteten Händen 16 Cake-Pops formen und 30 Min. kühlen.

2 Für die Deko weiße und Zartbitterkuvertüre getrennt über dem heißen Wasserbad schmelzen lassen. Kokosraspel in eine Schale geben. Die Cake-Pops mit der weißen Kuvertüre überziehen und sofort in den Kokosraspeln wenden. Für Gesicht und Augen Marshmallows mit einer angefeuchteten Schere und Lakritzkonfekt mit einem Messer in dünne Scheiben schneiden. Die Marshmallowscheiben in die geschmolzene Zartbitterkuvertüre tauchen und trocknen lassen.

3 Die Schoko-Marshmallowscheiben mit etwas weißer Kuvertüre seitlich an den Cake-Pops befestigen und mit einem Holzstäbchen Nasenlöcher einstechen. Die Augen ebenfalls mit etwas Kuvertüre befestigen. Für die Beine die Keks-Sticks vierteln. Je vier Beine in die vorbereiteten Schäfchen stecken, dazu mit einem Schaschlikspieß kleine Löcher vorbohren.

TIPP **Wer mag, kann aus Marshmallows auch noch Ohren zuschneiden, mit geschmolzener Zartbitterkuvertüre glasieren, trocknen lassen und mit Glasur befestigen.**

SCHRÄGE VÖGEL

200 g Löffelbiskuits | 100 g Sahne | 75 g Marshmallows | 25 g weiße Kuvertüre | einige rote und schwarze Fruchtgummischnüre | 100 g rote Candy-Melts | 100 g gelbe Candy-Melts | 20 g Kokosfett | 32 Zuckeraugen (Fertigprodukt) | 16 blanchierte Mandeln | 16 Cake-Pop-Stiele oder Holzstäbchen

Helden aus dem PC-Spiel

Für 16 Stück | 1 Std. 20 Min. Zubereitung |
35 Min. Kühlen
Pro Stück ca. 200 kcal, 2 g EW, 9 g F, 25 g KH

1 Löffelbiskuits in einen Gefrierbeutel geben, gut verschließen und mit dem Nudelholz fein zerkrümeln. Die Sahne erwärmen, die Marshmallows darin schmelzen und 5 Min. abkühlen lassen. Die Biskuitbrösel zugeben, alles zu einer glatten Masse verkneten und 20 Min. kühlen.

2 Aus der Masse mit angefeuchteten Händen Bällchen und kleine Dreiecke formen. Kuvertüre in einer Tasse im heißen Wasserbad schmelzen lassen. Cake-Pop-Stiele 1 cm tief in die Kuvertüre tauchen, in die Bällchen oder eine Längsseite der Dreiecke stecken und diese 15 Min. kühlen.

3 Für die Deko die Gummischnüre für die Augenbrauen in kleine Stücke schneiden. Rote und gelbe Candy-Melts getrennt mit je 10 g Kokosfett über dem heißen Wasserbad schmelzen lassen. Die Dreiecke in die geschmolzenen gelben Candy-Melts tauchen und den Überschuss abtropfen lassen. Die Bällchen auf die gleiche Weise mit den roten Candy-Melts überziehen. Die Cake-Pops sofort mit Zuckeraugen und Augenbrauen verzieren und je 1 Mandel als Schnabel eindrücken.

MONSTER AM STIEL

30 g weiche Butter | 50 g Puderzucker | 1 TL Zitronensaft | 1 Ei (Größe M) | 1 EL Naturjoghurt | 90 g Mehl | ¼ TL Backpulver | 200 g weiße Kuvertüre | 20 g Kokosfett | 50 g grünes oder rotes Marzipan (Fertigprodukt oder selbst gefärbt) | fettlösliche Lebensmittelfarbe (grün, blau, rot) | 32 Zuckeraugen (Fertigprodukt) | flexible Cake-Pop-Backform für 16 Stück | 16 Cake-Pop-Stiele oder Holzstäbchen

Für furchtlose Kids

Für 16 Stück | 1 Std. 20 Min. Zubereitung | 20 Min. Backen | 20 Min. Kühlen
Pro Stück ca. 155 kcal, 2 g EW, 9 g F, 17 g KH

1 Den Backofen auf 180° vorheizen. Butter mit Puderzucker, Zitronensaft, Ei und Joghurt cremig rühren. Mehl mit Backpulver mischen und unterrühren. Den unteren Teil der Backform auf ein Backblech stellen, den Teig mit zwei Teelöffeln in die Mulden füllen und die Form mit dem Deckel verschließen. Den Teig im Ofen (Mitte) ca. 20 Min. backen. Herausnehmen und 5 Min. abkühlen lassen. Dann den Deckel abnehmen und die Cake-Pops aus den Mulden drücken.

2 Für die Deko Kuvertüre hacken und mit Kokosfett über dem heißen Wasserbad schmelzen lassen. Cake-Pop-Stiele 1 cm tief eintauchen, in die Cake-Pops stecken und diese 15 Min. kühlen.

3 Marzipan durch die Knoblauchpresse drücken. Die geschmolzene Kuvertüre dritteln und jede Portion in einer Farbe einfärben. Die Cake- Pops damit glasieren, noch feucht mit je 1–3 Augen und Marzipanhaaren verzieren. Nach Belieben mit der übrigen Kuvertüre dekorieren.

FROSCHKÖNIG

50 g Doppelrahm-Frischkäse | 50 g Zucker | 1 Pck. Brausepulver mit Orangen-Aroma | 1 Eigelb (Größe M) | 50 g gemahlene Mandeln | 50 g Mehl | ¼ TL Backpulver | 150 g grüne Candy-Melts | 20 g Kokosfett | 6 – 8 Stück rundes Mini-Lakritzkonfekt | goldene Zuckerperlen | rote Zuckerschrift | flexible Cake-Pop-Backform für 16 Stück | 16 Cake-Pop-Stiele oder Holzstäbchen

Wartet auf die Prinzessin

Für 16 Stück | 1 Std. Zubereitung | 20 Min. Backen | 20 Min. Kühlen
Pro Stück ca. 135 kcal, 2 g EW, 7 g F, 15 g KH

1 Den Backofen auf 180° vorheizen. Frischkäse mit Zucker, Brausepulver und Eigelb cremig rühren. Mandeln, Mehl und Backpulver mischen und einrühren. Den unteren Teil der Backform auf ein Backblech stellen, den Teig mit zwei Teelöffeln in die Mulden füllen und mit dem Deckel verschließen. Den Teig im Ofen (Mitte) 20 Min. backen. Die Form herausnehmen und 5 Min. abkühlen lassen. Dann den Deckel abnehmen und die Cake-Pops aus den Mulden drücken.

2 Für die Deko Candy-Melts mit Kokosfett über dem heißen Wasserbad schmelzen lassen. Cake-Pop-Stiele 1 cm tief eintauchen, in die Cake-Pops stecken und diese 15 Min. kühlen.

3 Lakritzkonfekt mit einem Messer in Scheiben schneiden. Die Cake-Pops einzeln in die Glasur (bei Bedarf nochmals erwärmen) tauchen und den Überschuss abtropfen lassen. Je 2 Lakritzkonfektscheiben als Augen und einige Zuckerperlen kreisförmig als Krone aufdrücken. Trocknen lassen und mit Zuckerschrift einen Mund aufmalen.

ROTKÄPPCHEN

1 Rezept Froschkönig-Teig (siehe links) | 150 g weiße Kuvertüre | 15 g Kokosfett | 100 g Marzipanrohmasse | 50 g Puderzucker | rote Lebensmittelfarbe | blaue Zuckerkonfetti | rote Zuckerschrift | flexible Cake-Pop-Backform für 16 Stück | 16 Cake-Pop-Stiele oder Holzstäbchen

Kein Wolf in Sicht

Für 16 Stück | 1 Std. 10 Min. Zubereitung | 20 Min. Backen | 20 Min. Kühlen
Pro Stück ca. 170 kcal, 3 g EW, 9 g F, 19 g KH

1 Backofen auf 180° vorheizen. Den Teig wie links beschrieben zubereiten, in die Mulden der Backform füllen und diese mit dem Deckel verschließen. Im Ofen (Mitte) 20 Min. backen. Herausnehmen, 5 Min. abkühlen lassen, Deckel abnehmen und die Cake-Pops aus den Mulden drücken.

2 Für die Deko die Kuvertüre grob hacken und mit dem Kokosfett in einer Schüssel über dem heißen Wasserbad schmelzen lassen. Cake-Pop-Stiele 1 cm tief eintauchen, in die Cake-Pops stecken und diese 15 Min. kühlen.

3 Marzipanrohmasse mit Puderzucker und einigen Tropfen roter Lebensmittelfarbe verkneten. Das Marzipan zwischen Frischhaltefolie dünn ausrollen und 16 Dreiecke (8 × 8 × 11 cm) als Rotkäppchen-Kopftücher ausschneiden. Die Cake-Pops einzeln in die geschmolzene Kuvertüre (bei Bedarf nochmals erwärmen) tauchen und den Überschuss abtropfen lassen. Mit den Kopftüchern verzieren und je 2 blaue Zuckerkonfetti als Augen aufdrücken. Trocknen lassen und mit Zuckerschrift einen Mund aufmalen.

FUSSBALL-POPS

Ein Schuss, ein Tor – mit diesen Cake-Pops landen Sie bestimmt viele Treffer. Da greifen große und kleine Spieler gerne zu.

30 g Butter
1 Ei (Größe M)
50 g Zucker
1 Pck. Vanillezucker
1 Prise Salz
50 g gemahlene Haselnüsse
50 g Mehl
¼ TL Backpulver

Für die Deko:
150 g weiße Kuvertüre
20 g Kokosfett
4 Lakritzschnecken

Außerdem:
flexible Cake-Pop-Backform für 16 Stück
16 Cake-Pop-Stiele oder Holzstäbchen

Für die Meisterfeier

Für 16 Stück |
1 Std. 20 Min. Zubereitung |
20 Min. Backen |
20 Min. Kühlen
Pro Stück ca. 135 kcal,
2 g EW, 9 g F, 13 g KH

1 Den Backofen auf 180° vorheizen. Butter zerlassen. Ei mit Zucker, Vanillezucker und Salz mit dem Handrührgerät weißschaumig rühren. Haselnüsse mit Mehl und Backpulver mischen und einrühren. Die flüssige Butter gut unterrühren. Den unteren Teil der Backform auf ein Backblech stellen, den Teig mit zwei Teelöffeln in die Mulden füllen und die Form mit dem Deckel verschließen. Den Teig im Ofen (Mitte) ca. 20 Min. backen. Die Form herausnehmen und 5 Min. abkühlen lassen. Dann den Deckel abnehmen und die Cake-Pops aus den Mulden drücken.

2 Für die Deko die Kuvertüre hacken und mit dem Kokosfett in einer Schüssel über dem Wasserbad schmelzen lassen. Cake-Pop-Stiele 1 cm tief eintauchen, in die Cake-Pops stecken und diese 15 Min. kühlen.

3 Inzwischen Lakritzschnecken in unregelmäßige kleine Stücke oder Fünfecke schneiden. Die Cake-Pops einzeln in die geschmolzene Kuvertüre tauchen und den Überschuss durch Drehen der Stiele abtropfen lassen. Sofort die Lakritzstücke eindrücken.

VARIANTE

Für weiß-rote Fußbälle verwende ich statt Lakritzschnecken 50 g rote Candy-Melts. Diese schmelze ich mit 20 g Kokosfett in einer Tasse im heißen Wasserbad. Die Cake-Pops wie beschrieben mit geschmolzener Kuvertüre überziehen, mit einem Holzstäbchen kleine rote Kleckse daraufsetzen und etwas auseinanderziehen. Trocknen lassen.

SMILEYS

30 g weiche Butter | 50 g Zucker | 1 Ei (Größe M) | 1 EL Naturjoghurt | 90 g Mehl | ¼ TL Backpulver | 2 EL Apfelgelee | 75 g Zartbitterkuvertüre | 150 g gelber Rollfondant | flexible Cake-Pop-Backform für 16 Stück | 16 Cake-Pop-Stiele oder Holzstäbchen | runde Ausstechform (8 cm ∅)

Don't worry – be happy

Für 16 Stück | 1 Std. Zubereitung | 20 Min. Backen | 20 Min. Kühlen
Pro Stück ca. 120 kcal, 1 g EW, 4 g F, 19 g KH

1 Backofen auf 180° vorheizen. Butter mit Zucker, Ei und Joghurt cremig rühren. Mehl mit Backpulver mischen und unterrühren. Den unteren Teil der Backform auf ein Backblech stellen, den Teig mit zwei Teelöffeln in die Mulden füllen und die Form mit dem Deckel verschließen. Den Teig im Ofen (Mitte) ca. 20 Min. backen. Herausnehmen, 5 Min. abkühlen lassen, den Deckel abnehmen und die Cake-Pops aus den Mulden drücken. Apfelgelee erwärmen und die Pops damit glasieren.

2 Für die Deko Kuvertüre hacken und in einer Tasse im heißen Wasserbad schmelzen lassen. Cake-Pop-Stiele 1 cm tief eintauchen, in die Cake-Pops stecken und diese 15 Min. kühlen.

3 Rollfondant zwischen Frischhaltefolie dünn ausrollen und 20 Kreise ausstechen. Die Cake-Pops damit umhüllen und den Fondant fest andrücken. Die restliche Kuvertüre in einen kleinen Gefrierbeutel füllen, ein kleines Loch einstechen und Gesichter (z.B. Lächeln, Weinen, Kussmund) auf die Cake-Pops spritzen.

BLAUE ZWERGE

350 g Butterkekse | 75 g Butter | 2 EL Aprikosenkonfitüre | 100 g Doppelrahm-Frischkäse | 200 g blaue Candy-Melts | 30 g Kokosfett | 40 Zuckeraugen (Fertigprodukt) | 100 g weiße Kuvertüre | fettlösliche rote Lebensmittelfarbe | rote Zuckerschrift | 20 Cake-Pop-Stiele oder Holzstäbchen

Einfach mal blaumachen

Für 20 Stück | 1 Std. 15 Min. Zubereitung | 45 Min. Kühlen
Pro Stück ca. 215 kcal, 2 g EW, 12 g F, 25 g KH

1 Die Kekse portionsweise in einen Gefrierbeutel geben, verschließen und mit dem Nudelholz fein zerkrümeln. Butter zerlassen und etwas abkühlen lassen. Dann mit Keksbröseln, Konfitüre und Frischkäse zu einer formbaren Masse verkneten. Daraus 20 Bällchen formen, dabei jeweils die Zwergennase, Ohren und die Mütze modellieren. Die Cake-Pops 30 Min. kühlen.

2 Für die Deko Candy-Melts mit 20 g Kokosfett über dem heißen Wasserbad schmelzen lassen. Cake-Pop-Stiele 1 cm tief eintauchen, in die Cake-Pops stecken und diese 15 Min. kühlen. Die Pops dann mit den Candy-Melts überziehen und je 2 Zuckeraugen aufdrücken. Gut trocknen lassen.

3 Kuvertüre hacken, mit 10 g Kokosfett über dem heißen Wasserbad schmelzen lassen. 1 EL davon mit 1 Tropfen Lebensmittelfarbe färben. Die Mütze eines Zwergs in die rote, die Mützen der anderen Zwerge in die weiße Kuvertüre tauchen. Die restliche weiße Kuvertüre in einen Gefrierbeutel füllen, ein kleines Loch einstechen und dem Zwerg mit der roten Mütze einen Bart aufspritzen. Mit Zuckerschrift allen Münder aufmalen, trocknen lassen.

WELTALL-POPS

Einmal zum Saturn und zurück! Der Aufwand bei der Deko wird hier belohnt – denn wer kann schon von sich behaupten, ein ganzes Sonnensystem gebacken zu haben?

30 g Butter
1 Ei (Größe M)
50 g Zucker
1 Pck. Vanillezucker
1 Prise Salz
90 g Mehl
¼ TL Backpulver
1 EL Naturjoghurt

Für die Deko:
75 g blaue Candy-Melts
20 g Kokosfett
35 g weißer Rollfondant
100 g weiße Kuvertüre
fettlösliche Lebensmittelfarbe (gelb und rot)

Außerdem:
flexible Cake-Pop-Backform für 16 Stück
16 Cake-Pop-Stiele oder Holzstäbchen

Astronautennahrung

Für 16 Stück | 1 Std. 30 Min. Zubereitung | 20 Min. Backen | 20 Min. Kühlen
Pro Stück ca. 135 kcal, 1 g EW, 7 g F, 16 g KH,

1 Den Backofen auf 180° vorheizen. Butter zerlassen. Ei mit Zucker, Vanillezucker und Salz mit dem Handrührgerät in ca. 5 Min. weißschaumig rühren. Mehl mit Backpulver mischen und einrühren. Flüssige Butter und Joghurt unterrühren. Den unteren Teil der Backform auf ein Backblech stellen, den Teig mit zwei Teelöffeln in die Mulden füllen und die Form mit dem Deckel verschließen. Den Teig im Ofen (Mitte) ca. 20 Min. backen. Herausnehmen und 5 Min. abkühlen lassen. Dann den Deckel abnehmen und die Cake-Pops aus den Mulden drücken.

2 Die Candy-Melts mit 10 g Kokosfett über dem heißen Wasserbad schmelzen lassen. Cake-Pop-Stiele 1 cm tief eintauchen, in die Cake-Pops stecken (Bild 1) und diese 15 Min. kühlen.

3 Für die Erden den Rollfondant zwischen Frischhaltefolie dünn ausrollen und pro Erde einige Kontinente ausschneiden (Bild 2). Nacheinander 10 Cake-Pops mit den Candy-Melts (bei Bedarf nochmals erwärmen) überziehen, die Kontinente auf dem noch feuchten Guss anordnen und festdrücken. Trocknen lassen.

4 Für Sonne, Saturn und die anderen Planeten Kuvertüre hacken und mit 10 g Kokosfett schmelzen. Einige Tropfen gelbe Lebensmittelfarbe einrühren (Bild 3) und einige Cake-Pops als Sonne überziehen. Dann einige Tropfen rote Lebensmittelfarbe in die gelbe Kuvertüre rühren und die restlichen Cake-Pops damit überziehen. Für den Saturn etwas von der gefärbten Kuvertüre in einen kleinen Gefrierbeutel füllen, ein kleines Loch einstechen und rundum einen Streifen aufspritzen. Trocknen lassen.

1

2

3

EDEL UND FEIN

Sie suchen das Besondere? Bitte sehr! Im schicken Outfit und mit Kaffee, edler Schokolade oder einem Schuss Alkohol verfeinert, präsentieren sich Cake-Pops hier von ihrer eleganten Seite.

SCHWARZWÄLDER-KIRSCH-POPS

Herbe Schokolade, knackige Kirschen und kühle Sahne – dieses Trio ist als Schwarzwälder Kirschtorte in aller Munde. Aber auch in klein überzeugt die Kombi.

3 Eier (Größe M)
90 g Zucker
1 Prise Salz
2 TL Kakaopulver
90 g Mehl
4 cl Kirschwasser
3 EL Kirschkonfitüre

Für die Deko:
150 g Zartbitterkuvertüre
20 g Kokosfett
6 Kirschen (ersatzweise kandierte Kirschen)
150 g Sahne
1 TL Sahnefestiger

Außerdem:
24 Cake-Pop-Stiele oder Holzstäbchen
Spritzbeutel mit feiner Sterntülle

Für Gäste

Für 24 Stück | 1 Std. Zubereitung | 20 Min. Backen | 45 Min. Kühlen
Pro Stück ca. 110 kcal, 2 g EW, 6 g F, 12 g KH

1 Den Backofen auf 180° vorheizen, ein Backblech mit Backpapier belegen. Eier, Zucker und Salz mit dem Handrührgerät weißschaumig rühren. Kakaopulver mit Mehl mischen, darübersieben und locker unterheben. Den Teig auf das Blech streichen und im Ofen (Mitte) 20 Min. backen. Herausnehmen, den Kuchen auf die Arbeitsfläche stürzen und 5 Min. abkühlen lassen. Dann das Papier abziehen und den Kuchen fein zerkrümeln.

2 Kirschwasser, Kirschkonfitüre und 2 EL Wasser verrühren und mit den Kuchenbröseln zu einer formbaren Masse vermischen. Daraus 24 Cake-Pops formen und 30 Min. kühlen.

3 Für die Deko von der Zartbitterkuvertüre mit einem scharfen Messer einige Schokospäne abziehen und beiseitelegen. Die restliche Zartbitterkuvertüre grob hacken und mit Kokosfett über dem heißen Wasserbad schmelzen lassen. Stiele 1 cm tief eintauchen, in die Cake-Pops stecken und diese 15 Min. kühlen. Die Cake-Pops danach mit der Kuvertüre überziehen und trocknen lassen.

4 Kirschen waschen, entstielen, entsteinen und vierteln. Sahne mit Sahnefestiger steif schlagen und in den Spritzbeutel füllen. Kleine Sahnerosetten auf die Cake-Pops spritzen und diese mit Kirschen und Schokospänen garnieren. Bis zum Servieren kühlen.

TIPP

Die Schwarzwälder-Kirsch-Pops können Sie bis einschließlich der Glasur schon am Vortag zubereiten. Bevor die Gäste kommen dann die Schlagsahne aufspritzen und die Cake-Pops mit Kirschen und Schokospänen verzieren.

AMARETTI-NUGAT-POPS

200 g Nugatschokolade | 50 g Zartbitterschokolade | 50 g Sahne | 1 EL Mandellikör (z. B. Amaretto) | 125 g Amaretti (italienische Mandelplätzchen) | 2 EL Zucker | 1 TL Kakaopulver | 20 Cake-Pop-Stiele oder Holzstäbchen | 20 Papierförmchen für Pralinen

Schmecken nach Italien

Für 20 Stück | 45 Min. Zubereitung | 3 Std. 5 Min. Kühlen
Pro Stück ca. 110 kcal, 1 g EW, 5 g F, 8 g KH

1 Nugat- und Zartbitterschokolade in kleine Stücke brechen. Die Sahne in einem Topf erhitzen und die Schokolade darin bei schwacher Hitze unter Rühren schmelzen lassen. 1 EL Schokocreme abnehmen und in einer Tasse beiseitestellen. Die übrige Schokocreme 5 Min. abkühlen lassen, dann den Mandellikör unterrühren.

2 Die Amaretti in einen Gefrierbeutel geben, verschließen und mit dem Nudelholz fein zerkrümeln. Die Amarettibrösel mit der Schokocreme gut vermischen und die Masse ca. 3 Std. kühlen. Dabei gelegentlich umrühren.

3 Zucker mit Kakaopulver in einer Schale mischen. Ein Tablett mit Backpapier belegen. Von der Amaretti-Nugat-Masse mit einem Teelöffel 20 Portionen abstechen und mit gekühlten Händen zu Kugeln formen. Die Kugeln im Kakaozucker wälzen und in Pralinenförmchen setzen. Die zurückbehaltene Schokocreme im heißen Wasserbad erwärmen, Cake-Pop-Stiele 1 cm tief eintauchen und in die Cake-Pops stecken.

ESPRESSO-CAKE-POPS

250 g Zartbitterschokolade (70 %) | 100 g Sahne | 2 TL Instant-Espressopulver | 20 g Kokosfett | 1 EL Kaffeelikör | 125 g Butterkekse | 1 EL Espressobohnen | 1 EL Rohrzucker | 150 g weiße Kuvertüre | 20 g Kokosfett | 20 Cake-Pop-Stiele oder Keks-Sticks mit Schokolade

Muntermacher

Für 20 Stück | 50 Min. Zubereitung | 13 Std. Kühlen
Pro Stück ca. 175 kcal, 2 g EW, 12 g F, 14 g KH

1 Die Zartbitterschokolade in Stücke brechen. Die Sahne mit Espressopulver in einem kleinen Topf erhitzen. Schckolade und Kokosfett darin bei schwacher Hitze unter Rühren schmelzen lassen. Zuletzt den Kaffeelikör unterrühren und die Schokocreme über Nacht abgedeckt kühl stellen.

2 Kekse in einen Gefrierbeutel geben, verschließen und mit dem Nudelholz fein zerkrümeln. Die Keksbrösel unter die Schokocreme rühren und diese 15 Min. ins Tiefkühlfach stellen. Danach aus der Masse rasch 20 Cake-Pops formen und diese nochmals 30 Min. kühlen.

3 Für die Deko Espressobohnen mit Rohrzucker in einem Blitzhacker oder Mörser grob zerkleinern. Kuvertüre hacken und mit Kokosfett über dem heißen Wasserbad schmelzen lassen. Cake-Pop-Stiele oder Keks-Sticks 1 cm tief eintauchen, in die Cake-Pops stecken und diese 15 Min. kühlen. Die Cake-Pops mit der restlichen Kuvertüre (bei Bedarf nochmals erwärmen) überziehen und mit den Bohnenstückchen bestreuen.

SCHOKO-MOUSSE-POPS

Genau, das sind die Waffelbecher, aus denen man früher gerne Eierlikör geschlürft hat. Aber ihre wahre Berufung haben sie als Cake-Pops gefunden.

100 g Sahne
1 Pck. Vanillezucker
100 g Vollmilchschokolade
2 TL Orangenlikör (z. B. Cointreau)
3 Eier (Größe M)
90 g Zucker
1 Prise Salz
2 TL Kakaopulver
90 g Mehl
2 EL Nussnugatcreme
100 g Mascarpone
1 EL Johannisbeergelee

Für die Deko:
200 g Zartbitterkuvertüre
20 g Kokosfett

Außerdem:
24 Mini-Schoko-Waffelbecher
24 Keks-Sticks mit Schokolade
Spritzbeutel mit Sterntülle

Mit Schuss

Für 24 Stück | 50 Min. Zubereitung | 20 Min. Backen | 3 Std. 30 Min. Kühlen
Pro Stück ca. 190 kcal, 3 g EW, 11 g F, 19 g KH

1 Sahne und Vanillezucker in einem Topf erhitzen. Schokolade in Stücke brechen und unter Rühren darin schmelzen lassen Orangenlikör einrühren und die Schokocreme mindestens 3 Std. kühl stellen.

2 Den Backofen auf 180° vorheizen, ein Backblech mit Backpapier belegen. Eier mit Zucker und Salz mit dem Handrührgerät in ca. 5 Min. weißschaumig rühren. Kakaopulver mit Mehl mischen, darübersieben und locker unterheben. Den Teig auf das Blech streichen und im Ofen (Mitte) 20 Min. backen. Herausnehmen, den Kuchen auf die Arbeitsfläche stürzen und 5 Min. abkühlen lassen. Dann das Papier abziehen.

3 Den Kuchen fein zerkrümeln. Nussnugatcreme mit Mascarpone und Johannisbeergelee verrühren, die Kuchenbrösel dazugeben und alles gut vermischen. Aus der Masse 24 Cake-Pops formen und 30 Min. kühlen.

4 Für die Deko die Kuvertüre grob hacken und mit dem Kokosfett in einer Schüssel über dem heißen Wasserbad schmelzen lassen. Die Cake-Pops einzeln mit der Kuvertüre überziehen und den Überschuss abtropfen lassen. Anschließend trocknen lassen.

5 Die gekühlte Schokocreme mit dem Handrührgerät cremig aufschlagen. Die Schokomousse in den Spritzbeutel füllen und jeweils einen Klecks in die Waffelbecher spritzen. Die Cake-Pops auf die Becher setzen und die restliche Mousse daraufspritzen. Jeweils 1 Keks-Stick in die Cake-Pops stecken und diese bis zum Servieren kühl stellen.

PETIT-FOURS-POPS

Mit diesen kleinen französischen Klassikern kommen Sie bei Ihren Gästen ganz groß raus! Und weil's die Böden schon fertig gibt, können Sie sich ganz auf die Deko konzentrieren.

1 Packung Wiener Boden (Fertigprodukt, 3 Böden, gesamt ca. 450 g)
400 g Marzipanrohmasse
150 g Puderzucker
4 cl Mandellikör (z. B. Amaretto)
200 g Aprikosenkonfitüre

Für die Deko:

25 g weiße Kuvertüre
1 ganz frisches Eiweiß
250 g Puderzucker
1 TL Zitronensaft
fettlösliche rote Lebensmittelfarbe
kandierte Veilchen oder Zuckerblümchen
Fruchtgummiherzen
Zuckerkügelchen (gold und silber)

Außerdem:

runde Ausstechform (4 cm ∅)
12 Cake-Pop-Stiele oder Holzstäbchen

Festlich

Für 12 Stück | 1 Std. 30 Min. Zubereitung | 4 Std. 15 Min. Kühlen
Pro Stück ca. 525 kcal, 6 g EW, 12 g F, 96 g KH

1 Die drei Tortenböden nebeneinander auf die Arbeitsfläche legen. Marzipanrohmasse mit Puderzucker und Mandellikör verkneten. Aprikosenkonfitüre erwärmen, durch ein Sieb streichen und 2 Böden damit bestreichen. Das Marzipan in zwei Portionen teilen und jede Portion zwischen Frischhaltefolie in Größe der Tortenböden rund ausrollen.

2 Die Marzipandecken auf die bestrichenen Böden legen und diese aufeinandersetzen. Den dritten Boden auflegen und fest andrücken. Die Torte in Frischhaltefolie wickeln, mit einem schweren Gegenstand beschweren und mindestens 4 Std. an einem kühlen Ort (nicht im Kühlschrank) ruhen lassen. Die Torte danach auswickeln und mit dem Ausstecher 12 Törtchen ausstechen.

3 Für die Deko die Kuvertüre über dem heißen Wasserbad schmelzen. Die Cake-Pop-Stiele 1 cm tief in die Glasur tauchen, in die Törtchen stecken und diese 15 Min. kühlen.

4 Das Eiweiß nicht ganz steif schlagen. Puderzucker und Zitronensaft unterrühren und alles zu einer dickflüssigen Glasur verrühren. Die Hälfte der Glasur mit 1 – 2 Tropfen Lebensmittelfarbe rosa einfärben. Nacheinander 6 Cake-Pops weiß und 6 rosa glasieren und den Überschuss durch Drehen der Stiele abtropfen lassen. Die Petit-Fours-Pops mit Zuckerguss, Veilchen, Zuckerblümchen, Fruchtgummiherzen oder Zuckerkügelchen verzieren und bis zum Servieren kühl stellen.

TIPP

Gerne backe ich den Biskuit auch selbst. Dafür den Backofen auf 180° vorheizen. Den Boden einer Springform (26 cm ∅) mit Backpapier belegen. 6 Eier (Größe M) trennen. Die Eiweiße mit 1 Prise Salz steif schlagen, dann 250 g Zucker unter Rühren einrieseln lassen. Die Eigelbe unterrühren, 200 g Mehl darübersieben und vorsichtig unterheben. Den Teig in die Form füllen und im Ofen (Mitte) ca. 30 Min. backen. Herausnehmen, abkühlen lassen und aus der Form lösen. Den Biskuit über Nacht ruhen lassen, dann waagrecht in drei Böden schneiden.

REGISTER

Damit Sie Rezepte mit bestimmten Zutaten noch schneller finden, stehen in diesem Register auch beliebte Zutaten wie **Candy-Melts** oder **Mandeln** – ebenfalls alphabetisch geordnet und hervorgehoben – über den entsprechenden Rezepten.

© 2014 GRÄFE UND UNZER VERLAG GmbH, München
Alle Rechte vorbehalten. Nachdruck, auch auszugsweise, sowie die Verbreitung durch Film, Funk, Fernsehen und Internet, durch fotomechanische Wiedergabe, Tonträger und Datenverarbeitungssysteme jeglicher Art nur mit schriftlicher Genehmigung des Verlages.

Projektleitung: Verena Erhart
Lektorat: Petra Teetz
Korrektorat: Petra Bachmann
Innen- und Umschlaggestaltung: independent Medien-Design, Horst Moser, München
Herstellung: Petra Roth
Satz: Kösel, Krugzell
Reproduktion: Repro Ludwig, Zell am See
Printed in China
Syndication:
www.jalag-syndication.de

5. Auflage 2014
ISBN 978-3-8338-3768-5

www.facebook.com/gu.verlag

Die Autorin

Christa Schmedes lebt mit Ihrer Familie in München und arbeitet seit vielen Jahren für namhafte Zeitschriften- und Buchverlage sowie als Food-Stylistin. Für dieses Buch hat sie sich von den neuesten Cake-Pop-Trends aus den USA inspirieren lassen.

Das Fotostudio

Das EISING STUDIO zählt zu den international führenden Studios im Bereich der Food-Fotografie. Hier entstehen hochwertige Foto- und Videoproduktionen für Redaktionen, Verlage, Werbeagenturen und Industriekunden. Die kleinen Kuchen am Stiel haben Katrin Oswald (Foto) und Christina Kempe (Foodstyling) stimmungsvoll in Szene gesetzt.

Bildnachweis

Titelfoto: Anke Schütz; Autorenfoto: Fotos mit Geschmack; alle anderen Fotos: EISING STUDIO | FOOD PHOTO & VIDEO

Titelrezepte

Konfetti-Pops (S. 10), Cake-Pop-Herzen (S. 14) und Kokos-Cake-Pops (S. 13)

QUALITÄTS G|U GARANTIE

Liebe Leserin, lieber Leser,

haben wir Ihre Erwartungen erfüllt? Sind Sie mit diesem Buch zufrieden? Haben Sie weitere Fragen zu diesem Thema? Wir freuen uns auf Ihre Rückmeldung, auf Lob, Kritik und Anregungen, damit wir für Sie immer besser werden können.

GRÄFE UND UNZER Verlag
Leserservice
Postfach 86 03 13
81630 München
E-Mail:
leserservice@graefe-und-unzer.de

Telefon: 00800 / 72 37 33 33*
Telefax: 00800 / 50 12 05 44*
Mo–Do: 8.00–18.00 Uhr
Fr: 8.00–16.00 Uhr
(gebührenfrei in D, A, CH)*

Ihr GRÄFE UND UNZER Verlag
Der erste Ratgeberverlag – seit 1722.

Backofenhinweis:
Die Backzeiten können je nach Herd variieren. Die Temperaturangaben in unseren Rezepten beziehen sich auf das Backen im Elektroherd mit Ober- und Unterhitze und können bei Gasherden oder Backen mit Umluft abweichen. Details entnehmen Sie bitte Ihrer Gebrauchsanweisung.

GRÄFE UND UNZER
Ein Unternehmen der
GANSKE VERLAGSGRUPPE

So viel mehr lecker.

ISBN 978-3-8338-3437-0

ISBN 978-3-8338-3428-8

ISBN 978-3-8338-3626-8

Erhältlich im App Store

ISBN 978-3-8338-3434-9

ISBN 978-3-8338-3433-2

e Alle hier vorgestellten Bücher sind auch als eBook erhältlich.

Mehr von GU auf **www.gu.de** und
facebook.com/gu.verlag

G|U

Willkommen im Leben.

SÜSSES AM STIEL

Kleiner Aufwand, große Wirkung. Diese Leckereien sind ohne großes Tamtam schnell gemacht und lassen nicht nur kleine Naschkatzen schwach werden.

SCHOKO-NUSS-LOLLIS

Für 8 Stück: 1 EL Pinienkerne grob hacken, mit 1 EL Puderzucker mischen und in einer beschichteten Pfanne ohne Fett goldbraun rösten. Herausnehmen und abkühlen lassen. 200 g Zartbitterkuvertüre grob hacken und mit 10 g Kokosfett in einer Schüssel über dem heißen Wasserbad unter Rühren schmelzen lassen. Die gerösteten Pinienkerne unterrühren. Ein Backblech oder ein Tablett mit Backpapier belegen. Mit einem Löffel nacheinander 8 große Kleckse Schokolade daraufgeben und je 1 Fingerfoodspieß (Holz oder Plastik) hineinstecken. Die Lollis an einem kühlen Ort in ca. 1 Std. fest werden lassen. Danach vorsichtig vom Papier lösen. In einer Dose kühl aufbewahren.

SCHOKO-FRUCHT-LOLLIS

Für 24 Stück: 12 Erdbeeren waschen und entkelchen. 12 Herzkirschen abbrausen, entstielen und entsteinen. Die Früchte auf Küchenpapier legen und trocken tupfen. Aus 30 g Marzipanrohmasse 12 Kügelchen formen und in die Kernhöhlung der Kirschen stecken. 200 g weiße Kuvertüre hacken und mit 20 g Kokosfett über dem heißen Wasserbad schmelzen lassen. Die Hälfte davon mit einigen Tropfen fettlöslicher roter Lebensmittelfarbe verrühren. 24 Cake-Pop-Stiele 1 cm tief in die gefärbte Kuvertüre tauchen und in die Früchte stecken. Die Früchte einzeln in eine der beiden Kuvertüren tauchen und den Überschuss abtropfen lassen. Trocknen lassen.

C0-FXB-966

LANGUAGE ARTS COMPUTER BOOK: A How-to Guide for Teachers

LANGUAGE ARTS COMPUTER BOOK: A How-to Guide for Teachers

Wayne Dickson,
Stetson University

Michael W. Raymond,
Stetson University

A RESTON COMPUTER GROUP BOOK from
RESTON PUBLISHING COMPANY, INC.
A Prentice-Hall Company
Reston, Virginia

Library of Congress Cataloging in Publication Data

Dickson, Wayne.
Language arts computer book.

"A Reston Computer Group book."
Bibliography: p.
Includes index.
1. Language arts--Data processing. 2. Microcomputers.
I. Raymond, Michael W. II. Title.
LB1576.D464 1984 428.4'028'54 84-3255
ISBN 0-8359-3942-1
ISBN 0-8359-3941-3 (pbk.)

©1984 by **Reston Publishing Company, Inc.**
A Prentice Hall Company
Reston, Virginia

All rights reserved. No part of this book may be reproduced, in any way, or by any means, without permission in writing from the publisher.

Commodore, PET, Commodore 64, VIC 20 and Commodore VIC 64 are trademarks or registered trademarks of Commodore Business Machines. Texas Instruments and Texas Instruments 99/4A (TI 99/4A) are trademarks or registered trademarks of Texas Instruments. ATARI, ATARI 400, ATARI 800, ATARI PILOT, are trademarks or registered trademarks of Atari, Inc. Screenwriter II is a trademark of Sierra On-Line, Inc. Radio Shack, TRS-80 and Radio Shack Color Computer are trademarks or registered trademarks of Radio Shack division of the Tandy Corporation. Timex/Sinclair ZX80, Timex/Sinclair ZX81 and Timex/Sinclair 1000 are trademarks or registered trademarks of Sinclair Research, Ltd. Timex Sinclair is a trademark of Timex Computer Corp. Apple is a registered trademark of Apple Computer, Inc. IBM and IBM Personal Computer are registered trademarks of International Business Machines, Inc. Defender is a trademark of Williams Electronic, Inc. Pac-Man is a registered trademark of Bally Midway Manufacturing Co. Microsoft is a registered trademark of Microsoft Corp. EPSON is a registered trademark of Epson America, Inc. EPSON MX-80 is a registered trademark of Epson Corp. WordStar is a registered trademark of Micro-Pro International Corp. Grammatik is a registered trademark of Wang Electronic Publishing. CP/M is a registered trademark of Digital Research Corp. Osborne I is a trademark of Osborne Computer Corp.

10 9 8 7 6 5 4 3 2 1

Interior design and production: Jack Zibulsky

Printed in the United States of America

CONTENTS

INTRODUCTIONS

In a normal introduction, two or more people meet and exchange information about one another. In that respect, we are very much at a disadvantage here. We can and will tell our readers about ourselves, but we can only imagine what they themselves are like. We are forced to picture one or more ideal readers and write with those persons in mind.

Who are these readers we imagine? They are parents or educators who want to use the power of the computer to help young people improve their skills and knowledge in the language arts: reading, writing, and analytical thinking. The readers may know very little about computers right now—might even be suspicious of them; but, being of at least normal intelligence and curiosity, they are capable of learning a great deal. These readers we picture are interested in values and ideas as well as in nuts and bolts practicalities. They do not expect to learn everything they will need to know in this one book, but they do expect a sound orientation and a solid, workable foundation for further investigation. Above all, they are willing to grow themselves, and they are anxious to help the young people they know to do the same.

And who are we? Four years ago, the first of us bought his initial microcomputer. Since then we have become increasingly involved with these devices: we have introduced them into our families' business, educational, and recreational lives; we have integrated them into the English courses we teach; we have conducted microcomputer workshops for students, teachers, and administrators from elementary schools to universities; we have generated papers for professional conferences about literature, writing, and computers by using the word processing and printing capabilities of our microcomputers. (In fact, we are writing this book on matching 48K microcomputers.)

Who are we? Certainly no one could accuse us of being modern age technological whiz kids reaping the benefits of extensive or advanced technical training in computer science. We are English teachers. One of us has a Ph.D. with a specialization in late 19th-century American literature and has been teaching predominantly freshman English, humanities, 19th-century British and American literature, and composition for 16 years. Directing the university's freshman English program and summer enrichment programs has consumed most of his spare time (except for tennis, of course). The other has his Ph.D. with a specialization in 18th-century British literature and has been teaching primarily remedial composition, intermediate expository writing, freshman English, journalism, advanced writing, literature before 1800, and fiction for ten years. Although rigorous, our traditional training in language arts certainly did not point us toward our newly discovered adventures with microcomputers. Nor did it prepare us for how rewarding we would find these adventures in modern technology to be in our professional lives.

Nor has our professional environment until recently urged us into an involvement in microcomputers. We teach at Stetson University—a private, predominantly liberal arts college with an enrollment of approximately 1,800 students. In fact, Stetson University itself is relatively new to the computer age. It was not until 1980-1981 that the Department of Mathematics became the Department of Mathematics and Computer Science. The university had been using an administrative computer for some years, but it was not until the 1980-1981 school year that the university academic computer became widely accessible outside the mathematics department. In that academic year, computer courses or computer-oriented courses in the liberal arts college more than tripled from four to 14. Students and faculty alike worked diligently to acquaint themselves with a Data General C-350 Eclipse—a multi-purpose, small-scale, timesharing minicomputer system with main and auxiliary storage capabilities—and with a microcomputer laboratory—a system of Commodore™ PET® microcomputers, disk drives, and printers. Clearly, most of the university was as unfamiliar with computer science as we; certainly little pressure and less precedent existed to persuade or to force us or the English Department into microcomputers.

Fortunately, however, newly arrived faculty members with computer science expertise generously invited the entire university into their domain. We accepted, along with others, their invitation. In 1982, the university sponsored a forum called "The Computer in Society," a three-day program of lectures, seminars, workshops, and exhibits. More than a dozen invited speakers, including Dr. Edward Feigenbaum (Stanford University), Dr. William McKeeman (Wang Institute), and Dr. Delbert Tesar (University of Florida), joined other experts and university faculty for presentations on computers in journalism, artificial intelligence, space travel, business, education, music, ethics, information retrieval, and sports medicine. As an indication of how much has occurred in our commitment to and progress in the use of computers, we participated in this forum, presenting a seminar entitled "Stretching the Mind and the Imagination through Microcomputer Learning Applications."

Clearly, we had come a long way in a relatively short time. And what makes this exciting is that our progress proves others could do the same. We are hardly unique virtuosos. Furthermore, while we have been encouraged at the university, we have not been materially aided. What we did, anyone could do—layman or educator with college, secondary, or elementary background. In fact, what we did, others could do a lot faster and a lot better, benefiting from our sometimes unenviable mishaps and adventures.

Repeatedly, students, colleagues, and friends ask us why we as English teachers have gotten so involved in microcomputers. Our answer is that we are committed to a holistic liberal arts education. By this, we mean two things. First, we believe in an education that integrates the various disciplines. At a university with a school of music, a school of business administration, and a college of liberal arts, we strongly support a university curriculum that requires nearly everyone to take communications, philosophy, religion, mathematics, natural sciences, physical education, humanities, and social sciences. We believe in interdisciplinary offerings that integrate the disciplines in a single course. We believe in an on-going dialogue between students and faculty from the 24 departments on campus. We believe in team teaching in which one member of the team shares his or her particular perspectives with colleagues as well as with students. We resist attempts to compartmentalize or to pigeonhole the curricula, the colleagues, or the students into specialists or stereotypes. We try to promulgate and to maintain a pervasive attitude of acceptance toward every discipline. We believe that each contributes to the other.

Second, we believe in an education that demonstrates an integrated focus on product and process. Whether a person is taking a language arts course or a science class, he or she should learn cognitive information—be it the archetypal symbols in Robert Pirsig's *Zen and the Art of Motorcycle Maintenance* or the second law of thermodynamics. People need to know certain finite bits of knowledge. A person also should know how to learn and how to do things. An education that focuses on process as well as product allows its benefactors to keep up with the astronomic, geometric progression in the growth of finite knowledge and of epistemologies.

Thus, it seems to us that education best serves when it integrates as many facts and as many processes as possible from as many disciplines as possible. The greater a person's familiarity with the finite knowledge and processes associated with each discipline, the better the chance that person will have in living a full and rewarding life.

This commitment to a holistic liberal arts education explains two English teachers' involvement with microcomputers. Microcomputers and computer science represent but another discipline in the educational kaleidoscope that deserves attention upon its own merits. In the form of hardware and software, they are a rapidly growing presence and/or pressure in our society that we and our students ought to know about. But computers obviously denote more than hardware and software; they also suggest ways of thinking—a mind set or milieu that, like the Green Knight with his axe in the medieval romances, has vaulted boldly from the technological math and science side of the stream over to the domestic-humanist-business domain. Even we as English teachers could foresee the dangers of flinching before this wondrous presence as Gawain had.

Besides a powerful presence and/or pressure in our society

that should be known about, computers can serve as valuable tools for learning. They are tools that people can use to obtain and manipulate data, to learn skills, to practice skills, to think, to create, and to write with. Although the knowledge that each year more and more of our students will be experienced computer users is a compelling impetus for learning about computers ourselves, we prefer a less defensive position. Computers will continue to be increasingly useful in establishing a rich language arts educational environment. Whatever their configuration, computers can provide ways for integrating skills such as reading, writing, speaking, listening, and thinking. We believe not only that computers will incorporate science in particular and attitudes of integration and synthesis in general into the educational process, but also that they will generate a healthy attitude of acceptance toward new approaches and new ideas.

In short, we believe that computer science is a part of a genuine liberal arts education and that computers serve as a means to a liberal arts education. We as English teachers also are confident that our discipline can and should contribute to a mutual cooperation between computer science and the liberal arts. In fact, it is our opinion that computer science can benefit as much from an integration as can the language arts and the other liberal arts disciplines. As we face the challenges of the 20th century and beyond, we are like Walt Whitman's noiseless, patient spider happy to cast whatever filament is available.

> A noiseless patient spider,
> I marked where on a little promontory it stood isolated,
> Marked how to explore the vacant vast surrounding,
> It launched forth filament, filament, filament, out of itself,
> Ever unreeling them, ever tirelessly speeding them.
>
> And you O soul where you stand,
> Surrounded, detached, in measureless oceans of space,
> Ceaselessly musing, venturing, throwing, seeking the spheres to connect
> them,
> Till the bridge you will need be formed, till the ductile anchor hold,
> Till the gossamer thread you fling catch somewhere, O my soul.

Microcomputers and the language arts are unexpected allies. They represent our filament—our musings, our venturing, our seeking—to connect the disciplines of computer science and language arts. And like Whitman's pairing of the persona's soul and the spider, our filament is characterized by a pairing of the spiritual and the practical. While our idealistic dedication to education in general and to a holistic liberal arts education pervades unexpected allies, a pragmatic realism is as evident.

In fact, this entire venture reminds us of another set of unexpected allies—Cervantes' Don Quixote and Sancho Panza. Having read romances and other books of chivalry, Don Quixote sets out to revive knight-errantry, to redress grievances, and to restore the Golden Age. Sancho Panza's objectives are more down-to-earth: the poor laboring man engages himself as squire because he has been promised that he would earn and govern an island as a result of his adventures with Don Quixote. As the idealistic knight and the pragmatic squire sally forth on a series of adventures, they steadfastly proclaim their completely antithetical visions of human existence, but in fact come to demonstrate modified patterns of behavior. Don Quixote learns not to push his idealism too far; Sancho Panza ends up proclaiming that knight-errantry is the highest ideal and that there are things of more consequence than possessions. One becomes a pragmatic idealist, the other an idealistic pragmatist.

Such are unexpected allies. Sometimes they speak as pragmatic idealists, at other times as idealistic pragmatists. Frequently we can not decide whether we are riding Quixote's steed Rozinante or Sancho's mule. We have sought a bridge—a meeting ground between the extremes, a fruitful union of idealism and practicality and of language arts and computer science, a gossamer thread and an anchor.

In chapter 1, *The Information Process: Introduction to the Computer*, we introduce the basic terminology associated with the microcomputer and provide a mental map of the way it works. It focuses on choosing the right image for the computer and charting the flow of information through the whole system.

In chapter 2, *Buying Hardware Without Buying Trouble*, we suggest some general principles for hardware selection and make specific recommendations about input devices, output devices, and computer memory. We also discuss the important considerations for evaluating potential support for whatever computer you choose.

In chapter 3, *Crossing Over to Software*, we provide some guidelines for selecting educational software for microcomputers and an extensive example of what sort of advice one can get from various sources. We lead you through three questions: What do you want to do with your microcomputer, how do you find out what is available in order to accomplish your objectives, and how do you evaluate software to see if it is what you want?

In chapter 4, *Software's Bower of Bliss*, we examine the apparently promising paradise of commercially produced educational software for microcomputers. By fully reviewing 13 software packages and discussing a total of 28 programs that deal with writing and reading, we attempt to present the ranges of content, formats, and quality available in educational software and to recommend and demonstrate a tempered perspective on what seems a field of plenitude.

In chapter 5, *Reading, Writing, and Programming: The Third Language Art*, we discuss why learning how to program microcomputers helps language arts teachers help themselves and help their students. We also examine the advantages and disadvantages of learning to program in representative computer languages: BASIC, Pascal, Logo, and Pilot. It is here where we make our case that language arts teachers make excellent programmers.

In chapters 6, 7, and 8, we provide sample programs that we wrote for do-it-yourselfers. For each program we provide with commentary a presentation of its content, structure, variables, techniques, and suggested modifications. After each commentary and presentation, we list the actual program and provide a sample run of the program. Chapter 6 includes two drill and tutorial programs. Chapter 7 presents three discovery programs. Chapter 8 contains three programs for skill building in reading.

In chapter 9, *Adventuring Your Way to Literary Understanding*, we argue for using microcomputers actively and creatively as a tool of inquiry. We show how adventure games can be used to teach and to learn literary analysis and interpretation, and to practice using the imagination.

In chapter 10, *The Magic of Word Processing*, we advocate the use of the microcomputer's word processing capabilities to help develop competent and animated writers of students and teachers. We then describe the requirements for a word processing system and suggest how it might be integrated into an instructional program.

In chapter 11, *Consummating the Union: Computers, Communications, and the Curriculum*, we describe a course at our university in which we made programming and word processing a central feature of instruction. Furthermore, we demonstrate how the lessons learned there can be expanded across the entire school through a program in "writing (and computing!) across the curriculum."

The four appendices provide a glossary on computer terms, instructions for sample graphics routines, instructions for translating programs from one machine to another, and a list of resources for computer information (books, magazines, software, directories, etc.).

THE INFORMATION PROCESSOR: Introduction to the Computer

1

"Yuk, a computer?! Why would professed humanists like you be messing about with a technological beast like that?"

This is the reaction we get too often when colleagues learn that we're using the computer in our English classes. And this is the reaction to which the present chapter is addressed.

The chapter is intended for the person who is involved with the language arts, by profession or by inclination, but who is relatively new to computers. Its purpose is to introduce basic terminology and to provide a mental map of the way a microcomputer works. Those who are familiar with such matters already might wish to skip ahead to the next chapter, and there would be no harm in their doing so. However, we have tried to make the presentation sufficiently distinctive that even such old hands would profit from at least surveying the material that follows.

We humans are creatures of the imagination. One of our ways of dealing with complex phenomena is to interpret them to ourselves through metaphors that simplify and make them more comprehensible. Not infrequently these metaphors are revealed either directly or by implication through the language we use. Thus, when we speak of "piloting the ship of state," of "covering all bases," or of "checking the bottom line," we are suggesting indirectly the images that reflect our understanding of the way complex institutions and relationships should be conceived.

The problem is that these metaphors, through their power to affect the imagination, can end up coloring our perception of phenomena they were intended only to explain. This might work out for the best, or it might not. For example, the person who envisions the head of state as the pilot of a ship—thinking of a guide through troubled waters—must inevitably be led toward seeing that head as the absolute authority which a pilot must be. The person who speaks of "touching" or "covering" all bases must be led toward seeing life conservatively, as a game governed like baseball by traditional rules. The person who checks the "bottom line" must be led toward seeing life in terms of the material preoccupation with profit and loss.

Choosing the Right Image

In light of the power of these metaphors, then, it is important to our understanding that we pick the right image by which to represent the computer to our imaginations. For instance, we suspect that one reason why computers have been more readily accepted by mathematicians and scientists than by humanists has been their image as "number crunchers." What does a computer do? It eats, digests, and regurgitates large helpings of numbers. And who cares about numbers? Mathematicians, hard scientists, and perhaps sociologists—but certainly not humanists.

The image of a number cruncher just won't do, then. A somewhat better alternative is suggested by the phrase "data processing." The advantage of the phrase is that the term *data* clearly implies words as well as numbers, and words are our real interest. Still, the term itself remains cold, making the image of a machine for processing data seem scientific-sounding. Data are not the kind of subject with which those interested in the language arts would ordinarily prefer to deal.

Under the circumstances, and despite its own limitations,

the best compromise might be the image of an "information" processor. Information is much more warm and human than data. A nod or a salutation is information, as is an embrace or a punch in the eye. Through each we learn or communicate something not known before. Data are for statisticians; information is for people. Information will do, then, but processor must still be qualified.

Since, as we have seen, the image can affect our perception of the object, the kind of processor we educators should probably imagine is an *interactive* one. The virtue of this term is its emphasis on the reciprocity of the relationship between the user and the machine. Despite its billing as the ultimate teaching machine, the computer should not manipulate or really even teach us or our students. It should respond to us and guide us, but it should wait always until we ourselves become actively involved in its processes. In the un-pretty terms of educational jargon, the computer should be a "facilitator," but the user should maintain responsibility for his or her own learning.

If this relationship is preserved, the computer can create more involvement on the part of the student than almost any other educational technology. To see the extent to which this is true, consider Table 1-1.

The table refers to the normal classroom use of the various media. For example, while a student might occasionally be sent off by himself to project a filmstrip, thus adding manipulation to the medium's other advantages, he would ordinarily just watch in class while the frames were advanced either automatically or by an operator. Similarly, the chart refers to the use of just one medium at a time. The media can be combined in ways to reinforce their advantages and to compensate for their disadvantages, but this can get both complicated and awkward. For instance, consider the logistical problems for the teacher in arranging during a short period of time for a slide show with synchronized sound. Or consider the physical problems for the student in trying to take notes in a darkened room during a film showing.

An examination of the table reveals that the matter of manipulation is the key to the advantage of the microcomputer to the classroom teacher. It provides all the sensory involvement of the other media and adds the dimension of physical interaction.

TABLE 1-1
Advantages and disadvantages of selected educational media

		Activity			
		See Words	**See Graphics**	**Hear Sounds**	**Touch or Manipulate**
Medium	**Books**	Yes	Yes	No	Yes
	Films	Very Few	Yes	Yes	No
	Filmstrips (and tape or record)	Yes	Yes	Yes	No
	Micros	Yes	Yes	Yes*	Yes
	Overhead Projector	Yes	Yes	No	No
	Records or Tapes	No	No	Yes	No
	TV or Videotape	Very Few	Yes	Yes	No

* The availability of sound depends on the brand and configuration of the microcomputer. For example, Apple, ATARI, and IBM microcomputers have built-in speakers; PET and TRS-80® do not.

Only with books is the student as involved physically with his learning medium to the same extent that he is with computers. The student holds the book and turns its pages; if it is a workbook, he writes in it as well. On the computer he types, punches buttons, or manipulates paddles or joysticks—continually. With a book he proceeds at his own pace, backing up to review if necessary. With a computer equipped with well-written teaching/learning programs, he does the same. With few other media is this possible on the same day-to-day basis.

Lest there be any misunderstanding, let us emphasize that we are not suggesting that books either should be or are likely to be replaced by microcomputers as the backbone of classroom instruction. Afterall, we are ourselves both teachers of literature and authors of books and articles. As believers in the printed word, then, we are suggesting only that because of the interactive involvement of the student, microcomputers can provide unique and powerful advantages matched by no other supplemental media.

To see what this means in practical terms, consider the following example. Suppose that Ms. Jones has prescribed that Demi spend her weekly period in the computer lab working on vocabulary. The supervisor of the lab runs a program called *Prefixes: Lesson One*, an introduction to the affixes "uni," "bi," and "tri." The program begins by using a combination of words and color graphics, explaining the first prefix and showing labeled pictures of objects like a "unicorn" or "unicycle." After the explanations, Demi is asked whether she is ready to be quizzed on the material presented thus far. If she answers "No" (by typing the word or by hitting an indicated key), then the explanation is repeated and she is asked again. If she answers "Yes," she is given a brief quiz. If she answers all questions correctly (again by typing the appropriate word, part of a word, or answer code), she is rewarded with a musical fanfare and an appropriate congratulatory message. If her performance is less than perfect, she is given a combination of approbation and admonition. Finally, if her performance is unsatisfactory, she is returned to a new explanation of the same material and a new quiz.

In other words, the student progresses entirely at her own pace. Instruction, which includes both text and graphics, advances in carefully planned sequential steps. Learning is reinforced at once through sound, text, and graphics. This kind of instruction is hardly an immediate threat to replace the textbook, but its potential effectiveness in trouble spots or in a program of individualization should be apparent.

However, we are getting ahead of ourselves. Returning to the main theme, we have asserted up to now that the image teachers should have in mind when they think of a computer is that of an interactive information processor. We chose the term *information* over other possibilities because its image is more human and because it more nearly reflects the fact that computers deal with words and relationships as well as with numbers. We chose the term *interactive* because it emphasizes the idea that the user is to be an active participant in the computer's processing of this information. He is not to be a passive observer. Still less is he to be a mere object of the computer's ministrations or manipulations.

Refining the Image

The overall image of the computer is thus complete, but it is far too general to be very satisfying. Consequently, the working teacher must question the extent to which the image should remain that of a "black box" and the extent to which it should be refined to include a mental chart or diagram showing how and in what order each part of the computer contributes to its overall functioning. There is something to be said for both positions.

The case for the black box

A black box is a device that is completely opaque to its observer. The observer can tell what is done to the box, what goes into it, and what comes out of it. However, what happens on the inside remains a complete mystery. Although we do not refer to them as such, we use these devices all the time; and as long as they are doing the job, we rarely worry about their inner workings. For example, if a woman points the lever toward "Drive" and the car moves forward, she is hardly likely to start wondering what goes on inside an automatic transmission. If a man punches the right buttons and gets his nachos, he is not likely to start dreaming about how microwaves are generated or why they stay in the oven to melt the cheese rather than coming outside to cook him.

In other words, as these examples reveal, there is usually little necessity for us to understand the principles behind the black boxes we employ. And as reflection will show, this is generally a good thing. Suppose that we knew we had to understand every instrument or device before using it. How many of us would enjoy a stereo record player, a color television, or even a refrigerator? Before long our lives would be technologically barren. It is far better that we just drive our cars and eat our nachos, leaving the inner mysteries of our machines to their designers.

As this argument reveals, then, the black box approach clearly has much to commend it. Furthermore, strong as it is for these other devices, it is even more compelling for the computer—

the most versatile, but also the most complex, of all the instruments we are likely to use. Merely to look at one with its cover off is enough to make most people nervous. To draw closer and examine one of the *chips* through a microscope can be downright intimidating. (The term *chip* is computer jargon for a complicated microscopic electronic circuit imprinted on a tiny sliver of silicon. Chips themselves are rarely seen since they are usually encased in protective devices resembling black caterpillars with silver legs.) Computer circuits are so complicated, in fact, that most repairmen are themselves not sure *how* they work, just *whether* they do. That being so, what chance do the rest of us have?

The answer is none, if we are thinking of the computer at the level of its individual wires and transistors—several hundred thousand of which may be imprinted on a single chip the size of a piece of confetti. Still, at a somewhat more general level it is possible for almost anyone to understand the relationship among at least the main parts of the computer. In other words, while the individual components might of necessity remain black boxes, the relationship among these parts can be mapped in terms that are clear even to those with no interest or background in technology. The question is, Is it worth the trouble? Can we make a case for understanding as compelling as that for blissful black box ignorance?

The case for better understanding

For most the answer is yes. We can get by with leaving the computer as much a black box as the automatic transmission or the microwave oven. If, however, we are willing to try, we can profit considerably from understanding its broad principles of operation. One way this understanding can help is in making wise purchases of materials and supplies. For analogy, imagine that you have run out of gas late at night in a strange town. You find a convenience store that's open, but it sells only leaded gasoline while your car is supposed to use only unleaded. Will it really hurt to use the wrong gasoline?

The parallel for the computer owner might be the purchase of a new *floppy disk*. (A floppy is a flexible plastic disk about the size and configuration of a 45 rpm record, magnetically coated and encased in a square protective cover. This and other magnetic storage devices will be explained later.) The disk you see in the store is labeled "soft-sectored," but the manual for your machine says that you should use only the "hard-sectored" type. If you buy the disk that is not recommended, will it work anyway? Or might it cause you to lose the information you have tried to store? Might it even damage the computer itself? A little knowledge might be dangerous, but it can be a considerable comfort in situations like this.

Another time a general knowledge of the way the parts of the computer interact can be helpful is when the inevitable glitch occurs. Just a little knowledge can help to pinpoint the trouble and to indicate whether and how we can resume operation without risk of permanent damage.

For instance, suppose that you are running your air-conditioner during a storm when thunder claps nearby and the lights go out. If you leave the air-conditioner turned on, will you blow a fuse when the lights return? Will you blow the machine itself? Should you in fact be kicking yourself for not having removed the plug before the lightning struck? (The answers are "not unlikely," "conceivably," and "yes.")

Computer owners face similar decisions about thunder storms and about other problems as well. Here is a common one. Feckless Freddie has inserted a disk quite properly, but has closed the door just partway before turning on the power. Hearing a strange noise, you leap to his side. Should you just grit your teeth, shut the drive door, and go on with your business? Or should you turn off the power, send Freddie safely beyond your reach, and begin preparing an explanation of why the new $40.00 reading program has ceased to exist? (Your only hope is that fortune is smiling. Carelessness like Freddie's is likely to garble the information you've stored, is not unlikely to damage the disk physically, and is potentially able to ruin the drive as well.)

To be honest, of course, you don't really have to understand computers very well to deal with the problems just mentioned. You can get by and stay out of most trouble just by following the advice and admonitions in the manuals. When you get right down to it, then, practical necessity can provide an incentive, but it cannot provide a compelling reason to find out more about the inner workings of the computer. The latter can come only from those intangibles that make a teacher's life and personality what they are.

One such intangible is relief from the anxiety of becoming involved with a process and a machine one does not fully understand, trusting one's welfare to the writing ability of a faceless technocrat who (our nightmares lead us to fear) probably hates English and can't spell. The effect of this anxiety can be almost paralyzing. We have seen experienced teachers sitting mesmerized before a computer keyboard.

> "Just hit the 'Enter' key," we have said.
> "But are you sure . . . ?" they have replied.
> "Aren't you afraid that. . . ."

These were bright people, too—people who certainly knew how to read and to follow directions. They had in fact just read the instruction to do precisely what we were telling them. The problem lay in that natural anxiety about setting in motion a mysterious process one doesn't understand and might not be able to control.

Another important intangible concerns that subtle depth and substance achieved by the instructor who knows that he is in control both of his lesson content and of the tools and techniques to be used in its presentation. Perhaps it is the aura of confidence such knowledge produces in the teacher. Perhaps it is the conviction with which the teacher is able to make assertions or answer questions. Whatever the reason, any instructor who has tried teaching both with and without that confident knowledge can testify to the difference it makes. With it, the students learn and discipline can be taken for granted. Without it, the entire class hour is spent treading nervously through a landscape of quicksand and pitfalls.

The most positive intangible is probably the most compelling as well. To be a teacher means first of all to be a learner. Most of us were drawn to the profession initially because we found the joy of learning, of growing intellectually, to be so exhilarating as almost to demand sharing with others. That being so, logic suggests that we will be more effective in our work if we stay in touch with our original inspiration—namely, our own learning.

But logic is not the real issue. The true teacher will seek broader understanding simply because he cannot do otherwise. He cannot deny the thirst for knowledge, the need for the natural high of new learning.

The implications for the present discussion are clear. Since the kind of person who could read this book must be just such a lifetime learner, we will take it as given that the understanding of the computer developed to this point should be both refined and expanded. In doing so, we will be careful to keep in sight that overall image of an interactive information processor we have developed.

In terms of that image, the various parts of the microcomputer should be thought of as separate physical locations. At each location, information is communicated to the machine, manipulated by the machine, sent for storage or retrieval, or translated and displayed in forms that are comprehensible to humans. Each of these parts will be discussed individually, but it is helpful at the outset to understand the general relationship among them. This relationship can be seen graphically in the diagram of figure 1-1.

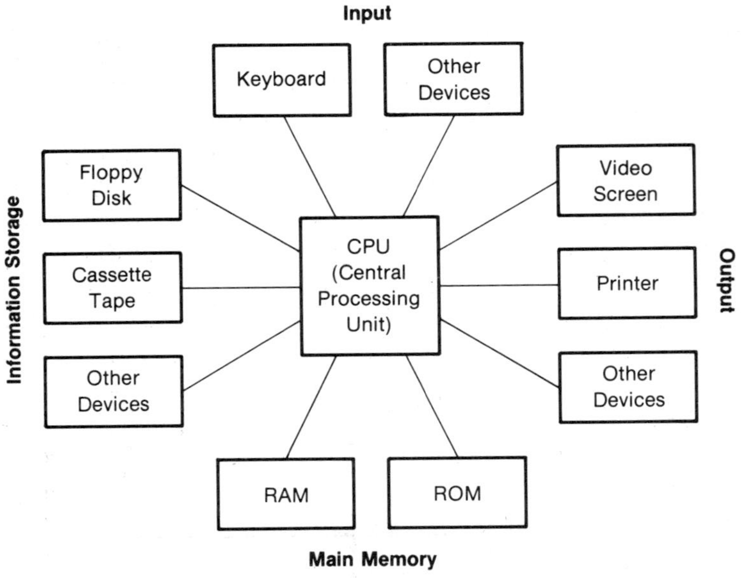

FIGURE 1-1
Main Parts of the Computer System

Mapping the System

Charting the flow of information

Several features of this diagram are worth observing. Note that it refers only to the structural relationship among the parts of the computer, not to its actual physical layout. We can give some general guidelines as to the correspondence of the parts of the diagram to those of the equipment and will do so at appropriate times. However, remembering our emphasis on imagery, the important thing now is that one understand schematically the way that information flows both within the computer and among the peripheral devices (like printers, disk drives, or tape recorders). The diagram is intended to make this process more clear.

Following the changes in form or language

While the pattern of the flow of information is what matters most, the form taken by that information can also be important. The idea that the same information can take different forms might sound strange at first, but in reality it is a concept with which we are already familiar through everyday experience. For example, consider the variety of ways that the highway department lets us know that we should come to a complete halt at an intersection. They might station an officer there with his or her hand held palm outward and toward us. They might paint across the road a wide stripe and oversized letters saying "STOP." Or again, they might erect an octagonal red sign to catch our eye. The form might be different in every case, but the information is the same.

The information that flows about within our computer system must change form frequently. The human user, the main computer, and the various peripherals should be thought of as members of a kind of United Nations, many of whom speak different languages. The information we give the computer is in English, in a so-called higher-level computer language, or in a special code understood by our equipment. The information returned to us at the printer or video terminal is also in English or in that special code. Unfortunately, the central brain of the computer can comprehend neither English nor code. It must be addressed only in a stream of zeroes and ones. To mediate between the user who understands only English and the electronic brain which understands only binary arithmetic of zeroes and ones, the computer needs one or more built-in programs to translate from one language to the other.

Depending on their nature and function, these programs are called by such names as monitors, compilers, or interpreters. At this level of discussion it is not important that we comprehend the distinctions among these types, but it will be helpful if we keep in mind that image of the United Nations and its staff of translators. There are at least two ways in which it matters: speed and accuracy. First, imagine a conversation in which A speaks only English and C speaks only Swahili, but their translator B speaks both English and Swahili. They would get along pretty well. Now imagine the same conversation if A speaks only English, B speaks English and French, C speaks French and Swahili, and D speaks only Swahili. The conversation between A and D would necessarily be both slower and less precise.

The same is true with our information processor. The further we are from English and the closer to the zeroes and ones of computer language, the fewer the translators that must interpose. And the fewer the translators, the more quickly and precisely the machine can respond. The answer seems simple. Why don't we just talk to the machine in its own language, avoiding the delays and imprecisions of translations altogether? We'll show you why.

Table 1-2 shows the letters A through E and the numbers 0 through 9 as the computer understands them. How would you like to have to communicate in that language? How long would it take you to write, "My name is Winston Churchill, and I live at No. 10 Downing Street"? And how likely would you be to get it right the first time, without errors?

There is a trade-off, then. What is called *machine language* is quick and precise from the computer's point of view, but it is inefficient and error-prone from ours. Clearly a compromise is in order, but the nature of the compromise depends on the circumstances. If we are writing a program that depends on quick response—something like animated graphics, perhaps—then we

TABLE 1-2
Representative binary equivalents of selected English letters and numerals.

English	Binary Equivalent
A	01010001
B	01010010
C	01010011
D	01010100
E	01010101
0	00110000
1	00110001
2	00110010
3	00110011
4	00110100
5	00110101
6	00110110
7	00110111
8	00111000
9	00111001

base 2

want to be close to the machine. On the other hand, if we are counting on the language to help guide our thinking and aid in problem solving, then we want to be closer to English. This is why the best programmers usually have command of several different languages through which they can speak to the computer.

We will explore this matter of computer languages in greater detail in a later chapter, but we wanted to introduce it now because of its effect on the flow of information within the computer system. Knowing how fast the computer can perform its calculations, people wonder sometimes why it takes so long for things to happen. For instance, in response to an instruction, they will hit "Return." The little blinking light (called a *cursor*) will disappear immediately, but then they will be left in an apparent limbo—nothing shows up on the screen, and hitting the keys seems to have no effect. When this happens, the most probable cause is that the computer is having to do a lot of calculations or manipulations of information, many of them involving one or more translations. *User-friendly* programs (the term is self-explanatory) will usually print a warning message at the beginning of the process, telling you to be patient and not panic.

Locations within the System

With the understanding now that the information which travels about within the computer system must often change form, it is time to consider where it goes and what happens to it in various locations.

Central processing unit

The most important location is the *CPU*, or *central processing unit*. This is the place where the computer does arithmetic and performs housekeeping chores. It is also the clearinghouse through which all information must pass on its way to or from any other place in the system. In other words, it is like the Atlanta airport for passengers in the southeastern United States. You can't get anywhere in the system without passing through and perhaps spending some time there. If you look inside the computer, the CPU will probably be the largest integrated circuit (abbreviated IC) that you can find. (Remember that you can recognize the ICs by their caterpillar-like black protective cases and silver legs. See figure 1-2.) The case of the CPU will be about an inch wide and two inches long, but its low profile will do nothing to indicate its importance to the computer.

Right now the two most popular CPUs for microcomputers are known by the cryptic names 6502 and Z-80. Experts like to argue the relative merits of the two units, bandying such arcane terms as *addressable memory*, *instruction set*, and *clock speed*. For most readers of this book such questions are absolutely meaningless and are best ignored. The names will come up in books and magazines, though, and we thought it might be comforting to know what they were referring to.

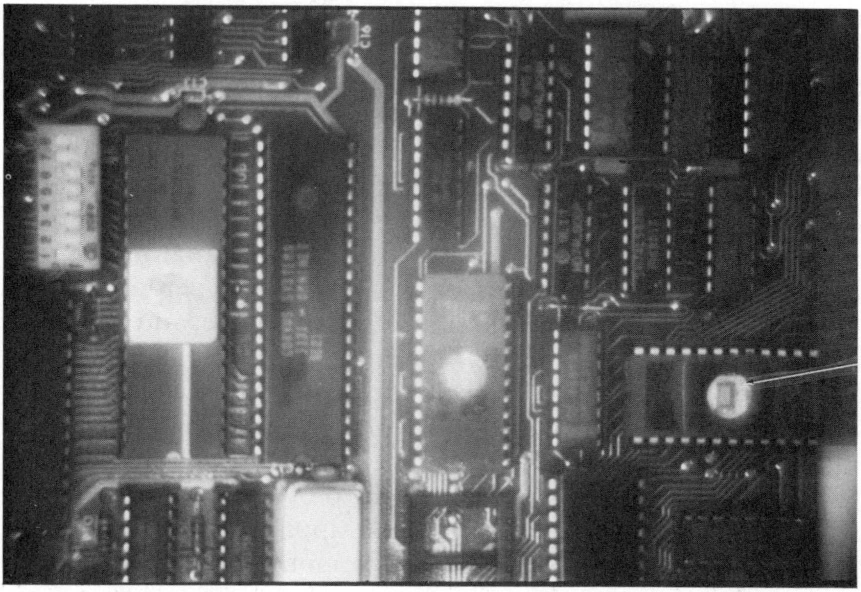

FIGURE 1-2
An Integrated Circuit Board with ICs Installed. (The chip itself can be seen inside the circular cut-out.)

Input devices

The next group of locations to be considered are those used for entering information into the system. The most important of these is the keyboard. The computer keyboard is identical to that of a typewriter, with two possible exceptions. One is that the keyboard may include what is called a *numerical keypad*, an arrangement of keys similar to those on a pocket calculator. The keypad adds no new capability, but it does make the entering of numerical information more convenient.

The other difference is that the computer may include what are called *function keys*, possibly *programmable function keys*. A function in this context refers to a more or less complex series of operations accommodated under a single name. For example, the SQR function returns the square root of its *argument*—the number upon which it will perform the specified operation. In other words, if you hit the key marked SQR (the function) and then the number 64 (the argument), the computer will return the number 8. The LEN function will return the length or number of characters (including spaces) in the word or phrase entered as its argument. Thus if you hit the LEN key and then enter the word "information," the computer will return the number 11. If a function key is programmable, that means only that you can decide for yourself what series of operations it will perform. This is an advanced technique, of course, and if it seems more trouble than it is worth you need not worry about it.

In addition to the keyboard, microcomputers take advantage of a number of other devices for entering information. Among those common today are so-called "game paddles" (rotary potentiometers) and joysticks. Chris Crawford of Atari, Inc. is a strong advocate of the latter in educational applications. He likes the joysticks because they provide fewer options to the user than the keyboard and are thus less confusing. (Left and right, forward and back, and push the button are all the options you have.) He also likes them because of their high degree of tactility.

Another device in fairly common use is the light pen, a pen-like device connected to a wire which is capable of reading the information emitted from the video screen. It works in situations like this. If the screen prints a multiple choice question or a menu of selections, the user touches the pen to the item of his choice. The pen reads the information from the screen and passes it to the computer, and the answer is recorded. Light pens have been around for quite a while, and their possibilities are intriguing. Nevertheless, to date very little commercial, educational software (computer programs) has been written to take advantage of them.

Two other devices for entering information are likely to be increasingly popular in the years ahead. One of these is the voice recognition system. The main problem with the keyboard is that most people type either slowly and painfully or not at all. If such persons could simply talk to the computer, the problem could be avoided. Voice recognition systems have come down in price, and more and more manufacturers are offering them. It shouldn't be too long before the educational software necessary to take advantage of them becomes available.

The second device that is coming into use is called, interestingly enough, the *mouse.* The next widely popular computer language for educational applications may well be Smalltalk, under development by Xerox Corporation at its Palo Alto Research Center. To handle input for this new language, Xerox people have invented the mouse. The mouse is a device that looks about like a candy bar with a wire in one end and a ball bearing in its stomach. By rolling the ball bearing about on a table, the user can position the cursor (the flashing square) wherever he wants it on the screen. Then, by pushing a button he can inform the computer about his choices or decisions regarding the information displayed at that point.

The proprietary mouse was developed specifically for use with Smalltalk, but other companies have expressed interest in developing similar devices for general use. The word processing software by which this chapter is being written employs a mouse-like technology as an editing option. The writer uses the paddles or joystick to move the cursor where he wants on the screen and then uses the normal word-processing commands to make his wishes known. Recent computer magazines have included ads for an actual Xerox-type device to do the same thing. Because of its high tactility, the mouse ought to be of particular interest to educators.

Output devices

Video displays

The next set of locations to be considered are those where the computer communicates its information to the outside world. The most important of these is the video, or *CRT,* screen (CRT for Cathode Ray Tube). Such devices come in several different varieties.

The first classification distinguishes between monitors and regular television sets. The difference is that monitors are not equipped with receivers to decode signals from the airwaves, but instead accept information directly from the computer's output circuitry. The advantage of the monitor lies just there. Because it eliminates the receiving circuitry, it gives a somewhat sharper and more stable image than a regular television. (Adding to this advantage is the fact that because they are not restricted to standard broadcast specifications, monitors are usually designed to give higher resolution—i.e., sharper images—than televisions.) One disadvantage is that you can't watch the reruns of *I Love Lucy* if you get tired of computing. Another is that monitors cost a little more than comparably sized televisions.

The next classification has to do with the color of the display. The three most common types are black and white, black and green, and full color. The main advantage of the black and white display is its cost. It works perfectly well, and it is the cheapest of the three options. The *green screen* is a little more expensive than the black and white display, but there is some evidence that it is easier on the eyes for those who must sit before the computer for long periods. The advantages of color are considered obvious by most people—particularly those interested in graphics—but some purists do still object to it as a distraction. (You know the type—they wear khaki underwear because it's "practical.") The main disadvantage of color is that it costs about twice as much as a good monochrome display, either black and white or black and green.

Coming developments in video displays include ultra-high resolution color monitors (called RGB—red, green, and blue—because the computer addresses each dot of color individually), flat-screen video, and other technologies, including full-screen liquid crystal displays. The last are found now in the pocket or briefcase computers, but they will soon be making their way to wider microcomputer applications.

Printers

The second most important output device is the printer. Printers come in two main types, depending on how they form the printed characters. The most attractive print style requires that the machine produce fully formed characters, like a typewriter. The most common of the machines that produce such characters are called the *daisy-wheel* printers. The name derives from the technology used to produce the characters. Each individual letter or numeral is attached to a separate stalk emanating from a central hub. Depending on how they are arranged, the collection of stalks ends up looking like either a thimble or a flower—hence the name daisy-wheel. (See figure 1-3.) In oper-

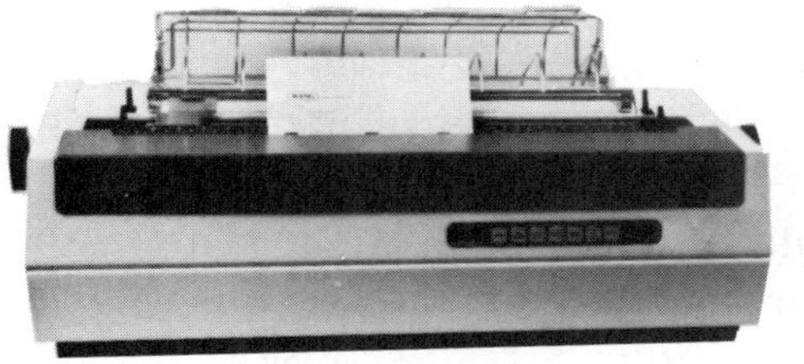

provided, however, the Pu
first $15,000 otherwise d
Agreement. The terms of
editions of the work. In
such a sum, it is express
amount of the foregoing a
the Publisher in the even
Publisher pursuant to it
to the Publisher, shall
death or otherwise, T
whereupon all monies
Publisher.

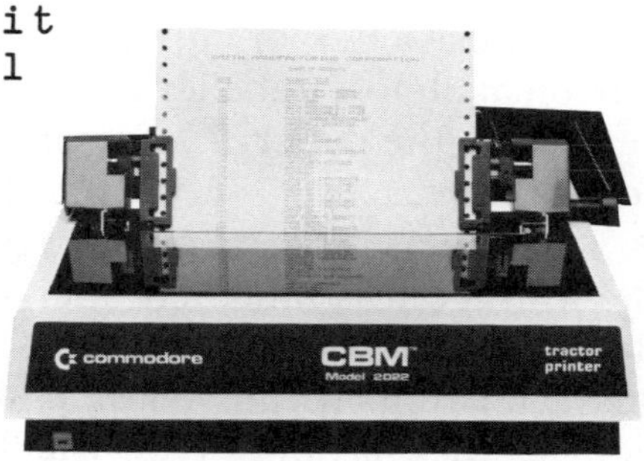

provided, however, the
first $15,000 otherwis
Agreement. The terms
editions of the work.
such a sum, it is expr
amount of the foregoin
the Publisher in the e
Publisher pursuant to
to the Publisher, shal
death or otherwise, Th
whereupon all monies p
Publisher.

FIGURE 1-3
Daisy-wheel (left) and Dot-matrix (right) Printer with Type Samples.

ation, the wheel spins at great speed while a hammer strikes each letter-bearing "petal" as it reaches proper position.

One main advantage of the daisy-wheel printer is the high quality of the copy it produces. Another is the fact that the print style can be changed radically just by dropping in a new and inexpensive daisy-wheel. The main disadvantages are its high cost, its bulky size and weight, and its relatively slow printing speed. Of course, with the last disadvantage the important term is "relative." Even the slowest of the daisy-wheels can clip along at better than 140 words per minute, faster than any but a phenomenal typist, without getting tired and without making errors.

The other main type of printer is the dot-matrix machine. This type produces its characters by means of a printhead consisting of a vertical arrangement of wires, maybe nine deep. To print a letter or numeral, selected wires are shot against a ribbon at almost unbelievable speed and energy to form a pattern of dots on the paper. The resulting copy has the telltale computer look.

There are several advantages to the dot-matrix printer. On the average it is much cheaper and also much quicker than the daisy-wheel machine. It comes with a collection of different character fonts (print styles), easily selected by means of instructions to the machine. It is usually capable of printing very high resolution pictures, almost halftones, as patterns of dots. The main disadvantage of these printers is that their copy looks like something a computer did rather than something a typist spent time preparing for a particular individual.

In the matter of printers, the immediate future seems to hold two developments of interest to users of microcomputers. First, the cost of daisy-wheel printers is coming down to the point where at least the slower models are becoming competitive with dot-matrix machines. Of particular interest in this respect are those printers that double as typewriters, making them even more flexible and attractive as an investment. Olivetti has been offering the Praxis model for some time now, and Smith-Corona is just entering the market. Others are bound to follow. Second, dot-matrix technology has improved to the point where the more expensive versions can rival the print quality of most daisy-wheels, while maintaining much greater versatility. Part of this versatility is the ability to print in color as well as in black and white. Color printers are already competitive in price with the mid-range black and white machines and are getting cheaper. When color is combined with existing graphics capabilities, these machines can produce copy with great visual impact.

Audio speakers

A third output option of great interest to educators is sound or voice production. Apple®, ATARI®, IBM®, Texas Instruments, and the new Commodore microcomputers come with speakers built in and others accept them relatively easily. These speakers are quite adequate for producing low-fidelity music, sound effects, and crude voice simulation. For higher fidelity sound and genuinely useful voice production, additional hardware is needed, but its cost is well within the reach of most school systems.

Main memory devices

So far we have discussed means by which the user and the computer can communicate with one another—through input and output devices. The third group of locations to be considered are those which make up the computer's working memory. After information has been entered and before it can be displayed or manipulated, it must be stored in places where the CPU can get at it quickly and conveniently. Two types of devices are used for this purpose.

Read Only Memory

"Read Only Memory" is a location where information is stored permanently during the manufacturing process. Whatever is out there is there, ready for use whenever the machine is powered up. For this reason, the designers usually put in ROM the kind of information that they know will be used regularly. For example, most micros have some version of the BASIC computer language in ROM. ROM also contains the housekeeping and traffic-directing information necessary for running most of the other devices we have been discussing—like printers and (coming up next) disk drives.

Random Access Memory

The other primary type of main memory is called *RAM*, or "Random Access Memory." In contrast to ROM, RAM is a type of "read and write" memory, meaning that the user can put information into these locations as well as read it out. The price paid for this advantage is that whatever is stored there is lost as soon as the power is interrupted—even for an instant. This is why it is recommended that you periodically store successive versions of a long program or of a long document you are preparing with a word processor. It is wildly frustrating to work for 30 or 40 minutes on a complicated project and then to see it disappear into nothingness because some yo-yo up the street cut the power cable while digging a ditch.

The combined amount of ROM and RAM working memory a computer possesses is important, because it determines the size of the programs that computer can run. The amount is usually indicated by a number followed by the letter "k", an abbreviation for the prefix *kilo*, meaning thousand. Thus a 16k machine has approximately 16,000 separate memory cells, each capable of holding the equivalent of a single letter or numeral. We say approximately because in fact the "k" stands for a unit equal, not to 1000, but 1024 (2 to the 10th power). The reason for using the odd number has to do with the way computers are put together.

Information storage devices

The final set of locations we shall discuss are those used for permanent storage of information either produced by or needed by the computer in its operation. With one or two exceptions to be noted later, these locations consist of magnetic storage devices.

Cassette tape

The oldest and still the cheapest medium for storing microcomputer programs and information files is the cassette tape. The technique used is to translate the ones and zeroes the computer understands into a pattern of high and low frequency signals, and then to record them on an audio tape just like any other sound. In fact, if you play the cassette with the speaker on, you can actually hear the language the CPU speaks.

These days there are two main reasons for using cassette storage. In some cases you have no choice. With some micros, especially just after they have been introduced, it's cassette storage or no storage at all. In recent years this was true, for example, of the VIC-20®, the Radio Shack® Pocket Computer, and the Timex/Sinclair® ZX-80® and ZX-81®.

The other reason for using cassettes is that the necessary hardware is relatively inexpensive. Though it is not recommended, it is possible to use an inexpensive cassette player and standard audio cassette for storing information needed by your computer. Even the specially prepared digital equipment that is recommended costs well less than $100.00.

If the price is so attractive, then one might wonder why most people get away from cassettes as quickly as possible. One reason is that they tend to be temperamental. For instance, if the playback heads are dirty or the volume setting isn't just right, the computer might simply refuse to accept the information from the cassette. More importantly, even if things are going right, cassettes are much slower and more inconvenient than disk drives.

Disk drives

Disk drives come in two main types, *floppies* and *hard disks.* Since the latter are expensive, sophisticated devices of interest mainly to advanced computerists, they may be safely ignored for purposes of this book. Floppy disks and their drives are important, however, because they are the medium of choice for storage of both commercial and user-created programs and information files.

The floppy disk is a flexible disk of plastic encased in a square protective jacket, as shown in figure 1-4. The most common size for such disks is 5¼ inches in diameter, the next most common size 8 inches. A few companies are experimenting with disks as little as 3 inches in diameter, and they are already appearing on the market. The disks are coated with magnetically sensitive material, much like the familiar audio tape. In operation, the read/write head of the drive engages the surface of the disk to record or retrieve information, as the CPU requests. The amount of information that a single disk can store ranges from a low of just over 100,000 characters to a high that stands now at 300,000 or 400,000, and continues to range toward the theoretical limit.

A little reflection will suggest that when that much information is stored in that small an area, the situation is bound to be pretty delicate. The three easy ways to kill a disk are physical damage, magnetic damage, and physical contamination. It is

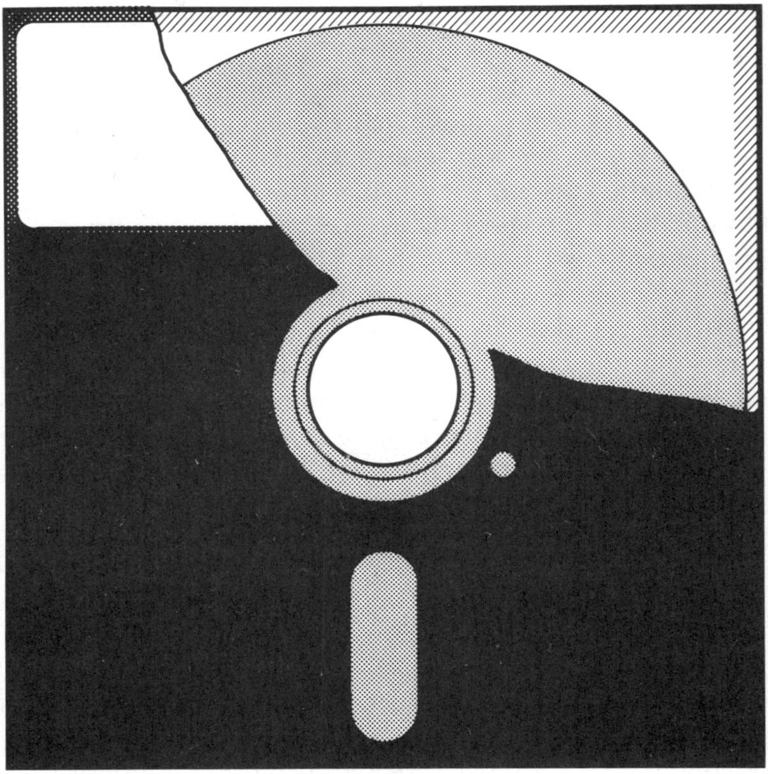

FIGURE 1-4
Cutaway View of the Floppy Disk.

obvious to anyone that if you use your disk to prop up a wobbly table, you will ruin it. What is not so obvious is that you can ruin it just as surely in seemingly innocuous ways. (See figure 1-5.) For example, you can warp it by leaving it in the backseat of your car on a hot day or just by storing it flat for too long instead of on end. You can destroy the surface by writing on the cover with a ballpoint pen, by putting a thumb print on it, or—believe it or not—just by smoking too energetically when it is in active use. And if that's what *you* can do, imagine what your students can accomplish.

Disks are delicate, then, but they are also remarkably handy. For one thing, they can store very large amounts of information, and for another they can make that information randomly and almost instantly accessible. With a cassette tape, the CPU must start the reading process from the beginning and just plod along until the requisite data shows up. With a disk, it hops back and forth to get what it needs while the disk is spinning at great speed.

The System in Action

Having discussed the individual parts, let us now see how they would work together in a typical session with the computer. For example, in response to a learning prescription given by his teacher, student John Doodle checks out a program from the classroom library. The program is stored on a 5¼ inch floppy disk which John, following instructions, inserts in the computer's disk drive.

The first thing John does after turning on the power is to *load* the program he has been assigned. The actual process will vary, depending on the type of computer, but what happens essentially is that the CPU reads the information stored on the disk and then duplicates it in the computer's RAM main memory. From this point on, unless the program itself instructs the CPU to read from or write to the disk, the drive will have completed its responsibility. The computer now knows everything it needs to lead John through his lesson, having learned it from the disk.

Of course, if something should go wrong—if the power should fail, for example, or if John should find some way to *bomb* the program—then we'll be glad that disk and its drive are still around. In that event, the computer will forget what it just learned, lose its information, and the CPU will have to return to the disk to duplicate it all over again. Fortunately, the disk is both faithful and patient, and no harm will have been done.

The program that now resides in the computer's main memory consists of a series of instructions which the CPU must act on sequentially. One of the first of these instructions will no doubt ask that a signal be sent to the video monitor by means of a procedure specified in ROM permanent memory. The effect of this signal is to light up a series of phosphor dots, dots which form patterns equivalent to the written symbols of the English language and which are intended to communicate with John.

In other words, the information which begins on the disk as a pattern of magnetic charges is translated by the CPU and then stored in RAM as a pattern of varying electrical charges. From there it is sent by way of a ROM routine to the monitor, where it is translated into a pattern of glowing phosphor dots. At last it is seen by John, whose physiological processes translate it into a pattern of electro-chemical impulses comprehensible to his mind as the question "Are you ready to begin?"

In response to those impulses, John's mind generates new information (an affirmative reply), which is returned to the computer by means of its keyboard. The CPU compares this new information to that which it already possesses and, depending on the result, sends an activating signal to one of the devices or locations that it controls: the monitor, the printer, or perhaps the audio speaker. Having translated the results of this new signal, John finds that it is his turn and that he must now act again.

All of this happens in an instant, of course, and it would be tedious to follow it throughout John's session at the keyboard. Nevertheless, it is helpful to slow down the process at least enough to comprehend its progress among the various parts of the computer—and its user!—that we have come to visualize as we have moved through this chapter. The impression this comprehension should bring is that of the great intimacy that defines the interactive relationship between user and computer, person and machine, consisting of the mutual processing of information. Seen in these terms the computer is not an alien invader in the humanistic environment, but is instead a legitimate and comfortable inhabitant there. It is merely an extension of the human mind and capabilities.

Suggested Activities

1) Assume that you have a fully equipped microcomputer system: central processing unit, keyboard, video screen, main memory, disk drive, tape recorder, joystick, and printer. (You might wish to refer to Figure 1-1 in the text.)

a) Trace the flow of information during the following session: When the computer is powered up, the program contained in ROM causes the word "READY" and a flashing square (the cursor) to appear on the screen. The user types a command which causes the tape recorder to begin playing, thus loading a taped program into RAM. When the program is loaded, the user resaves it with another command, this time to the disk drive. Finally, he verifies the operation by cataloguing a list of the disk's contents at the printer.

b) Discuss the form that the information will take at each stage—for example, magnetic charge, pattern of lighted phosphor dots, electrical potential.

c) Discuss the advantages and disadvantages of each form of information storage. Consider such factors as speed of communication, modifiability, convenience, cost, volatility/permanence, and security.

2) Analyze the kinds of information a computer can process or provide: numeric, arithmetic, relational, logical, verbal, aural, graphic, etc.

3) Discuss the phenomenon called loosely *computer error*—as in the bill which indicates that you owe $32,500.00 for the pair of sneakers you bought last week. Judging from what you know about how the computer obtains, processes, and stores information, what would you consider the probable cause and the best remedy for this phenomenon?

BUYING HARDWARE WITHOUT BUYING TROUBLE

2

It is awfully easy for the parent or educator to spend money foolishly when buying computer equipment, programs, or supplies. This is due mainly to the nature of the product and of the industry. However, for institutional buyers, it is due also to the bureaucratic muddle through which money gets spent in many school systems.

The main difficulty with the product itself is its complexity. Modern microcomputers are so versatile and so powerful that they are equipped with capabilities most of us have never even heard of, let alone imagined we might need. They are described in terms whose significance escapes us even when their meaning does not. For example, does it make much sense on the face of it that a program which runs in 32k RAM on an ATARI Microcomputer requires 48k RAM on an Apple? Finally, computers are packaged and configured in such a variety of ways that it is impossible for the comparison shopper to tell just by looking at them whether they are truly equivalent in equipment or capabilities.

The problems caused for us by the industry derive mainly from its continuing explosion in growth. One result of this growth is that today's state-of-the-art wonder machine is tomorrow's museum piece. This might not be a problem, provided that the manufacturer cares enough and is able to maintain compatability among successive models. Otherwise, we might be left with an expensive electronic doorstop.

Another problem caused by the industry's growth is that it has attracted swarms of hasty and overly ambitious entrepreneurs. One evidence of their presence is the common practice of offering for sale a product that hasn't even been manufactured yet. If sufficient orders come in, the product is made and shipped. If not, the money is returned—usually!

The software industry is particularly susceptible in this respect. First, it is possible to speculate there with a relatively small investment. Second, the market is so faddish that publishers are tempted to rush into promotion before their products are really ready. We ourselves have been burned this way twice. Once we ordered a marvelous sounding record-keeping program on the basis of a full-page ad in *Creative Computing*. The product was never shipped, and as far as we could tell it may never even have been written! We considered ourselves lucky to get our money back after six month's delay.

You might be thinking that we got what we deserved for dealing with a fly-by-night operation, but the same problems occur sometimes with the best of firms. Early in 1982 we ordered On-Line Systems' new word processor called *Screenwriter II*™. The program had received excellent reviews, and it was being offered at a favorable discount by one of the largest and most reputable mail-order houses in the country (Huntington Computing). Nevertheless, at the time the national ads appeared, the product had not been delivered by On-Line and it could not be shipped by Huntington. We placed our order in early May, but it was not till mid-July that we saw the program. Fortunately, this story does have a happy ending. Huntington provided rain checks on the sale price, and the program, once delivered, turned out to be everything we had expected and more. In buying software, it pays to deal with reputable companies.

And the same is true with hardware, of course. Smith-Corona Corporation worked for some time to come up with a low-cost daisy-wheel printer. It eventually developed into a very nice machine, one of which the company can be proud, and it ought to find its niche in the market. However, at the product's inception, Smith-Corona had been so anxious to get their sales started that they advertised their printer before they finished making it. Their first ads featured only drawings of the printer rather than photos, apparently because there were no finished prototypes of which to make pictures. While the machine did turn out to have been worth waiting for, the wait itself was pretty substantial. For institutional buyers facing a budget deadline, the delay between the appearance of the ads and the availability of the printers could have caused considerable trouble.

One final problem caused by the industry's growth concerns the dearth of reliable help available for the prospective buyers or new users at the local level. The problem with untrained Radio Shack personnel has been notorious. The salesperson at the local franchise has understandably been hired to be just that—a salesperson. In some cases, perhaps a majority, you might find them very helpful indeed. In our experience, however, they are likely to know little about electronics and less about computers. And this is an electronics store. As computers begin to appear in department stores and drugstores, this problem will inevitably increase.

Even the employees at full-line computer stores can often be less than helpful or even unintentionally misleading. A colleague of ours bought an Apple II Plus from a Computerland franchise with the assurance from the saleswoman that it was fully equipped, as configured, to run the Pascal computer language. It wasn't, requiring an additional plug-in memory expansion module. The saleswoman had not misled the purchaser on purpose, but she had clearly provided faulty information.

One of the administrative officers of our local school system purchased a Qume daisy-wheel printer and needed help operating it. We asked the obvious: Had she checked the manual? Her answer was that she and her staff had no manual but had been assured by the salesman that they wouldn't need one. We asked why, if he wasn't willing to provide the manual, the salesman hadn't at least explained the problem. The response was that he couldn't. He had managed to throw a few switches and punch a few buttons and thus to get the printer operating. But he hadn't really known what he was doing and wasn't sure he could duplicate the process.

The purpose of such stories is not of course to criticize the retail computer business. It is very difficult to find adequately trained personnel to work in local outlets, and it is even more difficult for such personnel to keep up with the flood of new machines, new devices, and new programs that continue to innundate the market. Our point is only that the best intentions in the world are not sufficient to make the local sales personnel as helpful as one might wish.

What makes the situation even more troublesome is that because of the way money gets spent, the institutional buyer is often in need of reliable advice in a hurry, with no time to shop around. We know, because we and people we know have been caught in just this way.

The main reason this happens is that money tends to be highly evanescent in institutional bureaucracies. It might be offered momentarily; but if you don't grab it and spend it, it's gone. We still remember the first microcomputer we bought for the Department of English at the university where we teach. Early one afternoon, just at the end of our fiscal year, we got a call from the dean. "Remember that computer you were asking about last spring?" he inquired. "If you can get me a purchase order with full particulars within two hours, you can have it." He got his PO, and the department got its computer—but we two were very nervous about spending that much money on that short a notice.

A similar problem confronted a friend of ours, the assistant principal at a large elementary school. Carolyn had received a substantial state grant for purchase of manipulative materials and had been spending it (on micros among other things) according to a regular timetable. Then, straight out of the blue, she was told that if she hadn't spent the remainder of her grant within two weeks, it would probably be usurped by the superintendent. To a layman, it looked as if the proposed usurpation would violate the terms of the grant . . . but would you have been willing to take the chance? Totally inexperienced with computers, Carolyn was faced with having to spend over a thousand dollars on software within just two weeks.

General Principles in Choosing Hardware

Such stories can be pretty scary. Still, our purpose in describing this and other ways that the buyer of computer equipment can have trouble is not to discourage you. Rather, we wish only to convince you of the wisdom of obtaining enough knowledge to be both independent and self-sufficient in making purchase decisions. And of course we plan to help you in doing just that. We want you to buy those products which you need for improving your instruction, not those your salesman needs for reducing his inventory. Toward that end, we will discuss in this chapter the purchase of hardware (computers and peripheral devices) and in the next the purchase of software (computer programs). In each case we will cover both general principles and representative products.

Features of the machine itself

In buying a computer, the first items to consider are the features of the machine itself.

1) In doing so, there are four overall considerations you should keep in mind. The first of these is versatility. An electronic engineer can make almost any micro do almost anything he wants. The question is, how readily will the beast perform its tricks for average persons like us?

In considering versatility, you will probably wish to weigh more items than will occur to you off the top of your head. Among them will be such questions as the following:

- Does the machine have sufficient RAM memory to handle the size programs you will be wanting to run?
- Will a monochrome display be acceptable, or will you want color graphics as well?
- Will you need a 32 column display? 40 column? 64? 80?
- Will you want the entire system in one self-contained unit, or will you be just as happy with a collection of separate components?

The more you look at them, the more the options start to proliferate. The best plan is to list your priorities as carefully as possible before visiting the dealer or opening the catalogs. Inevitably you will be forced to accept trade-offs. Still, the more systematic your preparation, the more intelligent your trading and the better you will feel about it.

2) Closely related to versatility is a second consideration, expandability. In addition to building in such bells and whistles as speakers, handles, and AC outlets, manufacturers have adopted two fundamental strategies for expanding the capabilities of their machines. One is to provide expansion slots into which a variety of cards bearing integrated circuits can be plugged. The other is to build in one or another of the standard electronic *interfaces*, circuits equipped to send and receive the widely accepted codes for the electronic transfer of information. In other words, they equip your computer to "talk" with and perhaps control a variety of other electronic devices.

One way of handling expansion slots is that taken by Apple. If you take the cover off an Apple computer, you will see a row of eight slots running from front to back across the rear of the main circuit board. Any number of manufacturers make cards bearing auxiliary circuits to plug into those slots. These circuits include additional RAM memory, interfaces for running printers or disk drives, digital clocks, and even alternate microprocessors (CPUs). In addition to making the Apple more versatile, the availability of these cards helps to keep the computer from becoming obsolete.

Another approach is that taken by Atari, Inc., Timex/Sinclair, Texas Instruments, and some others. With their machines, instead of plugging a bare circuit card into a slot, the user employs a device somewhat smaller but similar in size and configuration to an 8-track audio cartridge. With ATARI Microcomputers, for example, you can buy plug-in cartridges bearing many of the company's more popular or important programs in ROM. Among the former are Defender® and Pac Man®; among the latter are Microsoft® BASIC (a language for computer programmers) and ATARI Pilot® (a special language with which non-programmers can prepare computer assisted instructional materials).

This is the positive side. On the negative side, expansion of some micros in some respects can prove very difficult. For instance, the ability of the ATARI 400® to accept additional RAM has been strictly limited, and the circuit boards of some earlier models of the PET were altered by the manufacturer so as to prevent the user from upgrading them with parts from third party manufacturers. If you wanted more memory, you had to buy a new machine. The TI 99/4® seems almost unbelievably inexpensive until you discover that to expand it you must purchase an expansion interface that nearly doubles the cost of the machine. The manufacturers' names just mentioned demonstrate that you cannot trust mere reputations. If you are interested in expansion, you had better examine the fine print before signing your check.

3) A third general factor to consider in selecting hardware is reliability. There are basically three ways that computers can go wrong: mechanical failure, electronic failure, and bugs in the *firmware.* (The word firmware is derived by analogy from software and refers to the utility programs—like languages—built into a computer or expansion card in ROM permanent memory.)

- Firmware problems tend to show up early in the manufacturing run of a new model, after which they are caught and corrected for later versions. Thus, if the model you are considering has been around for awhile, this probably shouldn't worry you.
- Electronic failures can occur at any point in the life cycle of a particular model, but they tend to be infrequent. If a modern solid state device works at all, it is inclined to keep on working indefinitely. Of course there are ways to kill these devices permaturely, and these are what you must watch for. Usually these ways involve design problems which cause heat to build up or which permit high voltages to sneak into circuits where they don't belong. Unfortunately, it takes a trained engineer or electronic technician to spot these problems in advance. The best bet for the rest of us is to check the new equipment reviews in the magazines and to inquire about the track record of the machine in which we are interested.
- The third cause of failure, mechanical breakdown, is the real weak point in computer equipment. Sometimes its effects are obvious (as with a printer that chews up its paper) and sometimes they are subtle (as with a disk drive whose speed adjustment degenerates more quickly than it ought to). Again, to spot many of these problems, we will have to rely on a trained reviewer or a record of performance. Nevertheless, there are clues we can watch out for. One of these is obvious flimsiness; another is a preponderance of plastic or nylon in places where machined metal would seem called for; still another is sloppiness of finish. If a manufacturer is careless with the parts we can see, there is little reason to suspect that he will be careful with those we cannot.

4) A final trait to consider in selecting hardware is "user friendliness." Even if you have the world's most versatile, expandable, and reliable wonder machine, it won't do you much good if you have to be an electronic engineer to run it!

In evaluating this trait, a good place to start is with the

owner's manual. You can learn three things here. First, you can see which features have been built into the machine to make it easy for you to do what you are supposed to with it and difficult for you to do what you're not. Second, you can see how helpful the manual itself will be. Remember, for ordinary people as opposed to computer experts, the manual is the only key you've got for unlocking the power of the machine. Third, you can usually tell a lot about the manufacturer's attitude toward the user from the care with which the manual is written and put together. As an example of how this works, consider the new IBM Personal Computer®. The manuals are models of clarity and comprehensiveness, and the machine itself is reportedly a dream to program.

Useful at it is, the manual can tell you only so much, however. There is no substitute for hands-on experience. At the very least, you should talk with people you know and trust who have used the machine. Beyond that, you should make every effort to try it out for yourself.

In making your evaluation, you should consider first the physical aspects of the entire system—not just the computer—you are looking at. For example, is the keyboard comfortable to your touch? Is the display readable and does it look as if it will remain tolerable without causing headaches during long programming sessions? Is the keyboard laid out conveniently? (We are thinking here of such matters as Apple's decision to position the RESET key right next to the RETURN key—a decision which has caused untold problems through unintentional resets.)

Next, you should consider the programming features of the computer. Does it include built-in functions (which save a lot of key strokes)? Does it include a numeric keypad? How powerful and how easy to use is the version of BASIC supplied with the machine? And finally, what about the disk operating system—how fast is it? how accessible from BASIC? how compatible with third-party software?

Specific Considerations

The traits we have just been considering—versatility, expandability, reliability, and user friendliness—would be desirable in any machine. The ones that follow have less to do with overall quality than with the specific needs and preferences of individual users. Figure 2-1 illustrates typical hardware configurations that we will describe.

FIGURE 2-1
Five Leading Microcomputers in Typical Configuration.

Input devices

Any micro that is sold today will have a keyboard as its main input device. However, keyboards themselves vary significantly. Ask yourself these questions:

- Is it contained in a separate unit (IBM), or is it built into the console (TRS-80 Model III®)?
- Is it a flexible membrane (ATARI 400) or is it a full-stroke keyboard (ATARI 800®)?
- Is it standard size?
- How many keys does it have, and do they include functions or a numeric keypad?
- Is it laid out so as to be comfortable and to prevent dangerous typos?

In addition to the keyboard, there are a number of other input devices that have found wide acceptance in the educational community. The most common are game paddles and joysticks. Others are light pens, graphics tablets, punched tape and optical card readers, voice recognition devices, and telephone modems. The last, a device to *modulate* and *demodulate* between digital and standard telephone signals, enables your computer to talk with other micros, to serve as a terminal to a mainframe, or to access the massive data bases that are becoming available all across the country.

Output devices

A second specific consideration involves output devices. Again, every micro will include provision for a video display, and again the nature of the display will vary significantly. Some micros have a monitor built into their console (PET), while others provide only an output jack for the video signal and require you to purchase your own monitor. The former is more convenient, the latter is more flexible. Some micros connect directly to a regular television, some to a monitor, and some to both. Some provide a monochrome signal (with which you can use a black and white, black and green, amber, or other monochrome monitor), some a composite color signal, and some an RGB color signal. Again, combinations of all the above are also available.

Another common output device is the printer. It must always be purchased as a peripheral device, and the options (and pricetags!) are pretty wide these days. You can get a thermal or dot-matrix printer for a couple of hundred dollars, a good quality dot-matrix printer with a variety of type styles and graphics capabilities for several times that much, and a daisy-wheel or high-quality, dot-matrix printer with color capabilities for five times that much or more. Incidentally, there is a hidden cost to watch for since many computers require purchase of an interface and cable before you can connect your printer.

The only other output devices likely to concern you are the voice or music simulator, many of which are available now at quite reasonable prices, and, again, the modem. After all, it sends information as well as receives it.

Computer memory

The third specific consideration you must face involves computer memory. There are basically two kinds of memory about which you will need to decide: RAM and mass storage. You will recall that RAM memory is measured in increments of 1024, called ks. You should determine the minimum RAM necessary for your purposes and make sure the machine you are considering either has or can be expanded to that amount. (Go for at least 48k or the maximum your machine will hold, whichever is greatest.)

The two most popular peripheral storage devices are the cassette tape and the disk drive. You will recall from chapter 1 that the main advantage of the former is its inexpensiveness, while that of the latter is its convenience and its capacity for random addressing of files. There is one other factor that you should consider, however. Some software is available only in one format or the other, so you must make sure you have the proper device for the software you need.

You might also wish to consider the new storage devices that are becoming available for micros. New small format disk drives are cheaper than their 5¼ inch cousins, and even hard disks are coming within reach. One of the more exciting possibilities from the educator's viewpoint is the advent of new devices to interface a computer with a video disk player.

Support for Your Computer

In deciding on your purchase, in addition to the general and specific features of the machine itself, you should also consider the kind of support you will receive once the check or purchase order has been signed. You should think about potential sources for such support both external and internal to your organization (school or school system). Having done so, you might conclude that a machine which would be right for you in one situation or locale would be wrong for you in another.

Support from the manufacturer

The first source of support should be the manufacturer. There are several questions you should ask here. First, how good is their guarantee, and how liberally do they interpret it? (The model in this respect is a company like Adam Osborne's, which provided free upgrades for purchasers of early versions of the Osborne-1® computer—not to correct bugs or malfunctions, but just to improve them!) How good is their commitment to maintaining a network of repair centers, and how strongly do they encourage local dealers to treat customers right?

A second aspect of manufacturer support has to do with their willingness to stay with a particular machine. The worst case of support in this respect is to announce release of a computer system and then fail to come through. The best case is to provide a complete and continuously upgraded array of all the various peripheral devices required for a complete computer system. All of the manufacturers whose machines are featured in this book provide good support, though with some (like the VIC-20) it takes a while for the promised system to materialize.

In addition to the original manufacturer, you will want to check also to see how many and how reliable are the third-party companies supporting your computer. It has been said frequently that the TRS-80 spawned a whole industry. It has also been noted that one factor in Apple's phenomenal success was their decision to release their specifications so that others could share in the bounty. Even IBM has uncharacteristically opened the door for third-party support of their new personal computer. It's worth checking into.

Support from local dealers

We have mentioned already that local dealers are not always reliable, so this is one source of support you cannot take for granted. If you have any choice in the matter, try to find out in advance how knowledgeable your dealer is. Find out if he will remember your name as well after the sale as he does before. And don't take his word for it, either. Check with others who have dealt with him already.

Software support

The next major area of support you must consider is software. The kind, amount, and format of the software available might be the deciding factor in your choice of hardware. You will want to see how well your machine is supported both by major publishers and independent authors. We will cover the ins and outs of buying software in the next chapter, but for now we would remind you that the sheer amount of software available might be less important to you than its suitability for your particular purpose. It won't help much to have a half-truckload of software for the choosing if none of it does exactly what you want.

Support from your own organization

The final area of support to consider is your own organization. If your school or your school system has made a major commitment to a given machine, you should obviously think seriously about going with it yourself. Such a commitment builds a strong relationship with the dealer who handles the machine. It also inevitably develops expertise within the organization, so that you would have a number of colleagues to call upon if you needed advice or ran into trouble. And finally, it creates a number of amateur programmers, from whom you could learn and with whom you could trade programs.

Final Observations

We have said that there are a lot of ways to go wrong in buying computer equipment, and we stand by that. However, we have tried to give the kind of advice that will make the job easier and less dangerous. Furthermore, we must insist that the worst possible way to go wrong is not to buy the equipment at all. This is an easy mistake to slip into, also. What happens is that you keep waiting for a little better bargain or a little more sophisticated or powerful machine. And while you're waiting, the rest of the world is busy computing.

Don't fall into this error. Better bargains and better machines will inevitably appear. But so what? If you have found a machine that will do what you want for a price that you can both justify and afford, then get on with it. Take our word—it's a lot more fun to play with a computer than to sit around trying to save a couple of bucks.

Suggested Activities

This chapter has described a number of factors that might influence your purchasing decision. However, three questions are really fundamental, and answering them should prove a profitable activity.

1) What are you going to do with your computer? In the language arts classroom the computer will probably be used for such activities as word processing, CAI, adventuring, and program development. A general list like this is inadequate, however. You must be specific about the kinds of uses and about the amount of time the computer will be dedicated to each. For instance, two different shoppers might each have recorded word processing as a use they envision. However, in one home or classroom the computer might be used for that purpose just 5 per cent of the time; in another 50 per cent. It makes a lot of difference.

2) What kinds of persons will be using the computer? Among the important issues here is the extent to which these users will be doing their own programming as opposed to relying on commercial products. Also important is the sophistication of these users, both in terms of their willingness and desire to handle complicated hardware and software and in terms of their likelihood of abusing it.

3) How much are you able to spend? Despite the relatively low prices charged for the newest personal computers these days, it still costs a pretty good chunk to build a complete system. The cost of such a system will range from something over $1,000 to something over $10,000. So the question is obviously crucial—painful though it might be.

Once you've answered these questions, you're ready for the fun of comparison shopping. Take your worksheet to the dealers and to the booths at computer shows. Say, "This is what I need. What can you do for me in hardware, software, and ceiling price?" The salesperson's willingness and ability to respond ought to be very instructive.

CROSSING OVER TO SOFTWARE

3

Now that you are at least familiar with the basic technology, the fundamental vocabulary, and the mental maps for how the hardware of the microcomputer works, we could not blame you for being exhilarated—the promised land of the profitable integration of microcomputers and the language arts is clearly in sight! Ah, we remember so well the excitement and the impact we foresaw for our students, our colleagues, and ourselves.

However, allow us to remind you of John Bunyan's pilgrim at the end of part one of *The Pilgrim's Progress.* The pilgrim and Hopeful have just successfully trod the Enchanted Ground and come within sight of salvation. Behind them are Giant Despair and Doubting Castle. They cannot wait to address themselves to the fruits of heaven. Unfortunately, as Hopeful and the pilgrim are enjoying their view of the precious stones, the streets paved with gold, and the luscious gardens in New Jerusalem, they have overlooked a major obstacle—a deep and treacherous river. Both are despondent when they discover yet another test of their faith.

Many microcomputer users suffer through the same ordeal as Hopeful and the pilgrim. After gaining some computer literacy, they feel that the promised salvation by microcomputers is at hand, and begin celebrating. Then the awareness dawns. Between purchase of the machine and delivery of the learning looms a gulf, a gulf that can be ferried only by educational software—learning programs that must be procured to complement the machine. In fact, this obstacle seems the worst yet because little help seems to be available for finding and selecting commercially prepared computer programs that will transform the microcomputer into an effective educational tool. Books and articles dealing with software appear to be dominated with dire warnings about the existence of too much software available, too little software available, very little quality in what is available, too many sources for software, software unsuitable for classroom use, software designed by non-teachers, software selected by non-teachers, software dominated by drill and practice modes, and software designed to turn schools into carnivals. And these are only samples of the more common warnings sounded about the deep and treacherous waters facing microcomputer users.

Software—instructions that tell a computer to perform a given task or tasks—is certainly important. In this chapter, we are primarily concerned with a type of what is called *applications software*, specifically with programs to improve learning in the language arts. The software you select is as important, if not more important, as the microcomputer hardware you have at your disposal. As we noted, software is the only means for crossing over to the promised land of microcomputers and their educational application in the language arts.

To assist you in selecting software, we would guide you through asking and answering three questions:

1) What do you want to do with your microcomputer?

2) How do you find out what is available in order to accomplish your objectives?

3) How do you evaluate software to see if it is what you want?

Defining Objectives

As unabashed proselytizers for microcomputers, we frequently face accusations about what we could possibly use "those machines" for. Despite the tone, the question is welcomed; the first question of "What do you want to do with your microcomputer?" is the most important for selecting software.

Depending on whom you talk to or what you read, options seem plentiful. William Wresch in *College English* cites three areas of computer-assisted instruction: drill and practice, tutorials, and dialogue systems.* Somewhat broader in their perspective, the authors of *Practical Guide to Computers in Education* list five categories of educational uses of computers: computer-assisted instruction, instructional/learning tools, computer-managed instruction, programming, and computer literacy.** Richard Dennis believes that there are eight modes of instructional application of computers: drill-and-practice, instructional gaming, instructional management, instructional support, problem solving and research, simulation, test construction and analysis, and tutorial instruction.*** Obviously, there are no universally accepted classifications for educational applications of computers.

Such a catalog of applications invites you into the first opportunity for treachery in selecting software. A listing of applications generates anxiety through excessive categorization (What is "computer-managed instruction" as opposed to "instructional support"?). One thing a teacher does not need in the educational application of computers is more anxiety! Such a listing also tends to prescribe the uses of the computer to teachers rather than allowing teachers to fit the computer to their teaching objectives. Few things, it seems, can be more destructive to effective teaching and successful education than forcing time-tested and well-thought-out ends to fit new means.

We suggest that you forget the categories and determine what your attitudes are toward microcomputers and their uses in education in general and language arts in particular. Do you view microcomputers as a substitute for the teacher? Are computers a supplement to the teacher? Are microcomputers the teacher's partner with which the student learns? Are microcomputers a subject to be learned about in a language arts class? While we suffer with certain prejudices, the intention is not to prescribe a specific attitude. (In fact, we do not share completely congruent attitudes.) To be successful in your quest, you must examine your own views and try to see why you hold those views.

This last task, examining your own motivations, may not be as easy as it seems. For example, consider our experience on a

* "Computers in English Class: Finally Beyond Grammar and Spelling Drills," *College English*, 44 (September, 1982), 483–490.
** Peter Coburn, et. al., *Practical Guide to Computers in Education.* (Reading, MA: Addison-Wesley, 1982), pp. 19–58.
*** In Robert Hilgenfeld, " 'Checking Out' Software," *The Computing Teacher*, 10 (1982), 24–27.

committee for the selection of a department-wide handbook for composition courses. We found ourselves unwilling to make a choice. Why? It was not due to the high quality of the available choices; no, there was one text that seemed particularly suited to the new course design. The committee just would not designate that handbook as its choice. No one would admit that our real objection was to the publisher's representative (who had been discourteous to our secretary) rather than to the book itself. It was not until we confronted this prejudice that the committee was able to select the text on the basis of sound educational reasons rather than for personal feelings. Perhaps by confronting your attitudes about microcomputers early on, you can avoid the horrendous waste of time that we suffered through on that textbook committee.

Substitute for the Teacher

This concept seems like a nightmare right out of science fiction horror stories. Visions of students chained to cold, indifferent machines that force information down their throats offends the humanistic instincts inherent in our profession. Consider, however, the time that you have spent with a student over a basic spelling list or the uses of the semicolon. As you went over the list, the lesson, and the extra exercises you ran off for the seemingly millionth time, was that not a true test of your humanistic instincts? A tutorial instruction program for spelling or semicolon usage could be substituted for the teacher. With high-resolution graphics, an interesting instructional motif, and the patience of Chaucer's Griselda, such programs could free you from an ordeal that wears down you and the student. You then could use your energy and patience for other teaching.

What about all the records you must keep, the reports that you have to generate, and the evidence that you have to marshal to document student achievement? Haven't you wished at report time that you could whistle in a substitute? Computer-managed instruction (CMI), a system for handling just such chores, is another example of a substitute application for the microcomputer. Often used for standardized test assessment or continuing evaluation of students' classroom performance, CMI measures and tracks student work in a number of areas. It can be used also to manage instructional resources such as equipment, personnel, and consumable materials. In this light, the microcomputer as teacher substitute should sound more appealing. When used wisely and selectively, such applications will free the teacher to be a teacher more of the time.

Supplement to the Teacher

The microcomputer as a supplement to the teacher is probably the most widely used and the most familiar application. It is also the most popular because it does not seem to eliminate the teacher, and it usually most resembles traditional teaching materials and methods. As a supplement, the microcomputer is used after instruction. Students usually use drill-and-practice programs to reinforce what has been taught. They can work alone and at their own rate on concepts that the teacher has designated. Of course, the effectiveness of such applications depends a great deal on the characteristics and the quality of the drill-and-practice programs.

Partner with the Teacher

The microcomputer as a partner frankly seems to be the most exciting prospect. In ideal circumstances the student, the teacher, and computer will work together. The computer provides the kinds of challenging programs that will encourage, if not demand, the kind of diverse, flexible, and creative thinking of which students are capable. Word processing, demonstrations, simulations, and instructional games are among the types of software that facilitate inductive or experiential learning, the development of problem-solving skills, and the creation of ideas. Using such programs, the student initiates and controls the process that is supposed to be educational and turns out also to be fun. Furthermore, actively contributing to a game, a demonstration, or a simulation greatly involves the student in the educational process.

Sharing our enthusiasm for the microcomputer as a partner may demand considerable courage initially. There is nothing like games and simulations to elicit the raised eyebrows and reluctant funding deriving from anxieties about creating a carnival atmosphere in the schools. In fact, we would not be surprised if you were skeptical. We hope, however, that you will at least consider the possibilities for the microcomputer as a partner and that experience will convert even the hardened skeptic.

On the other hand, to go further and to ask a language arts teacher to consider the microcomputer itself as a subject to be taught would seem to press even the most enthusiastic advocate to the limits of acceptance. To suggest that a curriculum already filled with reading, writing, and thinking skills should also include "computer literacy" seems unreasonable. Nevertheless, this is exactly what we are calling for.

The explanation for our temerity lies in the belief that the ability to program computers and apply their capabilities to problem-solving will reinforce, rather than supplant, precisely those skills associated with reading, writing, and thinking. Programming requires close attention to detail, structure, and logic. Certainly, for a language arts teacher to believe that the microcomputer is a subject he or she should teach puts some pressure on the teacher to be qualified and to remain qualified in yet another field. But that might be a moot point. You are already reading this book: You know that microcomputers are here, that students are discovering them, and that whatever application you choose for the microcomputer will require some familiarity with the device. In other words, your mind must be open.

Finding What's Available

Assuming that you have determined your attitudes toward the microcomputer, you face the question of how to find out what is available in software that will accomplish your objectives.

Not even Bunyan's pilgrim and Hopeful would hazard the deep river separating them from salvation without making inquiries or seeking advice. Fortunately, there were two there to tell them about the importance of the river and the dangers that it might hold. The strategy we recommend as you board the ferry of software is ask those close by.

Frequently the inclination upon entering a new area is to

allow enthusiasm to obscure better judgment. Consider, for example, your first year as a language arts teacher as you burst upon the scene full of energy and concern for your students. Your charges were going to get the latest textbooks, workbooks, filmstrips, movies, and so forth. Do you recall that you could not believe how much was available for so many areas of instruction! Finally, the harsh reality of the exact limitations of your school's or department's resources was made clear by an experienced colleague or somewhat less sympathetic administrator.

Forgive us for evoking this unpleasant memory, but software selection can be even more difficult. Unlike textbooks, workbooks, filmstrips, movies, and other media which have been around a long time, educational software is relatively new and is enjoying an almost unsurpassed boom. The production and sales promotion of educational and recreational software have become big business. It seems like everyone is rushing in. Each day seems to bring a new line of software—often numerous lines. The result has been, and will continue to be, an unprecedented flood of promotional materials. In fact, as most major textbook publishers join the individuals and the new companies rushing to produce and sell software for the increasing number of microcomputers on the market, the teacher-as-consumer faces a formidable task.

Rather than drowning in the flood of promotional materials (It is amazing; it still sounds like the materials sent out by textbook publishers—all alike and all extravagant.), turn to those around you who have some experience with software. For us, selecting software is much like selecting textbooks and other traditional materials for teaching; we stroll into a respected colleague's office and ask what has worked for him or her. Our colleagues know our circumstances: our students, our courses, our machines, and our budgets. We take advantage of their experience and of their insight into our needs. The colleague who uses microcomputers and has experience with software can provide detailed and precise information and save you from wading through all the sales copy. The colleague might have the software already so that you can test it, or he or she might have used it or seen it used and can report impressions of its quality. Perhaps the colleague knows someone who could provide a reliable report on specific software that you are curious about or who could suggest some alternates that would accomplish your objectives.

Rather than leaping into the vast reservoirs which promise

unending sources of software to fit any need (remember, the sources of such reservoirs are usually in the business for profit), we recommend that you start in the small pools of information more immediately and more readily available to you. As you exhaust these immediate sources, then move into the increasingly larger sources. The more immediate sources, in our opinion, are generally more like the respected colleague across the hall—more informative and more attuned to your circumstances.

The small pools of information include friends, colleagues, students, and user groups. Before you flinch at students as a source of information, remember that they have or are growing up with microcomputers. Whether at their homes, friends' homes, or schools they have attended, students are seeing and using more and more software. Furthermore, they represent the group you are trying to reach. User groups, on the other hand, tend to be more knowledgeable about computers and to consist of heterogeneous users of computers—frequently hobbyists—whose interests range far wider than educational applications. The principle remains the same: develop your search, slowly enlarging concentric circles which start from your more immediate friends, colleagues, and students and broaden into somewhat larger circles of local, county, state, regional, and then national groups.

The somewhat broader source of software information is local computer stores. Indeed, their prime motive is profit, but we have found most to be very helpful in securing everything from hardware to software and in insuring that it all works as advertised. In a new field with relatively few experts readily available, computer stores frequently prove to be invaluable sources for information, advice, recommendations, service, and hands-on demonstrations of hardware and software. There is nothing quite like having someone you know in the business to call when you have a special need or an apparent disaster on your hands. Computer store personnel often know of new developments in the software industry before they are announced in the microcomputer magazines.

Only after exhausting these resources do we recommend the large and frequently uneven reservoirs of software and information about software. In this category we include such sources as microcomputer magazines' software reviews, software exchanges, commercial clearinghouses, directories, and catalogs.

The sudden, enormous growth in this industry is producing so much software and accompanying promotional material that one is usually well over his or her head all too quickly. Even if one does take on the flood, he or she finds out that the catalogs, directories, and even the software itself is out of date. We do not wish to suggest that the reviews, the clearinghouses, the catalogs, and the other sources of software information should be ignored; however, since each is a general source, sometimes they tend to have limited space and can provide only limited information about the software.

Furthermore, the information provided is from an unknown source. You cannot know the qualifications of the person who wrote the usually brief description of the particular software. It is important to know whether the description was written by an experienced teacher and by someone whose specialty is language arts. Of course, within such enormous reservoirs of information, how could one hope to know the original source? Even so, while most of the reviewers are reportedly professional educators, we nevertheless remain skeptical of directory descriptions, advertising copy, and even software reviews in magazines. Considering the big business software has become, we are not surprised that often the resemblances between the actual software and the descriptions are apparently coincidental. Again, we are reminded of the promotion materials for textbooks, workbooks, filmstrips, and movies that plagued us as new teachers. Consider the following advertisements, directory descriptions, and reviews.

Sentence Diagramming: A Case Study

Advertisements

In a July 1981 advertisement containing descriptions of 12 software packages on a quarter page, *Sentence Diagramming* is listed in a single line.

> Sentence Diagramming [sic] educational, grades 6–12. . . . $19.95.

A December 1981 full-page advertisement contains a two-line description.

> *Sentence Diagramming* Parts of Speech, Usage, 3 levels, 60 sentences, teacher formatted. . . $24.95.

The software description is buried in the advertisement and even when discovered is not very descriptive or helpful to a teacher seeking an educationally sound program.

Directories

The teacher at least has a title of a software package that might be useful. Seeking a more complete description of *Sentence Diagramming*, one might turn to one of the several software directories available. *Selected Microcomputer Software, 1982-1983* (Opportunities for Learning, Inc.) provides a single paragraph description under *Sentence Diagramming and Other Grammar Skills*:

> A comprehensive disk which includes questions on eight parts of speech (noun, pronoun, etc.); matching problems involving 27 different usages (conjunctions, possessives, predicates, etc.); and sentence diagramming, utilizing direct student interaction. Includes complete documentation and record-keeping of student scores for the instructor. Grade level 6 and up. 'It interacts with students in a dynamic, meaningful way.'—*The Computing Teacher*. '. . . a good presentation of a tough subject.'—*Creative Computing*. *Sentence Diagramming* (Apple, 48K, disk) . . . $24.95

At least this is longer than the advertisements, gives some indication of the program's major parts and features, and suggests at what levels it might be used. But the description still seems sketchy, and we are puzzled by the change in price. Perhaps another software directory description can be helpful.

The Apple II Edition of *Swift's 1982 Educational Software Directory* contains a three-paragraph survey of *Sentence Diagramming*.

> Teaches sentence diagramming, parts of speech and word usage. Twenty sentences on each of 3 levels of difficulty are provided. There are three sections to a lesson. In the first, an asterisk moves from one word to the next, [sic] the student must identify the part of speech as noun, pronoun, adjective, verb, adverb, preposition, conjunction, or interjection, by typing in the first three letters of the appropriate term. Next, the student is presented with the same sentence and a list of usages and chooses the word's usage in the sentence.
>
> In the third section, the user must identify the sentence as declarative, interrogative, exclamatory, or imperative. The screen displays the sentence again, along with a diagramming skeleton. The

student chooses which words of the sentence belong in which part of the diagram.

A 5″ by 8″ booklet with 14 pages of documentation is included. Reviewed in *Creative Computing*, October, 1981, pg. 54; *Infoworld*, November 23, 1981, pg. 38; *The Computing Teacher*, Volume 8, Number 7, p. 40. $19.95 (48K) (pp. 261–262).

The *Swift's Directory* certainly gives more clues as to what the program has the student do, indicates that there is some documentation, and provides a bibliography of reviews. Of course, the fact that the price listed does not agree with the previous review and that there is no mention of the program's record-keeping and formatting capabilities or of the educational level of the program might make one wonder what else is inaccurate or not described.

Magazine reviews

The next step, it seems, would be to consult the reviews that are quoted in *Selected Microcomputer Software* and cited in the *Swift's Directory*. A comparison of the *Creative Computing* and *The Computing Teacher* reviews reveals what can happen when software is reviewed from different perspectives. First, consider the *Creative Computing* review that appears along with reviews of several other programs.

SOFTWARE PROFILE*

Name: *Sentence Diagramming*
Type: CAI English
System: 48K Apple, ROM Applesoft Disk Drive
Format: Disk
Language: Basic
Summary: Can be used in whole or in parts to teach grammar concepts
Price: $19.95
Manufacturer: Avant-Garde
P.O. Box 30160
Eugene, OR 94703

Sentence Diagramming gives a good presentation of a difficult subject. This Apple disk was developed using the ZES authoring system

* From "On the Dotted Line," Review by David Lubar, *Creative Computing*, 7 (October 1981), 54.

which, along with several other authoring systems, will be reviewed in a future issue. The diagramming program offers the teacher a selection of options for each student, such as level of difficulty, percent correct before moving to the next level, and whether to present only the question part and skip actual diagramming. The program contains twenty sentences for each of three levels; each level has four segments, any of which can be used by itself in the classroom.

In the first section, the student must determine the part of speech for each word in a sentence. If a mistake is made, the correct answer is shown. Once all the words have been classified, the student is given a chance to pick the usage for words and phrases. Since this is more complex than picking parts of speech, the student has the option to select only those with which he is familiar, and to move to the next section at any time. In the third segment, the student must identify the sentence type. Finally, he gets to the diagramming portion. This segment puts an unfilled diagram form on the text screen. The student must fill it in with the correct words from the sentence.

If the teacher selects the record-keeping option, he can see a student's entire record, or the latest record for each student. The record contains the level and the percentage score of the student. It should be mentioned that this particular program is for drill only; it doesn't provide tutorial material. But for what it does, *Sentence Diagramming* is a good presentation of a tough subject.

The review is short and focuses on the way the program works rather than on content. Curiously, the review opens with the formatting feature and concludes with the record-keeping option. References to grammar concepts, parts of speech, usage, and diagramming must suffice for the description of its educational focus. Again, there is no mention of documentation.

A review in *The Computing Teacher* might be expected to provide a more detailed analysis of the program's educational focus. It does. The reviewer is responsible for only one review, has ample room for a detailed commentary, and enjoys the knowledge that his audience is probably composed of educators.

*Sentence Diagramming** For Apple II Plus 48K Single or Dual Drive, $19.95 (Disk)
Avant Garde Creations
P.O. Box 30161
Eugene, OR 97403

This is a dynamic, flexible, multi-level program of exercises that can be used in teaching parts of speech, usage, sentence type, and

* From "Software Reviews," Review by David McCarthy, Dept. of Computer & Information Science, University of Oregon, Eugene *The Computing Teacher*, 8 (1981–1982), 40–42.

diagramming. There is, of course, no universal agreement among composition and grammar teachers as to how much of each of these skills is necessary in a curriculum. Although most would probably agree that some level of competence in identifying simple parts of speech is essential for good writing skills, the usefulness of more sophisticated skills, such as identifying conjunctive adverbs or diagramming complex sentences, is a moot point. Diagramming, for example, might simply be an activity in processing language which does not generalize to improved writing ability as well as time spent actually writing. However, there is little doubt that some ability to understand the dynamics of a sentence is essential to writing, and the flexibility of the exercises in these lessons allows the teacher to promote those concepts s/he deems necessary and exclude those considered inappropriate. Hence, the system might be used by any secondary or college teacher of grammar and composition, and would be a useful adjunct to a language arts center.

The program works like this. The student enters the lesson, and is asked if s/he wants the computer to keep track of his/her progress. If not, s/he may proceed to exercises in any of the three levels. If records are to be kept, the system either creates a file for the student or, if one already exists, begins with exercises for the student's last achievement level.

The first exercise asks the student to identify parts of speech. S/he is given a sentence:

HE LIKED TO EAT LUNCH WITH ME.

As an asterisk moves from one word to the next, the student identifies the part of speech as noun, pronoun, adjective, verb, adverb, preposition, conjunction, interjection, by typing in the first three letters of the appropriate term. Feedback consists of a response "correct" or "incorrect." The second word in the sentence cannot be processed until the first is correctly identified. This procedure should not present a problem, however, since the choices for any given word are quite limited.

Next, the student is presented with the same sentence and a list of usages. Using the arrow keys on the terminal, the student moves the asterisk under a word and types in the number corresponding to the word's usage in the sentence. These are the choices:

1) Absolute
2) Active
3) Appositive
4) Appositive adjective
5) Article
6) Conjunction
7) Conjunctive Adverb
8) Direct Object
9) Gerund
10) Indirect Object
11) Infinitive
15) Obj. of Preposition
16) Objective Compl.
17) Participle
18) Passive
19) Possessive
20) Predicate (Simp)
21) Predicate Adj.
22) Predicate Nom.
23) 1st word of dep. clause
24) Subject (Simple)
25) Adverb (Used as)

12) Intransitive
13) Nom. of Addr.
14) Obj. of Verbal
26) Transitive
27) Adj. (Used as)

A perfect score for this exercise would be as follows:

HE: (24) subject (simple)
LIKED: (20) predicate (simple)
(26) transitive
(2) active
TO: (8) direct object (phrase use only)
(11) infinitive (part of it)
EAT: (8) direct object (phrase use only)
(11) infinitive (part of it)
LUNCH: (8) direct object (phrase use only)
(14) object of verbal
WITH: (8) direct object (phrase use only)
(25) adverb (used as) (phrase use only) (modifies "to eat")
ME: (8) direct object (phrase use only)
(15) object of preposition
(25) adverb (used as) (phrase use) (modifies "to eat")

A student may exit in this exercise at any time. Clearly, this is a fairly difficult exercise, and it emphasizes the fact that these lessons are not "tutorials." That is, they do not attempt directly to "teach" concepts. The teacher must be responsible for that. If the usage section seems either too difficult or inappropriate, it may be skipped.

The third section of a lesson merely asks the student to identify the sentence as declarative, interrogative, exclamatory, or imperative. Incorrect responses permit no second try here.

Finally, the diagramming portion of the lesson is presented. This portion of the sequence may be formatted out ahead of time by the teacher who does not think diagramming a useful activity. It is, nevertheless, a dynamic and quite engaging exercise which uses both sound and graphics to help its effect. The screen displays the sentence again, and a diagramming skeleton. The student moves the asterisk (*) under the word which s/he thinks belongs in the blank containing the question mark (?) and hits the space bar. If correct, the computer responds by placing the word in the blank and emitting a "beep." The question mark then moves to the next blank space. If the student makes five incorrect responses, the correct response appears in the space. A student can exit this portion of the program at any time.

Throughout all of this process, the system is keeping records of student progress, evaluating that progress, and storing it in easily-readable tables. Student records can be read by the teacher and, if a printer is available, printed on hard copy. This is all part of the teacher-formatting component of the program. It works like this:

There are three levels to the entire program, and twenty sentences in each level. The teacher can set criterion levels of performance for advancement from one level to the next. Two kinds of criteria are available: percent of sentences attempted and percent of sentences correct. For example, if the teacher sets both levels at 90%, the student must attempt 18 (90%) of the sentences in a session with 90% accuracy, before being allowed to progress to the next level. The student returns to that level during his next session, until both criteria are met. If there are no time constraints, the system can thus promote mastery learning. If, however, there are time limitations, the teacher might lower the percentage of sentences a student must attempt (say to 50%) and still keep the accuracy level at a high percentage. If most students seem to be stuck at level 1, the teacher might choose to change either of the criteria. The computer performs the mechanics; the teacher makes the judgment.

The program's only real weakness is that there are not enough sentences. A solid instructional design procedure directed toward presenting 27 different usages in the English sentence might have begun first by analyzing and delineating the elements of each usage. Let's take the direct object as an example. After determining the ways a direct object could be used, it would develop a range of divergent examples; e.g., noun, pronoun, participial phrase, infinitive phrase, etc. Such a range is necessary to keep the student from undergeneralizing or not identifying as a direct object something which is.

The procedure would then supply a series of non-examples; that is, constructions which look like direct objects but are missing the single critical attribute of being an active verb: "I hit John" vs. "I am John," etc. This procedure of presenting non-examples will keep the student from overgeneralizing or selecting something as a direct object which actually is not. It would appear that the variety of instances required to provide the ranges of examples and non-examples of 27 different usages could not be presented in the 60 sentences this program contains. It is equally evident, however, that few if any collections of grammar and usage exercises elsewhere do so either. And yet, since computer based learning represents an innovative direction in education, we might expect it to become cognizant of contemporary principles of instructional design.

The number of available sentences seems to be this program's only limitation. It interacts with students in a dynamic, meaningful way. It is sufficiently flexible to allow skipping over or exiting any section which is inappropriate. The formatting and record-keeping components make it a flexible tool for the secondary or college level teacher of grammar and composition.

Obviously, this review is more useful to the language arts teacher who is considering this program for his or her students. It describes in detail the four concepts the program addresses, introduces the importance of evaluating attitudes towards grammar and teaching writing, explains how the program traverses each segment, explains the formatting and record-keeping features, and suggests the program's major weakness. Unlike the catalog or the directory descriptions which offer no evaluation of a program's quality, *The Computing Teacher* review ventures some opinions of the software's value. David McCarthy finds *Sentence Diagramming* "dynamic" and "flexible." He cites the "quite engaging" diagramming segment, the "dynamic, meaningful interaction," and the "flexible tools" of formatting and record-keeping as the basis for his judgment. Certainly, McCarthy's opinions are more helpful than David Lubar's "a good presentation of a tough subject" in *Creative Computing*, but they do not seem very specific when a teacher is trying to decide whether the program is worth the expense in time and money of introducing it into the curriculum.

Becoming Your Own Reviewer

How can the educator know whether any program is worth its expense in time and money? The only absolutely reliable source of information or knowledge about software is hands-on experience. As you increase your hands-on experience with software, advertisements, catalogs, directories, and reviews, you will learn through (alas!) often painful and expensive trial and error who and what are reliable. Like textbooks and workbooks, educational software can be obtained on approval. By thoroughly using and testing software, you can develop a sense of what types of software are available, how good it is, who is producing quality software, and what is and is not appropriate for your teaching objectives and circumstances. Also, comparing your experiences with software with the software descriptions and evaluations available in advertisements, catalogs, directories, and reviews develops a sense of how reliable such sources of information are for your needs.

The following recommendations for evaluating software might help you in developing your sense of what kind of software you are looking for. Later in this chapter we will provide a review of the *Sentence Diagramming* program. First, however, we would like to serve as those who tried to help Hopeful and Christian at the river's edge by giving a description of how we try to evaluate the ferry that promises to carry us across to the promised land.

Our approach to a program is to consider it—as indicated in the structure of our review—in ten parts.

1. Title
2. Machine
3. Educational Level
4. Description
5. Enhancements
6. Manual-Documentation
7. User Friendliness
8. Educational Soundness
9. Summary
10. Manufacturer and Cost

Title

The title hardly seems worth noting or remembering let alone emphasizing until one starts going through catalogs or directories looking for certain programs for specific teaching objectives. Programs dealing with parts of speech, for example, seem to be everywhere. One needs to be sure that a catalog description, an advertisement, and a directory description are for different programs; sometimes it is hard to tell. We recall vividly making long lists of parts of speech programs for Apple II, TRS-80, ATARI, and Commodore PET microcomputers only to discover that we were duplicating lists. We could not tell from the descriptions that they were the same programs. The titles themselves provided the only clue.

Machine

The issue of machine and software compatibility is appropriate here, but we would rather not deal with it here. Suffice it to say that with the unbelievable proliferation of brands of microcomputers and with the constant modification of the machines, one must be very careful to know what microcomputer configuration and peripheral equipment specific programs require. Obviously, matching brand names is not enough. One must ask: How much memory does the program require? Is the program available on disk or cassette tape? If on disk, does it require one or two disk drives? Does it permit or require use of a printer? There is nothing as frustrating as compiling a wish list of software and then discovering that the programs do not match your machine–unless it is actually buying software that doesn't work!

Educational level

Level can be somewhat complicated. As with textbooks or workbooks, the determination of the kind of student for which a program is appropriate is difficult. Certainly, the manufacturers label their software products, but all too frequently the designations seem cloudy—if not obscure, unreliable, or deceptive. The more common labels focus on educational level or educational objective. The least helpful are those that invite the broadest market. These are designations like "primary," "elementary," "intermediate," "middle school," "junior high," "senior high," "college," "post-secondary," and "adult." As educational objectives, terms such as "remedial," "compensatory," "developmental," "basics," and "college preparatory" are about as precise and helpful for software as they are for textbooks or workbooks. Labels that seem most helpful are those that attempt to specify grade level, reading level, or interest level by giving numerical equivalents such as "grades 1-2," "reading level 3.0-4.0," or "interest level 10-14 years." This is always a precarious business, but at least they provide ballpark equivalents. As one becomes familiar with a particular manufacturer's level designations through experience, one can judge what type or level of student would be able to use subsequent software from that manufacturer. Knowing the level of software is crucial; all can recall what can happen to a single lesson or an entire course when a textbook is either too easy or too difficult.

Description

The description tells what the program does and how it does it. It indicates what type of program it is—such as drill-and-practice exercises, a game, problem-solving lessons, a simulation, tutorial, or a diagnostic instrument—and outlines the scope and size of the particular program. A survey of the actual process through the program's format provides a feel for the software and will suggest when and how it might be used. It can show whether it establishes a competitive or cooperative environment, whether it is more appropriate for an individual or for group users, and what options it provides, such as keeping score, maintaining student records of performance, or making hard copy of the student's work.

Enhancements

Enhancements represent what distinguishes the use of the microcomputer from the use of traditional textbooks and workbooks. This focus determines how interactive the software is with the students. Are the students made to feel they are part of the educational process? Are they directing or determining their own learning? Are they treated as individuals? The focus on enhancements also deals with how the program interests the students in what is going on in the program. Does the program have graphics? Are they in color? Are they animated? If there are no graphics, is there any color used? Are there any audio enhancements? Of course, graphics, animation, and sound effects are not necessarily enhancements. One should note whether they are an integral part of the program's process or merely added on. Do they contribute to the educational objectives or distract the student? Often an inferior quality of supposed enhancements will so interest the students in its flaws or primitive nature that the educational focus will be lost as the students laugh at or ridicule the very thing that is intended to draw them to the program's objectives.

Manual-documentation

An evaluation of the manual-documentation accompanying software usually provides an excellent opportunity to assess the educational objectives, educational strategies, and quality of the program. It also helps the teacher see how much teacher and student orientation is needed before the program can be used. The evaluation of the manual-documentation occurs on two levels. First, the manual-documentation gives the software designers a chance to state their program's intentions. Sometimes, this becomes an opportunity for them to show that their objectives or their understanding of language arts does not coincide with yours. So much for that program! More often, however, one can infer differences or similarities in attitudes or approaches to the same teaching objectives. A program that conflicts with a teacher's classroom instruction will generate problems that no one needs. A reading of the manual-documentation might also indicate the accuracy of the concepts or information presented.

The second level for evaluation is determining how well it is done. As language arts teachers, we are sensitive to how the medium reflects on the message. How the manual-documentation is written, designed, organized and printed, and presented to its audience reflects upon the quality of the software itself. If the manual-documentation is not clear, concise, and readily accessible to the program's user, how can one expect the program to be any better? If it is full of jargon or inaccuracies, what will the program be like? If there is too much or too little information provided, doesn't that suggest the program might be condescending or too difficult for its target audience? Certainly, a direct correlation may not exist between the manual-documentation's quality and the program's quality, but it can provide some indication of what may be expected. This is especially important because the manual-documentation should be the first thing a teacher investigates when considering software.

User friendliness

User friendliness is one of the most important considerations when evaluating software. Essentially it is the relationship between the program and the student. Somewhat like the rapport between teacher and student, the level of user friendliness is determined by the accessibility of the program to the student, by the quality of the lesson and instructions, by the ease of usage, and by the nature of the feedback. Usually students respond according to the way they are treated. If the program is self-contained and requires little computer expertise, chances are increased that the student will see the program as an aide rather than as an adversary; frustrations are diminished. If the lessons and instructions are written on an appropriate level, on the screen, and are clear, concise, and complete, the program allows the student to concentrate on the educational objectives rather than on the ordeal of getting to them. Even such details as how crowded or busy the screen is or how much time is given for reading the lessons and instructions can affect a student's performance and therefore should be considered when evaluating software and its user friendliness. Are the program and its instructions sequential or menu-driven? Does the program allow the student to control the pace of the progress? Does it contain a HELP mode that the users may go to if they get into trouble? Are all the lessons and instructions in the same format, or is there a variety that will help maintain the student's interest?

Another facet to consider in ease of usage is how bomb- or bullet-proof the program is. What happens when the students accidentally or maliciously hit the BREAK, RESET, or ESC key? What happens when students make a typing error? Can they retype the answer or is it counted as incorrect? A teacher will tire quickly of trying to keep disks booted when uncooperative students discover how to crash a program. On the other hand, the innocent victim or the clumsy typist soon will develop strong antagonistic feelings for an unforgiving program.

Perhaps the most influential element in establishing or destroying user friendliness is the program's feedback. Feedback can range from merely notifying the students whether their answer is right or wrong to using animated graphics and sound or movements in a game to reward or chastise. How interactive or adapted is the feedback? What is the tone of the feedback? Do the students get to try again? How many times can students give an incorrect answer? Does the program eventually provide the correct answer? Feedback also comes in score-keeping and record-keeping formats. Students soon learn whether the teacher receives an account of their performances, and this can certainly determine student response to a program.

In short, user friendliness is a measure of how enjoyable, interesting, encouraging, boring, frustrating, or painful students find a particular program. Frequently, the value of software depends on whether students want to use it. We need not add that students come in all sorts and varieties; what works or is friendly for one might not work or be friendly for the other. When evaluating software, teachers should practice role-playing by running programs as a variety of students—friend and foe, slow and quick, male and female, rich and poor.

Educational soundness

In many ways, educational soundness works hand in hand with user friendliness. However, this feature deals more with judging the software's teaching objectives, its contribution to the learning process, and its degree of success in accomplishing its objectives than with motivating the student. The teacher should feel more comfortable in this part of evaluating software because it requires skills used daily by teachers who evaluate instructional objectives and traditional teaching materials. While the glow and promise of the microcomputer and the avalanche of accompanying software can cause the best of us to lose our heads, the teacher still must ask the tough questions. Is the program relevant to students' needs? Are its educational objectives explicit and clear? If they are not explicit, are the implicit objectives congruent with what one wants to teach and to have the students learn? Are the program's learning objectives appropriate? Does the program accomplish the objectives? Is the program compatible with the instruction going on in the classroom? Does the program significantly contribute to students' learning?

This last is the key question, of course, and it must be interpreted broadly to include implicit learning as well as explicit. For example, in a program for teaching contractions to first and second graders, the program will accept "i'm" as a correct contraction for "I am." This, it seems to us, teaches implicitly that one need not capitalize "I" when it is in a contraction. The implicit teaching need not be as finite as mechanics. What values are reinforced when the rewards for winning a drill-and-practice game include blowing up a tank or receiving a treasure chest? Perhaps this is being a little too squeamish about violence or too sensitive to materialism, but we believe the teacher should be aware of what could be taught implicitly as well as explicitly.

Furthermore, the teacher should determine that the educational software is correct and accurate. There is nothing like an error to undercut the credibility of the program and, by implication, the credibility of the teacher who chooses or assigns it. It is not uncommon to find spelling or usage errors in language arts software. What happens to our sermons about careless errors when our software contains them? Errors are not restricted to the careless category either. A large number of individuals and companies are producing software for the language arts, and not everyone involved is a language arts specialist—or, we fear, competent in language arts.

A final issue concerning educational soundness is whether the program offers significant advantages over traditional methods. Computers and software are expensive, and it is incumbent upon us to use them wisely and judiciously. Is it educationally sound to tie up a microcomputer with a program that offers nothing more than what a rote workbook exercise offers at a much lower cost in time and money? It seems like using one of the three wishes granted by the genie from the magic lamp to ask for the time of day. Not all software programs are magical, useful, or educationally sound. Few offer significant advantages over methods and materials that have been shown to be educationally viable and cost-effective. We are enthusiastic proponents of microcomputers and the language arts, but we feel that we will best serve our students and our profession by encouraging the effective, efficient, and educationally sound use of this new and unexpected ally.

Summary

Now one must make the decision or recommendation about the specific software. In the summary, the teacher must weigh each perspective individually and collectively and decide whether the program is suitable and desirable.

Manufacturer and cost

The identity of the manufacturer and the cost of the program may assist in the decision. Your experience with a certain manufacturer's software might sway you. Even if you have had no experience with a particular manufacturer, its size and location can suggest how available service might be and how likely it might be to back up its product. The name of the manufacturer may come in handy in obtaining the program at a cost of less than list price. Most computer magazines contain numerous advertisements for software at reduced prices; the software generally is listed by manufacturer.

Applying the Criteria

Earlier in this chapter we promised to review *Sentence Diagramming*. Having described the approach to software as a ten-part process, we conclude that this particular program is not as desirable as Lubar and McCarthy found it.

1) Title *Sentence Diagramming*

2) Machine Apple II plus 48K, one or two disk drives

3) Level Intermediate, high school, and college

4) Description This drill-and-practice program focuses on parts of speech, usage, sentence type, and actual diagramming. Offering three levels of difficulty, the program presents a sentence that the student must analyze, identifying each word's part of speech (eight choices) and usage (27 choices), specifying the sentence's type according to its use (declarative, imperative, interrogative, or exclamatory), and placing each word in a sentence diagram. The list of usages includes the following:

1) absolute
2) active
3) adjective
4) appositive
5) article
6) conjunction
7) conjunctive adverb
8) direct object
9) gerund
10) indirect object
11) infinitive
12) intransitive
13) nom. of address
14) object of a verbal
15) obj. of preposition
16) objective complement
17) participle
18) passive
19) possessive
20) predicate (simple)
21) predicate adjective
22) predicate nominative
23) 1st word, dep. clause
24) subject (simple)
25) transitive
26) used as adjective

The program also offers optional record-keeping on a data disk, the option of printing out student records of performance, teacher formatting to set requirements for students to advance to the next level, the teacher option to exclude actual sentence diagramming, and the student option for record-keeping.

5) Enhancements Poor. Besides the record-keeping and formatting options listed above, this drill-and-practice program provides little to make it any more appealing than a workbook. The only graphics involve the placing of the word into the sentence diagram when the user correctly identifies its place or misplaces it five times. Then the computer places the word correctly. The only sound comes with a correct or incorrect answer. Otherwise the students find themselves reading a lot of directions, analyzing sentences, and picking answers from lists of various lengths.

6) Manual-documentation Good. With eleven parts that begin with "How to try out *Sentence Diagramming*" and end with a questions-and-answers section, it provides essential information for operating the program and explanations of how and why the program is constructed as it is. Unfortunately, it is long and unattractive. Too much information is crowded into 14 pages. The teacher will have to work hard to extract vital details before using the program with students. A user who is alone will be tempted to let the program guide him along rather than wade through the documentation; this will prove to be an unfortunate decision. Despite the large number of directions given, the program does not tell you about such things as the usage section where each word can have multiple answers. The user's score keeps turning up depressingly low until a foray into the documentation reveals why.

7) User friendliness Fair. The multiplicity of options requires a lot of directions, and therefore it takes time to get into the program. Without careful attention to the documentation, a user can get lost in what is supposed to be done and what the consequences of each action are. With the four sections, sometimes it is difficult to remember what one is supposed to do: Type three letters? Type a number? Hit the arrow keys and then the space bar? Also when the confusion has set in, how does one move on or reset the sequence? Of course without extensive teacher preparation in the concepts being drilled and in the use of the program, most students will suffer frustrations that will not warm them toward grammar or microcomputers.

8) Educational soundness Fair. For drill and practice, it contains only 20 sentences on each level, and they seem to come in groups of similar sentence types. To be useful, this program requires extensive instruction about the program's use itself as well as on the four concepts being drilled (especially the usage and diagramming segments). The teacher must insure that the classroom instruction is congruent with the program's attitude toward grammar in order to avoid confusion for the student. There is too much ambiguity in the complexities of usage designation and diagramming already without demanding special preparation for this program. To use the score-keeping from this program for any serious evaluation of students would be risky; varying interpretations of sentences often can result in different—and acceptable—analyses of usage and structure. The difficult part of diagramming is done by the program; it provides the skeleton for each sentence. All the student has to do is to place each word in the diagram. It seems that the programmers sensed the difficulties with so many possible usage designations and with differing interpretations of sentences: a student can skip over any word he chooses not to analyze in the usage section, and the teacher can format the entire diagramming section out, if desired.

9) Summary For those interested in the labeling drill offered, this program is useful. It will not excite anyone in the concepts tested, but does provide a systematic treatment of parts of speech, word usage, sentence types, and sentence diagramming.

10) Manufacturer Avant-Garde Creations. List price is $24.95.

We are much more grudging in our praise because of our problems primarily with its educational soundness and user friendliness. Our preference for other uses of the microcomputer besides drill-and-practice exercises reflects a growing consensus within the profession. The absence of any meaningful enhancements and the problems of trying to use the manual-documentation seem minor irritants by comparison. The difficulties of accessing and of using the program combined with the necessity of extensive orientation to the program and to the ambiguous usage lesson are enough to make us wary.

Obviously such judgments can be subjective, but we review software as if we were considering using it in our classes. Certainly, we seek the advice of knowledgeable colleagues, user groups, and local outlets. We read the advertisements, consult the catalogs and directories, and seek out the software reviews published in the various computer magazines. But when it comes to selecting software for our language arts classes, we rely on our own answers to the questions of what we want to teach and how we want the microcomputer to assist us in teaching it. Then we begin looking for the program. What else can a teacher do?

Thus we have come a long way from the pilgrim and Hopeful approaching the river which separated them from salvation and from our comparison of them with language arts teachers who are approaching the treacherous task of choosing software. Do not despair. Remember, the pilgrim and Hopeful made it safely across the river to end the first part of *Pilgrim's Progress*.

Suggested Activities

1) *Guidelines for Reviewers*: In considering software for possible purchase, the following guidelines should be kept in mind.

a. For important purchases, more than one reviewer should work with the materials independently.

b. To the extent possible, the entire package should be examined, in the same way and under the same conditions as will pertain when it is actually in use.

c. If possible, the materials should be student-tested.

d. Reviewers should not just go for an all-star performance. They should try a variety of responses to the program's prompts and questions: appropriate and inappropriate, right and wrong.

e. All reviewers should report their findings on the same standardized form. (See below.)

2) *Sample Instrument*: In evaluating software, it's helpful to develop a standard instrument for recording results. This helps to insure that the same information is recorded in the same form each time and that that information is easy to find when it's needed. The more persons involved in the process and the more packages being reviewed, the more important these features become. The following form is based on the presentation in this chapter and is suggested as a model instrument. You may wish to modify it to suit your individual needs or preferences.

SOFTWARE REPORT CARD

Section I: Basic Profile

Title . . . .
Category . . . .
Subject . . . .
Hardware Requirements . . . .
Publisher . . . .
Distributor . . . .
Cost . . . .

Section II: Evaluation

Pedagogical Approach			
Inappropriate or Ineffective	1 2 3 4 5	Appropriate and Effective	/ /
Comments			
Performance			
Unacceptable	1 2 3 4 5	Flawless	/ /
Comments			
Enhancements			
Inappropriate or Distracting	1 2 3 4 5	Appropriate and Reinforcing	/ /
Comments			
User Friendliness			
Hostile	1 2 3 4 5	Fully Supportive	/ /
Comments			
Manual/Documentation			
Useless or Confusing	1 2 3 4 5	Helpful and Informative	/ /
Comments			

SOFTWARE'S BOWER OF BLISS

4

You, of course, were not taken in by our allusive analogy between the educational use of software and John Bunyan's depiction of Hopeful's and the pilgrim's entrance into heaven. We all know better: teaching represents a somewhat-less-than-perfect vocation and avocation. We also know it is highly unlikely that anything exists or will exist which will turn education into paradise. How could we have such expectations? What could exist that is perfect for all of our diverse students, for all teachers, and for all teaching situations and objectives? Microcomputers and software are no different.

In "Computer-Assisted Composition Instruction: The State of the Art," Robert Shostak summarizes the situation with microcomputers and education in general as well as in composition teaching:

> It is probably much too early to talk about the state of the art in computer-assisted composition teaching. To me, state of the art suggests that the latest product, process, or technique has been preceded by at least one working model—itself the result of long-term planning, development, and field-testing. At this point in time, I believe that practitioners are just beginning to produce the first working models. Some may call them the state of the art if they wish—I prefer to describe them as promising practices.*

* *Computers in Composition*, Ed. Joseph Lawlor (Los Alamitos, California: SWRL Educational Research and Development, 1982), p. 7.

Shostak's picture hardly sounds like heaven, but we obviously agree that the alliance of microcomputers and education represents a "promising practice." What makes the alliance appear most attractive to teacher and parent is the software coming into the market every day. In fact, the software for language arts currently available seems most responsible for swaying those opposed to technology over to microcomputers. This array of language arts software reminds us of the Bower of Bliss in Edmund Spenser's *The Faerie Queene*.

As you recall, in the second book of this Renaissance epic romance, Sir Guyon and the Palmer come across "that sweet place" which is a "most daintie Paradise." The Bower of Bliss is enclosed and is a large and spacious plain, "strowed with pleasauns on every side." Adorned with gardens, it suffers no storms, no frost, no extreme heat; it breathes forth "sweet spirit and holesome smell." It offers all pleasures, all varieties of art and nature. In short, it is a lush and extravagant retreat that seems to provide everything which is pleasing, imaginable, lavish, and affluent.

Software in general and language arts software in particular can seem as attractive, as pleasing, and as extravagant. It seems as plentiful, as diverse, and as lavish as the large and spacious plain that tempts Sir Guyon and the Palmer. Commercial language arts software is available for reading, writing, and the miscellaneous skills teachers are expected to cover. If half of the sales promotion material can be believed, it is all enchanting, gratifying, wholesome, and comely—as well as educational.

But alas, as Sir Guyon and the Palmer discovered to their regret about the Bower of Bliss, the apparent opulence in software which seems so attractive can turn out to be illusory, sterile, and mere intemperance. Now do not mistake us. We remain dedicated to the promise of the alliance of microcomputers and the teaching of language arts. However, even the most temperate knight like Sir Guyon (or teacher like us!) can fall victim to enchantments which seem so wonderful. We all need a wise Palmer to advise us about succumbing to such extravagance and to restrain us when we discover the shallowness that sometimes lurks under the promised opulence of educational software.

We intend this chapter to serve you as the Palmer served Sir Guyon throughout the second book of *The Faerie Queene*. By providing sample reviews of commercially available software categorized somewhat arbitrarily as aimed at either reading or writing (we all know that language arts skills are symbiotic), we wish to demonstrate a tempered perspective on software's apparent Bower of Bliss. This demonstration, we hope, will reiterate the principles espoused in the previous chapter and suggest strengths and weaknesses that currently seem to undercut the real promise available in the educational software for microcomputers. We do not presume to present a comprehensive or even representative sample of software available, nor do we claim to provide examples of the best or the worst existing software. The reviews and the commentary that follow serve only to suggest the ranges of content, formats, and quality that can be found.

For the reading section, the reviews begin with comprehensive reading skills for elementary school students and move through spelling and reading primers, vocabulary skills, critical reading, reading comprehension skills, reading literature, and Preliminary Scholastic Aptitude Test (PSAT) word attack skills, and end with a speed reading and retention program that can be used with pre-readers and adults.

The reviews in the writing section begin with a mixed program of parts of speech recognition and of contractions, synonyms, and antonyms for elementary school students. Also covered are a straightforward program dealing with verbs, a more creative program on commas, an elaborate system of programs on mastering parts of speech, and a program for story writing. We end with a survey of programs now being used for teaching the prewriting, composing, and editing stages of expository writing.

Reading Software

Our first venture into software's Bower of Bliss involves a strictly business approach to elementary school reading skills.

1) **Title.** *Personal Aid to Learning—Reading Curriculum*

2) **Machine.** Apple II with Applesoft, 48K with one or two disk drives

3) **Level.** Grade levels two through six

4) **Description.** This comprehensive tutorial program evaluates,

diagnoses, prescribes, and remediates according to each individual student's needs for reading skills on the second through sixth grade level. Reading skills include up to 40 major skills and up to 160 subskills for each grade level. For example, the second grade skills include four major categories (phonics, vocabulary/structural analysis, comprehension, and study skills), and each category has from three objectives (study skills—ABC order, dictionary order, table of contents) to 12 objectives (vocabulary/structural analysis—prefixes, suffixes, root or base words, abbreviations, contractions, compound words, plurals, synonyms, antonyms, homonyms, word families, word meaning in context). The sixth grade skills include three categories (vocabulary/structural analysis, comprehension, study skills) with 8, 17, and 8 subcategories in the respective groups. The comprehension category is the largest with subcategories of details, main idea, inference, story climax, story outcome, fact/fiction, fact/opinion, inferred story setting, character traits, similarities/differences, drawing conclusions, cause/effect, figurative language, persuasion, analogies, slanted reporting, and generalization. The objectives for the third, fourth, and fifth grade levels cover essentially the same range of categories and subcategories.

The curriculum package for each grade level includes a Master disk (purchased separately) with one or two Learning disks and one or two Discovery disks. The Discovery disks perform the testing and diagnosis; the Learning disks provide the remediation exercises. To use the program, the students select their particular reading level and reading objective. The program insures the students know what they are working on before beginning the learning process. After diagnosis, the program leads the students to their appropriate skill level, provides tutorial instruction, and tests them to insure they have mastered the designated objective. If the students have not mastered the skill, the program takes them through the next lower skill. This process continues until the students can work back up the skill levels and master the original objective. If the students' difficulties are with a particular skill, the program keeps them at that tutorial until they successfully complete the exercises. It does not merely drill and practice; it repeats the full instruction by breaking the lesson down into basic steps which gives the students a sense of success that is carried on to the next level.

5) Enhancements. Good. Those looking for graphics, sound, color, and animation in the game mode will be disappointed. There is nothing to enhance these programs other than the friendly interaction, the variety of exercises, and the diversity of teaching approaches. Blinks, sounds, arrows, and moving contrasting backgrounds are among the devices used to focus on the lesson's instruction. There is no entertainment or levity designed into such uses of the computer's capabilities. It is strictly business.

6) Manual-Documentation. Unavailable for review.

7) User friendliness. Good. The interaction and feedback are excellent; both are friendly and considerate. Instructions are clearly written, presented slowly and in comprehensible sections, and maintain a tone that cannot offend. The emphasis is on helping and is not threatening.

8) Educational soundness. Excellent. The coupling of the personalized interaction and the routing into subgoals to insure educational success for the student make this an impressive reading curriculum package. The categories and subcategories of learning objectives represent the full range of skills for any student from grades two through six.

9) Summary. This strictly business package seems to be a thorough and effective presentation of reading skills. The primary appeal to the student comes only from the success that it attempts to insure. It is not pretty, but it seems to work as it runs a directed tutorial program.

10) Manufacturer. Universal Systems for Education, Inc.

You can see why we describe this program as strictly business; it is not pretty or entertaining. The entire focus is on teaching and underscoring reading skills. If the teacher can keep the student working at the microcomputer and satisfied with friendly and sustaining feedback in these days of Pac Man, then the student should improve the skills theoretically covered in the *Personal Aid to Learning—Reading Curriculum* (*PAL*).

We say "theoretically covered" because we actually did not use the full program. We had a demonstration disk accompanied with volumes of brochures and promotional materials. Because it was only a demonstration package, we could only review what the manufacturers chose to include and had no opportunity to evaluate the documentation at all. Needless to say, this sort of arrangement makes us a little uncomfortable. Although it may not be the case in this instance, we have had experiences and have heard of experiences when demo disks have been somewhat less than truly representative of the actual programs being advertised. The use of demo disks for deciding possibly expensive purchases does not seem ideal.

The review of the next software package indicates a stronger emphasis than in the *PAL* program on the microcomputer's capabilities to enhance education through such entertaining features as graphics, sound, and animation.

1) Title. *Spelling Bee with Reading Primer*

2) Machine. Apple II, Applesoft, 48K, Dos 3.3, disk

3) Level. Kindergarten through third grade

4) Description. This program uses high resolution animation and sound to present three learning modes: the reading primer drill, the spelling bee drill, and the spelling bee tutorial. The program also contains a demonstration mode and a learning management mode for the teacher.

The reading primer presents three drawings, and the user must select which picture corresponds to the word provided. The spelling bee drill asks the user to type the word which corresponds to the drawing made before the user's eyes. The spelling bee tutorial shows the user a picture, flashes the corresponding word momentarily, and then asks the user to type the word correctly.

For the teacher, the demonstration mode goes through all three of the reading and spelling modes to show what words are included and what pictures correspond to them. The learning management mode allows the teacher to control the student modes: demonstration, tutorial, or drill mode? which of the word units? how many word units? In this mode, the teacher enters the user's name, keeps student or class records, and controls the structure and pace of the program.

The demonstration, tutorial, and drill modes draw from 22 word pools. The words are grouped as simple two- and three-letter words; four-letter, one-syllable words; double vowel or consonant words; hard *C* and silent *E* words; one-syllable words with diphthongs; simple and difficult multisyllabic words; directions and numbers; and a variety of assortments.

5) Enhancements. Excellent. This program has it all. For the user, the colorful and animated graphics appear in every frame. The pictures are drawn right before the user's eyes and are excellent in detail and sophistication. They slowly disappear to the delight of the young user. A variety of sounds and tunes celebrates every successful action and laments every miscue by the user. For the teacher, the flexibility designed into the programs and subprograms makes the entire package useful for a variety of students with diverse abilities. The record-keeping feature truly allows the teacher to set up the learning design and leave the user with the self-contained program.

6) Manual-Documentation. Excellent. With major sections entitled "Program Description," "First Time Startup," "The Instructional Model," "Some Words About Magnetic Media," "Error Handling Routines," and "Index," this well-written and well-organized documentation provides complete and accessible information. It explains how and why the program is designed, constructed, and run as it takes its reader throughout the package.

7) User friendliness. Excellent. The young user finds that the program, once set up by teacher or parent, virtually runs on its own. The user's answers prompt the drill or tutorial; the demonstration goes on its own. Correct answers are rewarded with a smiling face, a pleasant melody, and a point on the scoreboard. Incorrect responses bring a frowning face, a wrong-answer point on the scoreboard, and an unpleasant sound. Incorrect answers are removed immediately from the screen while correct ones linger. If the user is slow to respond, a sound reminds him. However, it is very difficult to record an incorrect answer. For example, in the spelling drill, the user must misspell the word three times before the correct answer is given and the error scored. In the tutorial mode, only correct answers will be accepted.

Setting up the program is not as easy to do as running it, but careful attention to the documentation by the teacher or parent prevents any real difficulties. Practice with the learning management mode relieves any possible problems. It is set up with fail-safe procedures to help the teacher do what is intended. Only hitting the ESC key will exit the program and that has to be timed correctly; it will not interrupt a lesson or response.

8) Educational soundness. Excellent. With the opportunities to adapt the program to each student and with the word pool structured with increasing difficulty, this package provides effective introductions to spelling and word skills.

9) Summary. The claims that this program represents a "first step toward establishing 'computer literacy'" are as well-founded as its claims that it introduces young learners to spelling and reading. It is educational and entertaining.

10) Manufacturer. Edu-Ware Services, Inc.

From this review you can see why the Raymond boys (ages six and four) loved this software. However, all the tunes and animations in the world will not disguise the fact that this is primarily a drill-and-practice program. Despite the apparently sophisticated educational apparatus of drill mode, tutorial mode, demonstration mode, and learning management mode, it remains for the student an entertaining spelling and word recognition drill. Unlike the *PAL* program, there is no real instruction: no diagnosis, no remediation, no evaluation. Plus it is a closed package without provisions for adding words or focusing on words that the student misses. *Spelling Bee with Reading Primer* is entertaining and educational, but is not as instructional as the *PAL* package.

Two spelling programs that are not closed are *Spelling Demons, Computer Spell Down* (Random House: TRS-80 cassette or disk, Apple II disk) and *Customized Flash Spelling* (Random House: TRS-80 cassette or disk, Apple II disk). *Spelling Demons* strives to help students from second grade to adult improve their ability to distinguish the correct spelling from incorrect ones for six hundred words most commonly misspelled. Given in context of a sentence, the correctly spelled word must be typed within 30 seconds to earn ten points. What makes this program useful is that it keeps records for the student and teacher of what words are missed. At the end of a lesson the student is given a score and a listing of the words missed. To advance to another lesson or level, the student must earn 80 percent on the previous lesson or level. After the teacher has created a student's personal record file, the program maintains an ongoing, up-to-date word mastery list that lists the words that the individual student has yet to spell correctly on the first try.

For first through third graders, *Customized Flash Spelling* is a drill program that flashes a word momentarily, then has the student type that word. The speed of the program and the difficulty of the words increase with each correct answer and decrease with an error. Although it comes with 60 words on three levels of difficulty, the primary appeal is the opportunity to develop spelling lists created and entered by the teacher.

Thus, we are reminded that educational software is characterized by compromise. While *Spelling Demons* and *Customized Flash Spelling* are not as substantive educationally, they are more flexible as drill programs and are not as stark as the *PAL-Reading Curriculum*; even so neither can match *Spelling Bee with Reading Primer* in appeal to students. However, if teachers and parents are interested primarily in appeal, they will need to turn still elsewhere, perhaps to pure game programs that create interest in practicing the skills. For example, they might try *Word Scrambler* (Gamco Industries: Commodore PET) or *Blast Off 100* (Gamco Industries: Commodore PET). Both are games; both allow practice in spelling. But neither attains either the instructional excellence, the entertaining enhancements, or the programming flexibility evident in one program or the other discussed above.

Nevertheless, there is no reason to despair. The following review of a software package dealing with vocabulary skills shows that excellent combinations of educational soundness, enhancements, documentation, and user friendliness do exist.

1) Title. *Vocabulary Skills: Prefixes, Suffixes, and Root Words*

2) Machine. Apple II with 48K, 3.3 DOS

3) Level. Intermediate—upper elementary and junior high with grade six reading level.

4) Description. A seven-part interactive program (Introductory Concepts, Prefix Tutor, Suffix Tutor—common and uncommon suffixes, Wordroot Tutor, Word Building, Final Review) that uses a "word muscle gym" motif to define, demonstrate, practice, review, and test word attack skills. It includes a complete guide, a student record manager, and reproducible worksheets and tests. The program works with 10 prefixes, 20 suffixes, 5 Latin roots, and 5 Greek roots.

5) Enhancements. Excellent. The graphics are in color and vivid. Not only is there visual support of the gym motif, but also effective use of graphic prompts and graphic instruction. Sound is used to prompt attention and to denote correct and incorrect responses.

6) Manual-documentation. Excellent. An extensive guide is clearly written with pictures showing each step for using the programs, the student record manager, and the reproducible materials. Flowcharts are included for integrating disk and print materials, for understanding the manager-controlled instructions on the disk, and for overall disk control.

7) User friendliness. Excellent. The student always feels that there are many options (review, practice, see the teacher, or take the mastery test) and that "Coach Syllable" is supportive and close. Instructions are assisted by graphic prompts. Responses are all positive. Students are unable to wander from the program by hitting incorrect or irrelevant keys. Students are encouraged to do well on the final test because they can earn playing time on an Alien Raiders game that follows the scoring of the test.

8) Educational soundness. Excellent. The instructional sequence of definition, theory, example, application, review, practice, and testing can be adapted for the student by the student. Each concept is taught through multiple approaches (i.e., word parts to words or words to the separate word parts) and is evaluated with different types of tests (true/false, multiple choice, name the word part, define the word, matching). All word attack skills are approached in the context of sentences.

9) Summary. This is an excellent software package with an effective balance of computer and print materials. It represents a well-balanced mixture of graphics, sound, instruction, and fun that holds student interest; the teacher will appreciate the record management capabilities and the ease of usage of the entire package. Similar quality can be found in the three other language concepts programs: *Punctuation Skills—Commas; Punctuation Skills—End Marks, Semicolon, and Colon; Vocabulary Skills—Context Clues.*

10) Manufacturer. Milton Bradley

Programs such as this and those mentioned above regenerate enthusiasm for the alliance between commercially developed software and teaching the language arts. They demonstrate that an effective balance of education and entertainment can be achieved. It is positively delightful that the Alien Raiders game is not even mentioned until the skills tutorial and drill are complete! Furthermore, those developing the program did not hesitate to use their game spirit while creating the business end of the software.

As suggested earlier, that sort of integration in business and of game mentalities in developing software is not common. *Homonyms in Context* (Random House: TRS-80 cassette or disk, Apple II disk) provides a well-designed educational series of six lessons that are interactive, contextual, and geared to increase with difficulty as the student progresses. It even has a complete management system for record keeping and teacher option selection. But the vitality of the program comes primarily in the framework of the Shoot the Homonyms game. The lessons exhibit little enhancement.

We are encouraged that more and more software has appeared which goes beyond spelling and basic word attack skills. Consider this review of a critical reading program.

1) Title. *Our Weird and Wacky World: Critical Reading Program*

2) Machine. Apple II, 48K, disk or two cassettes

3) Level. Reading level 3–4, interest level ages 10–14

4) Description. The program contains eight stories with Cloze Practice and Critical Understanding drills and supplemental drills dittos (following directions, prefixes, antonyms, sequence, decoding, spelling, writing number words, answering questions, alphabetizing singulars and plurals). True stories taken from feature articles in daily newspapers and rewritten for a 3–4 reading level, "Very Lost in Space," "Bite Right," "Get Set in the Wet Jet," "Magic Makes Muggers Disappear," "Who Says Seven Is a Lucky Number?," "Sherlock Bones, Dog Detective," "Crazy Crumbling Creations," and "A Cup of Coffee for $141,000" are short, concise, and entertaining narratives in three or four paragraphs. After reading a story, the student types in five out of six words for the Cloze Practice and answers three questions about that particular story which require some inferential thinking. The program keeps score of the student's performance for the eight questions in each section, but does not maintain a cumulative score throughout. After two incorrect responses to any single question, the correct answer is given. The program moves automatically from one story section to the next.

5) Enhancements. Excellent. Bright, vivid colors in the graphics and sound encourage the student to do well on the exercises following the reading selection. For example, if students correctly answer all of a Cloze Practice or all three of the critical understanding questions, they are rewarded with an animated graphic commemorating the achievement. A single correct answer elicits either a visual or a visual-aural form of feedback. In the actual reading of the story, nothing is done to distract from the reading. The entire program is menu-driven and very interactive.

6) Manual-Documentation. Fair. The glossy, eight-page program guide seems gratuitous since the program is set up well for individualized instruction and operates independently. The guide's description of the objectives, the program, the program overview, how to use the program, and the exercise format is inflated and largely unnecessary. A record sheet model and answer key for the dittos are of minor help at best.

7) User friendliness. Excellent. Menu-driven with excellent directions and providing ample time for the student to read and respond to the directions, the program is interactive and depends on the student's control. Directions are short and repeated with each story. If students need to read the story more than once, they have the opportunity to see it as often as they wish before tackling the exercises. In the exercises, the feedback is good with movement and some sound for correct answers. For incorrect answers in the Cloze Practice, the student sees the appropriate paragraph from the story again and is given repeated chances; in the Critical Understanding exercises, the student is given the correct answer after missing twice. Unfortunately, a misspelling is an incorrect answer. Fortunately, the program is nearly impossible to crash; hitting RESET returns the program to the logo; hitting ESC does nothing. To exit the program, the student must have special information about hitting CTRL and C simultaneously.

8) Educational soundness. Good. What is there is good, but eight questions per story hardly seems ample for a critical reading program. Everything in the program is done well as a drill-and-practice program. There is no instruction other than the implicit suggestions that come across through the questioning.

9) Summary. This is an interesting and entertaining drill-and-practice program that utilizes the dynamic capabilities of the microcomputer. However, one might wonder how it really instructs or improves critical reading skills.

10) Manufacturer. Educational Activities, Inc.

Clearly, this is not a state-of-the-art program for critical reading as it relies on the drill-and-practice mode. But it does generate interest, is well done, and points to how a more extensive program could provide instruction for improving critical reading skills. For example, consider the review of a program designed for improving abilities to read in the content areas.

1) Title. *How to Read in the Content Areas: Literature*

2) Machine. Apple II, 48K, disk

3) Level. "Grades 5–6 developmental, 3–4 enrichment, and 7–8 remedial," using the Spache Readability Formula for predicting vocabulary.

4) Description. Like the programs in science, social studies, and mathematics, this program focuses on mastering "spotlighting" (vocabulary building), "surveying" (determining information in the passage), "detecting" (selecting main ideas and making inferences), and "utilizing" (application of the other skills). The student chooses one of five passages to read ("A Legend, Bird Woman," "A Myth: An Australian Tale," "An Essay: Dissertation Upon a Pig," "A Fable: The Fox and the Grapes," or "A Poem: The Corn Husker") and is given short reviews of the skills important for reading in the content area. Then, the passage is presented one paragraph at a time with an opportunity to see the whole story again at the end of the paragraph-by-paragraph presentation. Each passage has eight questions which follow the reading. Multiple choice, fill-in-the-blank, and open-ended, these questions require vocabulary building, memory recall, recognizing words in a context, inference, selecting the main idea, and recognizing pronoun antecedents.

The literature program defines five genres and tells a story for each genre. However, the primary focus is upon practicing reading skills with the student striving for immediate positive feedback (Super! Great! Right!) and for a graphic display that rewards a good total score on all eight questions. Each reading passage repeats the same brief instruction—really just reminders to think, survey, etc. Reproducible activity sheets are included "to introduce the specialized vocabulary before starting the correlated lesson."

5) Enhancements. Good. Menu-driven and self-contained, this program uses sound, graphics, color, and animation to present the material as well as to reward the student. For example, as the passage is delivered by numbered paragraph, the completed paragraph is boxed and a beep announces the end of the paragraph; the computer waits for the student to prompt the next passage.

6) Manual-Documentation. Poor. All content area packages use the same manual. Primarily a glossy sales promotion booklet, it contains little information besides the answers to the activity sheets and how to order supplemental materials. With the programs so self-contained perhaps anything would be superfluous beyond a slip of paper to inform the user how to stop the program midway.

7) User friendliness. Good. The program is self-contained and self-sufficient with clear and concise instructions. The student prompts almost the entire sequence and therefore controls the pace. Hitting RESET returns the program to the logo. Nothing else seems to crash the program except typing in a series of numbers as the user's name—it just keeps beeping. Typing errors can be corrected as long as the student has not hit RETURN. Correct answers produce graphic reward; incorrect responses result in "wrong, try again" and in some instances the passage which contains the appropriate information.

8) Educational soundness. Fair. As long as the teacher remembers that it is really a drill-and-practice program that does not teach how to read in the content area, this can be an entertaining program that can keep the students' interest. It repeats the same procedure in each of the five readings, and as long as the students want the positive feedback, they might develop reading skills through experience. The instruction on the program is not going to introduce or teach the concepts promised.

9) Summary. This is an interesting drill-and-practice program for various reading skills. However, it is neither extensive enough nor detailed enough to warrant claims made in its title and sales promotion materials.

10) Manufacturer. Educational Activities, Inc.

In contrast to the critical reading program, this program on how to read in the content areas narrows down to specific skills that are to be associated with reading. Furthermore, it attempts to provide some instruction. Although the instruction seems inadequate for a true tutorial, it is more than mere drill and practice. The student should ascertain that a process should be learned for successful reading in a content area. The skills are connected to the larger objectives; the student knows that they are the means to a more important end. We have discovered all too frequently that the subskills are being passed off as major abilities such as reading or composition. The following review considers a reading comprehension skills program that commits that sin—among others.

1) Title. *Alpine Skier*

2) Machine. Apple II-"Applesoft" in ROM, 32K, and one disk drive; or TRS-80(disk)-Model I, Level II Basic 32K RAM (this includes 16K of RAM in expansion interface) and one disk drive; or TRS-80(cassette)-Model I, Level II Basic 16K of RAM.

3) Level. Intermediate

4) Description. This is a drill-and-practice program that uses animated color graphics (where available on a given machine) of a downhill skier to interest the student in improving reading comprehension skills. The four skills focused upon include distinguishing between fact and opinion, identifying cause and effect, determining what words or phrases belong in a group, and deciding whether two sentences mean the same thing. Each skill program includes three rounds with 12 races in each round. If a student answers correctly, the skier earns a point and moves through a gate on the slope. The student wins a race by reaching the bottom of the hill. If the student wins eight of 12 races, a trophy is won. Less than eight wins results in winning a consolation prize. If an incorrect answer is given, the student "wipes out" and the race is lost.

5) Enhancements. Excellent. Animated color (Apple) or black and white (TRS-80) graphics of the Alps, the skiing, the trophy, etc. make this entire program entertaining and appealing.

6) Manual-Documentation. Good. The teacher's guide provides a summary of each program, describes how each skill is presented, and shows exactly which words or sentences the student works with. It also gives directions for adding to the programs and contains copies of a class record keeper for plotting student progress.

7) User friendliness. Poor. Hitting the RESET button will bomb the program. A typing error can not be corrected and therefore is an incorrect answer that wipes out the student-skier. Program errors and the lack of explanation of why one answer is more correct than another are frustrating. Also the prospect of losing one successful answer by missing the next question does not seem fair. There is no opportunity to try again.

8) Educational Soundness. Fair. After preliminary introduction of the respective concepts, the rest of the colorful program is just drill and practice. No explanations or corrections are provided. It is hard to learn from the program; it is more of a sugarcoating for drill. A "Teacher Feature" gives the student's score and lists what was missed.

9) Summary. This program—as with *Tank Tactics* (contractions, suffixes, prefixes, base words, homonyms, plurals), *Pik-Pek-Put* (suffixes, prefixes, contractions, base words, plurals, possessives), *Tennis Anyone* (plurals, prefixes, suffixes, contractions, homonyms, base words), *Riddle Me This* (homonyms, contractions, possessives), and *Big Door Deal* (using context clues, recognizing figurative language, making analogies, sequencing events)—is an effective drill program that is enjoyable, interesting, and engrossing. If the microcomputer is to be used for drill, this is the sort of program that will keep the student on-line. Unfortunately, students can become too interested in what happens when incorrect answers are given; the graphics seem better with disaster and the rewards for correct answers seem pale in comparison!

10) Manufacturer. Data Command of Imperial International Learning Corporation

Perhaps, considering the frustrations that those programs could develop, it is better that they do not connect the separate skills to reading comprehension! Language arts suffer too much already without producing microcomputer software that associates them with suffering and disasters.

To insure that you do not consider us prejudiced against skills, drill-and-practice, and strictly business language arts software, we will conclude this section of reviews on reading programs with two reviews that laud programs that are skills-oriented, drill-and-practice, and strictly business. The first is one of the many that have been developed and sold to help students prepare for the Educational Testing Service's various rites of passage into higher education.

1) Title. *PSAT Word Attack Skills*

2) Machine. Apple II, 48K, Dos 3.3, disk

3) Level. High school

4) Description. A menu-driven tutorial program with a disk for prefixes and a disk for roots that strives to develop word attack skills in word definition, word connotations, and word analysis. It also seeks to familiarize the student with the PSAT antonym format and to develop practice with synonyms. Fifteen prefixes and 16 roots are included in the program. Each disk contains six groups of words with ten words in each group.

The program provides a full demonstration of the instructional mode that presents a multiple-choice format (figure 4-1), asks the students whether they want to work on synonyms or antonyms, offers tutorial help, and lists a seven-item menu from which to choose a lesson or a review test. In the instructional sequence, the students choose a lesson in prefixes or roots, see them defined, are asked if they wish a focus on synonyms or antonyms, choose instructional or test mode, and select a word to start with from the list of ten (figure 4-2). An incorrect answer provides the students with an opportunity to try again with help from a sentence that uses the word in context. More help comes

```
SPEC/VID/CRED
1. SPECTRAL          6. IMPROVIDENT
2. CREED             7. INVIDIOUS
3. CREDULOUS         8. CREDENCE
4. SPECIOUS          9. PERSPICACIOUS
5. AUSPICIOUS        10.PROVIDENTIAL

Do you want synonyms or antonyms? Type
''s'' or ''a'':■
```

FIGURE 4-1
PSAT Word Attack Skills by Eduware.

```
4. SPECIOUS
 a.deceptive       b.showy
 c.sincere         d.ambiguous
         e.unapparent

(Antonym, please!)
?■
```

FIGURE 4-2
PSAT Word Attack Skills by Eduware.

with an analysis of the word's prefix or root and then a definition of the word. New choices are provided, and the students get to try again selecting the synonym or antonym. An incorrect second answer elicits a correct answer and a definition of the word. An initial correct answer results in a definition of the word and an opportunity for more practice with the word. The practice involves the same route as an incorrect answer.

5) Enhancements. Fair. Since this is a strictly business tutorial and drill program, the use of sound for feedback represents the only real enhancement that strives to interest or motivate the student.

6) Manual-documentation. Good. Menu-driven and fully self-explanatory, the program requires little if any documentation. This user's guide provides a broad view of how the program works, defines the content areas, gives advice for confronting the antonym section in the PSAT, and recommends how to use the program for best results in developing word attack skills. While clearly written and well organized, it is obvious that this guide is for the *SAT Word Attack Skills* program also.

7) User friendliness. Good. While not long on personal interaction, the program emphasizes helping the student and providing options to the user. It is an adult program that has the users determine whether they want sound, the instructional or test mode, the antonym or synonym approach, and the amount of tutorial help. The users can exit a particular unit by hitting the S key for their score. At the end of a unit, the program returns to the menu after giving the users their percentage correct score.

8) Educational soundness. Excellent. It is well designed with the focus on skill learning and self-help. With the sentence context, prefixes, roots, definition, and analysis options, it goes beyond merely drill and practice on PSAT antonyms. The word pool contains rigorous samples and tests of the skills presented.

9) Summary. A good, closed-system approach to teaching and drilling word attack skills necessary for a particular test objective, it depends on the student's desire to do well on the PSAT for motivation and could become too familiar with repeated use since the data base cannot be added to.

10) Manufacturer. Edu-Ware Services, Inc.

We like this program—and its SAT counterpart—because it is a teaching program and because it is presented in a mode appropriate to the serious objectives of its user.

The second program is a speed reading and recall program. We are more interested in the program's design than in its objectives.

1) Title. *Compu-Read 3.0*

2) Machine. Apple II, 48K, Dos 3.2 or 3.3, or Atari 800

3) Level. Primary through adult

4) Description. This strictly drill program for improving reading speed and recall is an extremely flexible tool that focuses on letters, words, synonyms and antonyms, and sentences. Depending upon which section the user is in, essentially the program flashes either a series of three letters, one word, a word with four choices listed below, or a sentence. For the three letters, the user must duplicate the letters in the correct sequence such as "h-v-c." For the single word, the user must type that word correctly, such as "ceiling," "meant," or "betray." After the word with four choices flashes off the screen, the user is asked to provide either the synonym or the antonym from the list. When the sentence disappears, the program asks the user a content question about the sentence. For example, after a sentence like "The new job was given to Paul.," the user is asked, "The new job was given to who [sic]?"

The variables, however, include how long the user has to see the original letters, word, words, or sentence and the change in rate as the user answers correctly or incorrectly. A correct answer moves the program on more quickly; an incorrect response results in the correct answer and a slower rate. Following the completion of a section, the users are provided a progress report that informs them of the number attempted, the number correct and wrong, a percentage score, the display time, the rate time, and a chart that shows their performance throughout the section.

5) Enhancements. Excellent. The flexibility of this program is remarkable. Although containing no fun and games, this represents an educational use of the microcomputer that allows the user or teacher complete control of the learning tool. It contains a system generator containing subprograms for manipulating the learning sequence, the learning parameters, and the data files. In the learning sequence subprogram, the teacher-user can choose the order of drill or allow the student to choose the order. Sections can be removed or added at will. In the learning parameters subprogram, the teacher-user can designate the number of trials, the initial speed of presentation, the speed increments, the display delay, the font size, and the data file. The learner progress subprogram allows the teacher to see how students score on each section of the program. The file building subprogram provides the teacher the opportunity to edit or to build data files for each section of the program individually.

Enhancements for the student-user include some use of color and sound. However, the best is the double-size letters in all sections except the sentence part.

6) Manual-Documentation. Excellent. From its table of contents to its section on error handling, this could serve as a model for documentation. It states the program's objectives, describes its features, and guides the user through either quick entry or thorough perusal of the documentation. It presents the rationale in constructing the program, the educational principles involved, and even the means to interpret the graphs which a student sees at the end of each section. Instructions for implementing each feature or variable in the program and subprograms are clear, concise, and easy to use. The documentation is complete and very accessible.

7) User friendliness. Good. As long as the learning parameters are set within the range of the user's abilities, the user will not suffer from unnecessary frustrations and therefore react adversely to the somewhat less-than-warm feedback which comes only with an incorrect answer ("Wrong"). Typing errors can be retyped in order to avoid a "Wrong." Hitting RESET or ESC does nothing; in fact, the users cannot exit the program while in mid-unit unless they turn the computer off.

9) Summary. The program design and construction are excellent. If these abilities were used for only drill programs such as this one, which aims at improving the smoothness and speed in scanning printed materials, it would seem like using baseball bats on flies; it is extremely effective, but seems something of an overkill. Fortunately, they are used in several programs.

10) Manufacturer. Edu-Ware Services, Inc.

Although drill-and-practice and strictly business (perhaps we are prejudiced), this program demonstrates the flexibility in design that truly shows the power of the microcomputer as a learning tool. We also like this program because of its manual-documentation. It provides concrete evidence that educational objectives and the primacy of educational rationale can (and should) dictate the design and creation of educational software.

Writing Software

Our survey of software that we have grouped loosely as writing programs will be shorter, but also will suggest in just five reviews the range that can exist between the lush and the sterile, the promise and the performance.

1) **Title.** *Dragon Games*

2) **Machine.** Apple II Disk 48K

3) **Level.** Primary and intermediate

4) **Description.** This series of six programs uses a game format that allows students to review and practice the recognition of nouns, verbs, adjectives, contractions, synonyms, and antonyms. Each program has the student trying to advance to a safe home and to avoid the fiery dragon. A correct answer moves the player ahead one space; an incorrect answer results in being moved back three spaces (figure 4-3). By getting home within 40 or 50 questions, the student earns a treasure; if he doesn't, the dragon gets him (figure 4-4). A brief tutorial precedes directions for the game. Both can be bypassed. For the noun, verb, and adjective

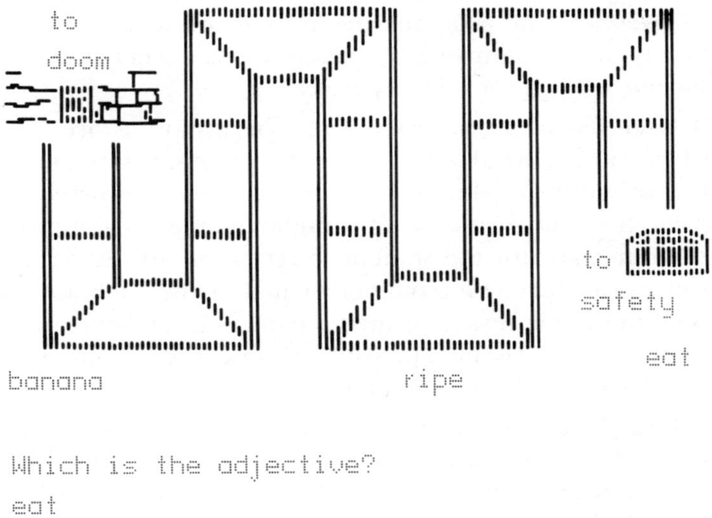

FIGURE 4-3
Dragon Games by Educational Activities, Inc.

FIGURE 4-4
Dragon Games by Educational Activities, Inc.

sections, the student must choose from three words the correct part of speech and type it. The contraction section has the student type the contraction of the two words listed. For the synonym and antonym sections, the student chooses from three words the synonym or antonym for the word given.

5) Enhancements. Excellent. Animated color graphics and sound engage the student in this predominantly drill-and-practice program.

6) Manual-documentation. Fair. The two-page descriptions of the overview, the program, the lessons, the support services, and the supplemental materials available for sale seem gratuitous since the entire program is menu-driven.

7) User friendliness. Excellent. The programs are very interactive. Hitting RESET just boots the program back to the menu. The program provides correct answers when incorrect ones are given. A spelling error is not considered an incorrect answer. The program waits for the student to retype an answer accurately. A student can correct a typing error midway through an answer by using the arrow keys. Extraneous typing of numbers or characters is ignored as answers. The student can exit the game by pressing the CTRL and C keys simultaneously.

8) Educational soundness. Good. The designation of the parts of speech or of synonyms and antonyms is done within the context of three related words; as a result, the ambiguities are diminished as the student picks the best choice of the three. The enhancements transform the drill and practice well beyond the appeal of a workbook. The only flaw seems to be in the contraction section, where the typing of the contraction for something like "I am" need not have the "I" typed as a capital to be correct. The program contains an ample data base to allow a wide variety of questions in each section.

9) Summary. This is an engaging drill-and-practice program which is educationally sound and entertaining.

10) Manufacturer. Educational Activities, Inc.

The Raymond boys responded to this program as Sir Guyon did to Acrasia; they enjoyed the entertaining dragon format, liked playing the games, and got involved unconsciously with the program's educational objectives. We, however, react more like the Palmer—a little uncomfortable with programs like these. As the review indicates, we have no substantial misgivings about the *Dragon Games* package except that it represents the seemingly disproportionate proliferation of grammar skills programs over any other kind of writing software. Furthermore, we are not too delighted with the emphasis on drill-and-practice routines.

But we did like *Dragon Games*—especially when we compare it to the following program.

1) Title. *Verbs*

2) Machine. Apple II with 48K, disk drive, 3.2 or 3.3 DOS

3) Level. Multi-level, range third through eighth grade skill level with second through fifth grade reading level.

4) Description. This program contains 19 lessons in five categories: recognition and identification of verbs, tense of regular and irregular verbs, subject-predicate correspondence, contractions, correct usage. Eight are on the third and fourth grade skill level, five on the fifth and sixth level, six on the seventh and eighth level.

5) Enhancements. Poor. Without graphics or sound enhancement besides enlarged lettering, the program seems cryptic and detached from the student's use of the lessons. Feedback to answers given does not seem genuine; the remarks vary but little and are used with the completion of basic commands. Incorrect answers are crossed out without comment. The correct answer is given after only a single attempt.

6) Manual-documentation. Average. It includes only one- or two-page instructions without illustrations for user review, starting from scratch, deleting a lesson, changing a lesson, record keeping, or creating a lesson.

7) User friendliness. Satisfactory. It is somewhat annoying to have to consult the manual to match code letters with the lesson desired. It takes a long time for the chosen lesson to appear. However, students can type either the letter or the actual words to answer drill questions and are told why the answers to missed questions are correct. Overall, the program generates neither interest nor enjoyment in learning.

8) Educational soundness. Poor. Primarily a drill program, it states the rule and provides several questions to test the student's understanding. Unfortunately, the program keeps score from the onset. Sometimes understanding of another concept is essential for determining an answer to a question about the intended concept. For example, the student must know that certain collective pronouns are always singular before determining whether to make a verb singular or plural for a subject-verb agreement lesson. Nothing about pronoun number is mentioned. The program is self-contained, permits modification, and could be used in any learning environment.

9) Summary. This and other word skills programs are not interesting, do not seem to be any more effective than traditional drill work and instruction, and do not seem appropriate for use if computer resources are limited.

10) Manufacturer. Hartley Courseware, Inc.

Few students would be tempted by this program or its relatives. But while it is not very effective in generating interest in its subject, it at least does not misrepresent the complexities of grammar nor does it use the microcomputer's capabilities to disguise its deficiencies.

Consider the following review of a massive software package that had the Raymond boys spellbound with its color, animation, graphics, and sound.

1) Title. *Mastering the Parts of Speech*

2) Machine. Apple II, 48K, Dos 3.3

3) Level. Grades six through eight. 4.0–6.0 reading level

4) Description. This package strives to "present students with concise and easy to understand tutorials on the different parts of speech" and to "provide extensive, interactive practice exercises on the parts of speech in an interesting and motivating context." The package contains six disks (*Mastering Verbs, Mastering Nouns, Mastering Pronouns, Mastering Adjectives, Mastering Adverbs, Mastering Prepositions and Conjunctions*) and a binder containing a teacher's manual, a student information sheet, a student progress sheet, and 42 skill sheets (seven for each disk with an answer key on the back).

Each disk uses a specific theme to present a particular part of speech: verbs—a trip to Fact Island, nouns—space exploration, pronouns—sports, adjectives—a mystery game, adverbs—legends of King Arthur, prepositions and conjunctions—a troll adventure. Each part of speech disk seeks to fulfill from four to six specific teaching objectives with anywhere from two to four programs. For example, the *Mastering Verbs* disk seeks "to teach and provide practice in the recognition of verbs in sentences and by themselves, to teach the difference between verbs of action and verbs of being, to demonstrate and provide practice in the use of helping verbs," and "to teach and provide practice in the correct use of the present tense, past tense, future tense" by having the student get a passport and go through customs, go on a photo expedition and a sight-seeing tour, and visit the souvenir shop.

Adhering to the respective theme of its appropriate disk, the instructional presentation for each part of speech involves a tutorial with illustrative examples (figure 4-5) and then an exercise of usually four to ten sentences to practice the concept presented. The tutorials and exercises utilize extensive colorful, animated

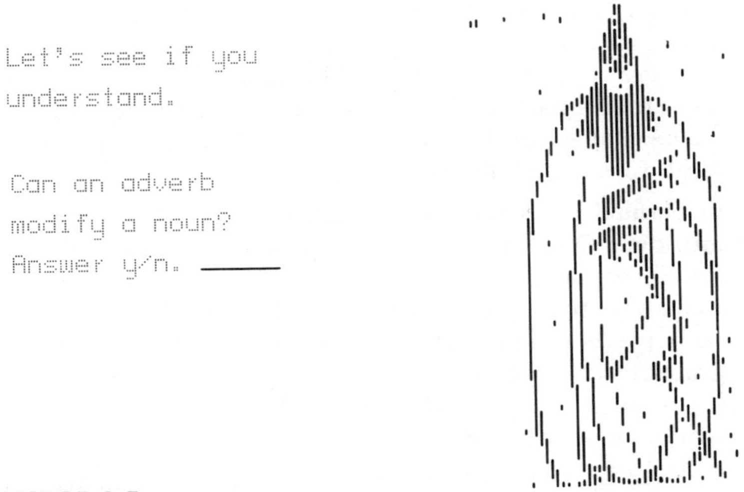

FIGURE 4-5
Mastering Parts of Speech by Society for Visual Education.

graphics and optional sound to depict dynamic narratives which maintain the theme of the respective disk (figure 4-6). Each program is self-contained and menu-driven. Usually students can choose the level of difficulty before going through a program.

FIGURE 4-6
Mastering Parts of Speech by Society for Visual Education.

5) Enhancements. Excellent. The colorful animation and sound effects dominate these programs. They are sophisticated, interactive, and entertaining. The illustrations and tunes are different for each narrative scenario. The animated graphics represent more than auxiliary additions to the programs; they envelop every frame that is not directly instructional. The color graphics are vivid, varied, and absorbing (figure 4-7).

6) Manual-Documentation. Excellent. The binder includes an introduction to the package's components, purposes, disk features, skill sheets, supplemental tools, grade level, and prerequisite skills. Detailed content correlation charts and specific operating instructions precede individual program summaries that list each program's teaching objectives, menu, and plot. Although characterized by the diction of sales promotion, the teacher's manual is clearly written and complete.

7) User friendliness. Good. The interaction and feedback are friendly and constant. The student controls the program's pace with the space bar prompts. Flashing reminders appear if the

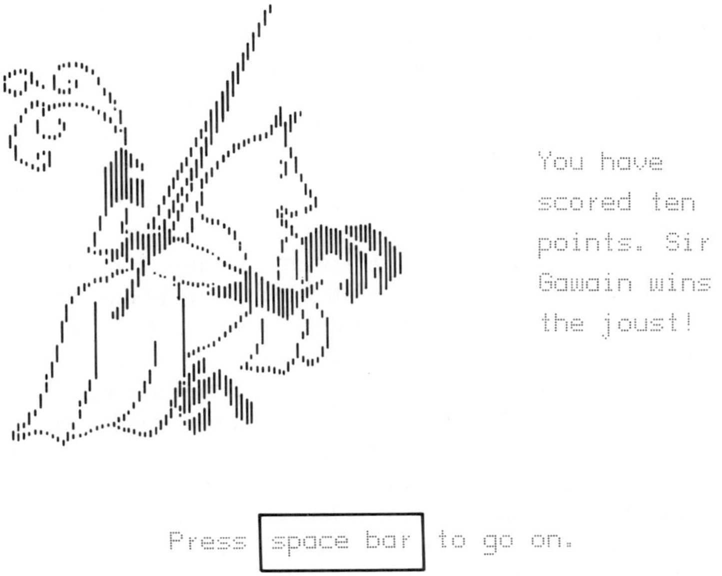

FIGURE 4-7
Mastering Parts of Speech by Society for Visual Education.

student neglects to activate the next step of a program. The sound enhancements are optional as are levels of difficulty. Hitting the ESC key returns the student to the menu; the RESET key takes the program back to the logo or to the end-of-program routine for reporting questions attempted and correct answers given. On the negative side, instructions seem to be long and frequently overcrowd the screen. A student who is a little impatient may be aggravated by the length of the narrative interludes and the seemingly slow response to the user's prompt.

8) Educational soundness. Fair. Each disk for each part of speech has four to six separate teaching objectives. The entire package is a collection of separate subjects (no pun intended) and separate objectives. The tutorial and drill programs focus on identifying the respective parts of speech, determining the functions of the particular part of speech, pointing out a relationship between a part of speech and the sentence, or choosing the correct word for a sentence. Unfortunately, only the adverb disk ever brings any of the parts of speech even close together. According to this package, the parts of speech would seem like separate bits of finite information which happen to appear in sentences together.

The package presents parts of speech as a static means for

describing what someone else has written. While the presentation of the concepts takes full advantage of the microcomputer's interactive capabilities, it hardly presents parts of speech as a dynamic approach to writing—a systematic strategy for generating, combining, and organizing words into effective thoughts. However, even those who use grammar solely to examine what others have written will find *Mastering the Parts of Speech* disappointing. After completing the six programs, a student will not have mastered the parts of speech. For example, on the *Mastering Pronouns* disk, the third program ("Skiing for Relative Pronouns") promises much more than just the instructions and practice in how to use "who" and "whom" that it provides. "Soccer for Indefinite Pronouns," on the same disk, deals only with agreement problems involved with indefinite pronouns. Such omissions are not restricted to the pronoun disk. On the verb disk, there are only three tenses; on the noun disk, no mention is made of object complements or appositives. What seems most damaging is that the teacher's manual appears to have been written so as to disguise such omissions or deficiencies. For example, two objectives listed for *Mastering Prepositions and Conjunctions* are "to demonstrate how coordinate and subordinate conjunctions are used in sentences" and "to provide practice in correctly using coordinate and subordinate conjunctions," but the actual exercises only ask the student to point out the coordinating conjunctions and subordinate clauses in sentences. The final blow is that even these exercises have only four to 15 sentences.

9) Summary. The bells and whistles dominate the educational focus. Society for Visual Education: A Business Corporation, which developed this package, apparently decided that enhancements to entertain were the way to design and market their product. Slick manuals, colorful animation, melodious sounds, and creative narrative adaptations do not overcome the deficiencies of a tutorial and drill program that does not do what it seems to promise. The time, energy, and sophistication used to develop the entertaining enhancements might have been more equally shared with the educational domain.

10) Manufacturer. Society for Visual Education, Inc.

The package is, indeed, spellbinding—the first time through. Once the student completes the programs and has seen the narratives with their graphics and sound, there exists little impetus to use the package again. When going through the tutorials and answering the questions in the exercises are only the means for gaining access to the enhancements, it is clear that education is at best secondary.

The next review presents a program that focuses on the specific grammatical skill of comma usage and utilizes a combination of the tutorial and drill-and-practice modes. We find this program attractive, however, because it does not keep the grammatical skill isolated from writing.

1) Title. *Punctuation II (Comma)*

2) Machine. Apple II, 48K, disk drive

3) Level. Elementary to intermediate

4) Description. A combination tutorial and drill-and-practice program that uses colorful graphics, animation, and sound to teach comma usage in addresses, dates, salutations, compound sentences, items in a series, setting off quotations, direct address, letter closings, and clauses and phrases. For each usage, some simple and short instruction is given to demonstrate the rule. A few examples are shown before the students do some very mechanical and simple drills which allow them to practice the usage (figure 4-8). Sentences or parts of a letter are given, and the students must move an animated figure holding a pointer to show where the comma belongs (figure 4-9). After several of these are done, the program adds more to the letter it is writing to the students. The letter demonstrates the comma usage to be taught next. This cycle of instruction, demonstration, simple drill, exercise, and letter continuation occurs with each comma usage taught. Incorrect answers result in a short reminder of the usage rule being taught. Three reproducible activity sheets are included.

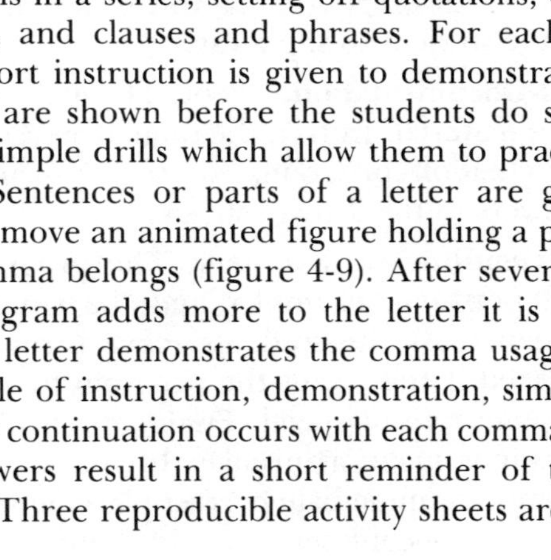

FIGURE 4-8
Punctuation II by Educational Activities, Inc.

FIGURE 4-9
Punctuation II by Educational Activities, Inc.

5) Enhancements. Excellent. It uses graphics, sound, color, and animation to generate an attractive program. Whether it is the stick figure that the student moves to place the commas, the contrasting backgrounds, the perpetual motion, or the sound which comes with every comma, this program's enhancements do not allow the student to slip away.

6) Manual-Documentation. Poor. The glossy materials seem primarily sales material. In fact, the same materials are included with either punctuation program. No real information is provided, except answers to the activity sheets.

7) User Friendliness. Excellent. The program is highly interactive and personal; examples and the running letter use the student's name. As the students move through the instruction, they are asked if they want the program to move faster, slower, or at the same rate of speed. Frequently in the simple drill, the students cannot make a mistake. In the exercises, an incorrect answer brings an immediate correct placement of the comma and a review of the concept being taught. Hitting the RESET key will take the program back to the logo. It is irritating that the documentation does not tell the user that use of the REPT key and the ARROW key would speed up the very slow movement of the stick figure.

8) Educational Soundness. Good. The excellent use of enhancements with the tutorial approach and the use of the running letter to demonstrate comma usage in action serves well to introduce nine uses of the comma. However, it seems unfortunate that it introduces the "pause" approach to punctuation ("Should I use a comma every time I pause?"). Furthermore, it tends to be reductive. A student might think that this program includes all of the uses of the comma. Even other aspects of grammar and usage tend to be reduced. For example, the list of coordinating conjunctions includes only five conjunctions. Also, the program is an all-or-nothing adventure—students must go through the whole sequence; they cannot select the usage and go to that part and work on it.

9) Summary. Good. This beats grammar texts and workbooks. Although some compromises have been made that might upset traditional punctuation purists, the utilization of the microcomputer's capabilities makes this attractive program a good one to use with elementary students who may be using the microcomputer for the first time in an educational context. It teaches "school stuff" without being stuffy or drill-and-practice.

10) Manufacturer. Educational Activities Inc.

We like the repeated return to the letter so that the student can see the application of the comma concepts into a broader context than just sentences.

With the recent attention to declining SAT scores and to the "literacy crisis," a Back-to-Basics movement has developed throughout school systems. One result of this Back-to-Basics movement has been an increased emphasis on grammar. And, of course, with the funding which has come to stem the "literacy crisis," software designers and manufacturers have rushed to meet the demand with drill-and-practice programs on parts of speech, punctuation, capitalization, and the other separate skills associated with grammar. We are not opposed to students' learning such skills. However, to suggest that to learn grammatical skills is to achieve literacy is as deceptive as the apparent plushness of the Bower of Bliss. We are uncomfortable with what seems to be a trend to substitute the learning of isolated grammar skills for the learning of writing.

Programs that permit the students the freedom to exercise their creativity and intellect are not as plentiful as drill-and-practice or tutorial programs, but they do exist and include programs for nurturing student writing. Consider our review of *Story Starter.*

1) Title. *Story Starter*

2) Machine. TRS-80 Model I, cassette, or Model III, disk; Apple II DOS 3.2 or 3.3 disk

3) Level. Primarily grades two through six although older users may enjoy the program

4) Description. This interactive reading/writing program presents an opening line for a story; the student creates the remainder of the story one sentence at a time with the computer's help. Upon booting the program, the student selects a level of difficulty (from the easier level 1 to the most difficult level 3) and one of four sequences available for developing a story ("Because," "When," "And Then," and "Story Line"). Each level of difficulty contains ten starter lines. The computer provides the starter line (such as "I knew I was in big trouble") and the appropriate ending word (such as "because," "and then," or "when"). The students then type in their own ending to complete the sentence (such as "I knew I was in big trouble when the principal pulled me out of the line."). Upon hitting RETURN, the students see a new line which includes their words plus the sequence's word ("The principal pulled me out of the line when. . . ."). The student then again writes the rest of that sentence and the cycle continues. The students continue writing until they cannot think of another response or are bored. To end the story, the students type THE END and then have the opportunity to read the whole story, print the story on a printer (if one is available), or start another story. When the story is read, the computer makes a complimentary remark and tells the students how many sentences their story contained. When printing the story, the computer asks the students to title their story and to enter the author's name. When a new story is started, the previous story is erased.

While the "Because," "When," and "And Then" sequences repeat their respective titles for each new sentence, the "Story Line" sequence presents a random mixture of the other three sequences at the end of each offering. If the students do not like the particular word which happens to come up, they can hit the RETURN key and another will appear. If the same word appears, the students need only hit the RETURN key until a word they like comes up.

5) Enhancements. Minimal. The primary focus of this program is the writing process.

6) Manual-Documentation. Excellent. From the chart listing steps for loading the program to the suggestions for follow-up classroom activities and for lesson evaluation, the loose-leaf binder contains complete information for use of the program. It explains the program's educational rationale, lists the program's content, shows with clearly written instructions and representative pictures how to use the program, and describes the teacher's options for using the program with an individual, co-authors, or a group.

7) User Friendliness. Excellent. Completely self-contained and menu-driven, the program works under the control of the student. The computer seems to ask the students what they want to do at which level and then starts them writing their short story. While there are some personal messages and instructions, the primary interaction comes through the program's process of starting the writing and the students' finishing each sentence and ultimately the story. It is non-threatening: it requires only a first grade reading ability, minimal keyboard experience, and understanding of the sequence words. In fact, as the manual-documentation suggests, the program could be used for others without the first grade reading ability and the keyboard facility if someone else typed in the dictated responses and read aloud the resulting story.

The program will accept up to 256 characters in a story. This total includes letters, numbers, and spaces. While for most students this should provide ample room for their creativity, it is possible that prolific authors can write themselves into out-of-string statements and out of their story.

8) Educational Soundness. Excellent. As it presents cause/effect, effect/cause, and time relationship sequences, the program allows the students to discover how to use language, how to organize their ideas, and therefore how to produce effective communications. More importantly, it encourages the students to enjoy their own language, writing, creativity, and experimentation. *Story Starter* is fun and seems to nurture the students' intellect and imagination by prompting them to have positive personal experiences with creative writing.

9) Summary. This program represents one of the best uses of microcomputers without the obvious enhancements commonly associated with attractive software. It encourages the students to think, to make inferences, to create, and to rely on their own intellectual and imaginative abilities. The program initiates and supports the students' active discovery rather than serving as a crutch and allowing the students to become passive.

10) Manufacturer. Random House, Inc.

Other software that focuses on writing and on the user's intellectual and creative resources might not be found in educational software catalogs. These are programs like those produced by Adventure International for the *Interactive Fiction* series. The mature user becomes an author and character in a variety of scenarios available by reacting to a developing event or a changing situation. The user-author-character responds to the program by typing in a sentence; the program in turn responds to the user's sentence. This dialogue continues until the program ends the story. The program can be used over and over because it generates new narrative twists for the different responses of the user. Motifs common to such fiction-writing cooperatives are mysteries, war stories, and encounters with strangers. But we are allowing our intemperate enthusiasm to gain control. We plan to discuss at more length in a later chapter the unexpected values in playing adventure games for improving language arts understanding and skills.

Of course, such programs as these are not either grammar drill-and-practice or short story writing in language arts software. We just wish to emphasize that we as teachers should not underestimate the capabilities of the microcomputer or allow its powers to limit our students. The promise of the microcomputer and the predominance of drill-and-practice software seem almost contradictory: one is limitless and the other is limiting. But there is hope. As experience in developing educational software is gained and as more and more language arts educators get involved with microcomputers, a wiser and more appropriate application of the promising ally results.

Examples of wiser and more appropriate applications of the microcomputer are evident in Robert Shostak's survey of software for computer-assisted composition instruction.* All of the software listed and discussed presumes that writing should be taught as a process. Shostak, in fact, divides his survey into prewriting, composing, and rewriting/editing.

In the description of *Story Maker* and *Aristotle's Topics* in the prewriting section, Shostak emphasizes student choices and the computer's secondary role to the student's. For young students, the first program has the users create a story by having them select options from already written story segments. The educational results resemble those produced by *Story Starter* and the *Interactive Fiction* series. Developed by Hugh Burns at the Air Force Academy, *Aristotle's Topics* uses the computer to conduct a dialogue with the student in order for the student to generate

* *Computers in Composition,* ed. Joseph Lawlor, pp. 5–18.

the ideas, facts, judgments, and attitudes necessary before the actual composing stage can take place. Based upon Aristotle's topics, Kenneth Burke's dramatistic pentad, and the Becker-Pike-Young tagmemic matrix, this package—which Burns terms "artificial intuition"—asks writers questions about their topic.

In the composing section of his survey, Shostak discusses word processors in general and *Compupoem* and *The Electric Poet* in particular. For any writer, word processors make creating and editing texts easier. For children, Shostak points out that the often difficult task of producing handwritten work is relieved by word processors which have the children use a keyboard (and perhaps a printer). For the maturer student, word processing encourages revising and more writing by making both easier and more attractive. *Compupoem* helps the students write poetry by allowing them to make choices, to see instant reproductions of the choices in different formats, and to control how the various parts of the poem will fit together. *The Electric Poet* produces a "litermedia" experience whereby poems can appear in color-coded pairs, in a variety of patterns, in animation, and in more than one dimension. Besides providing a multi-sensory poetic experience, the primary use of this complex program is to define and to illustrate such things as poetic devices, structural relationships, and writing models.

In the rewriting/editing section, Shostak presents four programs: the Navy programs, the SWRL Educational Research and Development project, *RSVP*, and *The Writer's Workbench.* The Navy programs lead the student through procedures for arranging sentences into meaningful paragraphs, for combining phrases into sentences, and for writing sentences with a particular style. The SWRL project focuses on sentence combining, generating material for a discourse mode, organizing content, and revising. *RSVP* is a complex program for providing personally adapted feedback to students for a set of writing assignments in the forms of a written prescription directed to specific skills. It also can generate study and exercise assignments and can maintain a management system for keeping track of student errors and progress. From the Bell Laboratories, *Writer's Workbench* is a thirty-two program package that corrects spelling, punctuation, and grammar of a written piece and analyzes its sentence length, clichés, wordiness, and jargon.

Certainly programs like the Bell Laboratories' *Writer's Work-*

bench are not currently available as microcomputer software. (However, we recall one of the popular anecdotes about the rate of advancement in microcomputer technology: if the aviation industry had developed at the current rate of microcomputer technology, the space shuttle would have been launched seven days after the Wright brothers' first flight.) But software like that described in Shostak's survey is appearing more and more on the market. We should not despair over the current predominance of drill-and-practice because it cannot compare to the more creative uses of the computer. We believe that you will be part of that body of language arts educators who will not settle for the apparently lush and fertile software which is primarily promise and bells and whistles. As each language arts teacher turns on the microcomputer at home and at school for the first time, we believe that another Palmer is in the making to provide wisdom and temperance in the selection of software for microcomputers. Language arts teachers know that software can be a deceptively beguiling "Bower of Bliss"; however, they will not rest until it becomes an authentic garden for educational creativity and growth.

READING, WRITING, AND PROGRAMMING
The Third Language Art

5

Computer programming as we now know it will soon be a dead and unnecessary art.

Astonishing to the layman, this assumption is taken for granted by computer-oriented futurists. Its basis is the understanding that computers can be taught to program themselves, with a minimum of intervention from their human operators. The humans' only obligation will be to answer computer-generated questions defining the information to be treated, the operations to be performed, and the results to be reported. This is hardly science fiction, either. Programs which prompt the user to provide necessary information and which then create programs to achieve the specified results exist already. Right now they are oriented toward business, but their capabilities are expanding.

This is good news, too. Programming computers is tedious, time-consuming, hair-pulling work. As someone once said, the language all programmers know best is profanity. Even those who enjoy the process can tell horror stories of seemingly beautiful programs that simply would not work, or of programs that would work at the designer's bench but wouldn't work on the job (or in the classroom!).

These observations should raise an interesting question—namely, why was this chapter written? If programming even in higher-level languages like BASIC is so troublesome, and if programming is a dying art anyway, then why should teachers bother to learn or to teach such languages—particularly language arts teachers?

The superficial answers are simple. First, while programming might look moribund to the visionary futurist, and might in fact be dying as we move into the latter part of this century, it's very much a lively proposition to those of us who are stuck in the present. Ten or 20 years from now there might be a lot less demand for programmers than for what are called "software engineers," but in the meantime there is plenty of work to be done. Second, while the work of computer programming is sometimes painful and frequently difficult, it is always rewarding. The process itself, a kind of creative problem-solving, is pleasurable to persons who enjoy using their minds; the discipline reinforces other language and thinking skills; and the products can be useful in ways that are specified throughout this book.

Benefits of Learning to Program

The side benefits of learning computer languages are less obvious but are probably even more significant. They are of two types, those that accrue directly to us and those that derive from our encouraging similar learning in our students.

Benefits to the Teacher

From the point of view of the language arts teacher, the most obvious reason for learning computer languages is to give one immediate control of the teaching power of the machine, without depending on programs developed by others.

Make no mistake about it, however; useful though it might be, the writing of significant application programs for the computer is a lengthy and difficult business. Very few working teachers will have the time or experience to produce very many substantial original programs. For one thing, if they could, they would probably quit teaching and go into programming full time. There's a lot more money in it.

Still, occasions do arise when it is awfully handy to be able to put together your own program. The need for the program might be so small or so specialized as not to be worth the trouble for a commercial publisher. Or, if published, the program might be so expensive or so inaccessible as not to be worth the teacher's trouble.

Sample program: Letter Drill

Here's an example of what we mean. It's a short instructional program to drill primary students in distinguishing vowels and consonants. This is clearly too trivial a task to be of much interest to commercial publishers. After all, how much would *you* pay for a program that did nothing more than drill on vowels and consonants? Nevertheless, for certain students in certain circumstances, this would be a very handy program to have around. If you wanted it for those students and couldn't buy it off the shelf, your only options would be to hire or extort the help of a custom programmer, or to write the thing yourself. In circumstances like that, if you are operating on a tight budget or time schedule, you will be happy indeed to be capable of doing your own programming.

In the lines that follow, we will first list the program and then print a simulated run to show how it works:

```
100  DIM C$(21),V$(5)
110 A$ = "BCDFGHJKLMNPQRSTVWXYZ"
120 B$ = "AEIOU"
130 FOR I = 1 TO 21:C$(I) = MID$ (A$,I,1):
NEXT I
140 FOR I = 1 TO 5:V$(I) = MID$ (B$,I,1): NEXT
I
150 HOME
160 PRINT "WELCOME TO LETTER DRILL"
170 PRINT : PRINT : PRINT "PLEASE TYPE YOUR NAME
AND"
```

```
180  PRINT "HIT 'RETURN.'"
190  PRINT : INPUT "     ";N$
200  IF N$ = "" THEN GOTO 190
210  PRINT : PRINT "THANKS, ";N$;"."
220  FOR I = 1 TO 1500: NEXT I
230  HOME
240  PRINT "         LETTER DRILL"
250  PRINT : PRINT "THIS IS THE WAY THE EXERCISE"
260  PRINT "WORKS. FIRST I WILL PICK A"
270  PRINT "LETTER AND SHOW IT TO YOU ON THE"
280  PRINT "SCREEN. YOU WILL TELL ME "
290  PRINT "WHETHER THAT LETTER IS A CON-"
300  PRINT "SONANT OR A VOWEL, AND THEN I"
310  PRINT "WILL LET YOU KNOW WHETHER YOU"
320  PRINT "ARE RIGHT OR NOT."
330  PRINT : PRINT "YOU WILL NOT HAVE TO TYPE
THE"
340  PRINT "WHOLE WORD, 'CONSONANT' OR"
350  PRINT "'VOWEL.' YOU WILL JUST HAVE"
360  PRINT "TO TYPE THE NUMBER OF THE PROPER"
370  PRINT "CHOICE."
380  PRINT : PRINT : PRINT "PRESS 'RETURN' WHEN
YOU ARE"
390  PRINT "READY TO BEGIN."
400  PRINT : INPUT R$
410  R1 = INT ( RND (1) * 10) + 1
420 R2 = INT ( RND (1) * 21) + 1
430  R3 = RND (1) * 5 + 1
440  L$ = C$(R2)
450  IF R1 > 5 THEN L$ = V$(R3)
460  HOME
470  PRINT "        KINDS OF LETTERS"
480  PRINT : PRINT : PRINT
490  PRINT "  PLEASE LOOK AT THIS LETTER:"
500  PRINT
510  PRINT "         *** ";L$;"  ***"
520  PRINT : PRINT "  WHAT KIND OF LETTER IS IT?"
530  PRINT : PRINT "        1. CONSONANT"
540  PRINT "         2. VOWEL"
550  PRINT : PRINT "PRESS THE NUMBER OF YOUR
CHOICE"
560  PRINT "('1' OR '2') AND THEN PRESS THE"
570  PRINT "'RETURN' KEY."
580  PRINT : INPUT R$
```

```
590  IF R$ 〈 〉 "1" AND R$ 〈 〉 "2" THEN PRINT "YOU
MUST PRESS EITHER": PRINT "'1' OR '2,' ";N$;".":
GOTO 580
600  HOME
610  IF (R$ = "1" AND R1 〈 6) OR (R$ = "2" AND
R1 〉 5) THEN PRINT "VERY GOOD, ";N$;"!": GOTO 630
620  PRINT "SORRY."
630  PRINT : PRINT : PRINT "THE LETTER '";L$;"'
IS A ";
640  IF R1 〈 6 THEN PRINT "CONSONANT."
650  IF R1 〉 5 THEN PRINT "VOWEL."
660  PRINT : PRINT : PRINT "WOULD YOU LIKE TO TRY
ANOTHER"
670  PRINT "LETTER?": PRINT : INPUT R$
680  IF LEFT$ (R$,1) = "Y" THEN GOTO 410
690  IF LEFT$ (R$,1) 〈 〉 "N" THEN PRINT "PLEASE
TYPE EITHER 'Y'": PRINT "(FOR 'YES') OR 'N' (FOR
'NO').": GOTO 660
700  HOME
710  PRINT "OK, ";N$;"."
720  PRINT : PRINT : PRINT "SO LONG."
730  PRINT : PRINT : PRINT "I ENJOYED WORKING ON
THESE LETTERS"
740  PRINT "WITH YOU."
750  END
```

Sample run

```
WELCOME TO LETTER DRILL

PLEASE TYPE YOUR NAME AND
HIT 'RETURN.'

   ?ALBERT.

THANKS, ALBERT.

      LETTER DRILL

THIS IS THE WAY THE EXERCISE
WORKS. FIRST I WILL PICK A
LETTER AND SHOW IT TO YOU ON THE
SCREEN. YOU WILL TELL ME
WHETHER THAT LETTER IS A CON-
```

```
SONANT OR A VOWEL, AND THEN I
WILL LET YOU KNOW WHETHER YOU ARE RIGHT OR NOT.

YOU WILL NOT HAVE TO TYPE THE
WHOLE WORD, 'CONSONANT' OR
'VOWEL.' YOU WILL JUST HAVE
TO TYPE THE NUMBER OF THE PROPER
CHOICE.

PRESS 'RETURN' WHEN YOU ARE
READY TO BEGIN.


?

          KINDS OF LETTERS

    PLEASE LOOK AT THIS LETTER:
           *** A ***
    WHAT KIND OF LETTER IS IT?
           1. CONSONANT
           2. VOWEL
PRESS THE NUMBER OF YOUR CHOICE
('1' OR '2') AND THEN PRESS THE
'RETURN' KEY.
?2
VERY GOOD, ALBERT!
THE LETTER 'A' IS A VOWEL.
WOULD YOU LIKE TO TRY ANOTHER
LETTER?
?N
OK, ALBERT.
SO LONG.
I ENJOYED WORKING ON THESE LETTERS
WITH YOU.
```

Adapting existing programs

It has no doubt occurred to those of our readers who have taken to heart our comments about the tediousness of programming that if you ever need a program to drill on vowels and consonants, we have just saved you a lot of trouble. And this in fact introduces a more likely use for the teacher's skills than writing original programs from scratch—namely, modifying those that exist already. If someone else has already done most of the work for you, and if that work is not under copyright, then by all means take advantage of it. Save your own creative juices for those arid places where you're breaking virgin ground.

You will notice, though, that we said "most of the work." Even those programs that have been "invented" already must often be modified before being used. One reason for this necessity derives from the nature of computer languages. You will recall we said earlier that despite the frequent reference here and elsewhere to a computer language called BASIC, you shouldn't be misled. Regardless of the widespread use of the name, this language is not really as universal as might be implied. To pursue the analogy, it is a language with a good many dialects—some of them similar, but some quite different.

The result is that the dialect of BASIC spoken by one computer will not ordinarily be understood by another. This is almost always true of computers made by different manufacturers. Thus, the programs written for the ATARI 800 will not run on the PET. Unfortunately, it is also true sometimes for alternate models produced by the same manufacturer. While usually compatible, programs written for the TRS-80 Model I will not necessarily run on the Model III, which has replaced it. Programs written in Apple's Integer BASIC will not run on machines equipped only with Applesoft BASIC.

That's the bad news. The good news is that it's often not too difficult to modify at least the heart of a program written for one computer so as to make it work on another. In fact, in appendix C we have included both general advice and specific information to help you in doing so. If you need more extensive guidance, there are a number of books you might consult. One we would recommend is David Lien, *The BASIC Handbook,* 2nd ed. (Compusoft, 1982). This is an encyclopedic description of the commands to be found in almost any BASIC you might encounter, and it includes tests to demonstrate whether they will work on your particular computer. Another is Brain et al., *The BASIC Conversions Handbook for Apple, TRS-80, and PET Users* (Hayden, 1981). In addition to its general discussion, this book includes many helpful charts of command conversions. Similar in concept is Larry Noonan, *Basic BASIC—English Dictionary for the Apple, Pet, and TRS-80* (Dilithium Press, 1982). Part I of this book is a dictionary of commands for the three machines named in the title; Part II is a quick reference table.

In addition to such reference books, you should also consult the various computer magazines. For example, *Microcomputing* offers prizes and publication for translations of the major programs that appear in its pages. *Softside* magazine often publishes the same program in versions for three different computers: Apple, ATARI, and TRS-80. By studying their conversions, you can quickly learn the techniques to be applied.

Thus far we have concentrated on translation, but there is another reason for modifying a published program, even one intended for the very machine you are using. This reason is to customize or enhance the program you find. For example, consider the programs we have included throughout this book. The programs are wirtten in Microsoft BASIC, and they ought to run unmodified on a number of machines. However, one can imagine any number of ways by which it might be customized.

One way is to change the content. You can make the content of a program simpler or more complex, easier or more difficult. You can even change the focus altogether. For example, the program *Missing Words* in the next chapter could be used to review assigned vocabulary on any level rather than poetic diction. *Parts of Speech* could be used to review spelling demons, and *Scramble* to help memorize the names of literary characters.

On the other hand, you might like the content but wish to change the program's structure. Thus, for example, you might wish to give a set number of examples in *Letter Drill* rather than an endless series. In *Scramble* you might feel that giving two clues makes the game too easy, and in *Missing Words* you might wish to supply the right answer after the student's last guess—and while you were at it to reduce the number of guesses to two. Also, you might wish to force the student to type the entire correct answer before allowing the program to continue.

Whether or not you like the content and structure, you might wish to change the messages the program displays to the student. This will probably be true if you have changed the level of the content significantly. It might be true if you feel your students need a different balance of "carrot and stick." It might also be true if you just get tired of the same old stuff.

A final reason for changing published programs is to give them more pizazz. One motivation for doing so is to improve the screen layout. For instance, the programs in this book are set up for a 32 column by 20 row display. This means that they will work unmodified on almost any micro, even the Timex/Sinclair 1000® (formerly ZX-81). However, it also means that the text might seem to have been cramped into the upper left-hand corner on machines with a 40-, 64-, or 80-column display. For reasons both of aesthetics and of impact, you might wish to reformat the display by adjusting the PRINT statements.

Another motivation is to add graphics so as to improve the visual appeal of a program. Graphics are the most difficult feature to translate from the language of one machine to that of another, and it is impossible to write a universal routine for handling them. For this reason, programs intended for use on more than one machine (like the programs in this book) will be published without graphics. If you want them, you will have to add them yourself. Programs intended for one particular machine probably will have graphics, but the commands to generate them will not work on other machines. To obtain the graphics in those circumstances, you will need to analyze and rewrite the entire routine.

To be capable of analyzing the graphics routines for a variety of computers requires considerable expertise. However, to start from scratch in any one language and create a basic graphics display isn't difficult at all. Thus, if the program on which you are working has no graphics, you shouldn't have trouble adding them. If the program does have graphics and you can't analyze them, you can just delete them and start over.

To guide you in this effort, we have included sample graphics routines in appendix B. The effect of these routines is to draw a picture of a schoolhouse. They are numbered so as to be substituted directly for the title page routine beginning at line 1000 in the *Adjective Clause* program in chapter 7. However, they can easily be appended to any other program and then referenced with a GOSUB. (Just remember that if you add one of these routines it must come before any data statements, which have to be the last items in the program.)

Before leaving this subject, we would note that while making translations and enhancements—graphics, sound effects, or text—is useful in itself, it is also an excellent way to improve your own programming skills. To get the full benefit, you will have to pay close attention and make notes. Make it a habit. If you are running a program you have typed in from a book or magazine article and find that it performs a trick you particularly admire, go back to the listing and see how it is done. At that point we would recommend that you make note of the technique, preferably on a note card, so that you can file it and find it later on when you need it.

In this activity, be alert not merely for the spectacular but perhaps even more for the little things that make such a difference in the quality of a program. In terms of appearance, note the techniques used for creating menus and formatting displays. In terms of reliability, look for ways of "idiot-proofing" a program, particularly for ways of preventing it from crashing altogether (that is, from dropping out of the program to the basic language in use). For instance, what happens if the program asks for a number and the student enters a letter? What if it asks for a "YES" or "NO" and the student hits ENTER with no input at all? What if the student hits the BREAK or RESET key—either accidentally or through curiosity? You have to anticipate these problems, because if there is a way of fouling things up, then you can count on your students' finding it!

Creating Student Programmers

In addition to writing or modifying our own programs, the second main reason for language arts teachers to learn a programming language is to pass that knowledge along to our students. Realistically, we cannot be experts both in our own discipline and in computer science. However, we can teach the basics of a language to younger students and we can at least encourage the learning of the more advanced, both implicitly through modeling and explicitly through overt reinforcement. Whatever the means, if we can get our students to learn a computer language, we can provide them with a priceless intellectual tool, one that is particularly useful in our discipline.

How often have we heard students say, "I never really understood English until I studied . . ." and then name some foreign language like Latin, or French, or Spanish? Those students were right. While some languages are more helpful in some respects than are others, the study of *any* foreign language can improve the understanding of one's native tongue. And this holds true also for that special group of "foreign languages" spoken only by computers and computer programmers.

The analogy can be pushed quite far. Why does one study a foreign language? To improve the understanding of one's own tongue? That's been mentioned already. To read and comprehend works written in that language? To accomplish practical ends by speaking or writing in that language? To understand the speakers of that language? To understand the culture of which that language is an expression? In every case the answers are as valid for the study of computer languages as for any other.

In addition to these general benefits, there are in the case of computer languages specific benefits as well. The learning of computer languages and programming techniques reinforces four essential skills for the language arts students: problem solving, reading, writing, and aesthetic appreciation. It does so through the combination of intellectual habits imposed by such learning.

Systematic thinking

This combination encourages students to think in terms of complete systems. A *system* in this context is a set of interrelated resources—human, mechanical, and conceptual—which function together to accomplish some specified purpose. Clearly, this concept need be altered only slightly to be useful to the student of the language arts. The best way to write an essay is to clarify your purpose, then integrate the various resources available to the stylist in order to accomplish it. One of the best approaches to the analysis of literature is to think of a work in terms of a fully integrated pattern of elements and forces, working together to accomplish a purpose which it is your task to infer.

This sort of rough and ready *systems analysis* helps the student not only to clarify but also to attack both tasks, that of the writer and that of the reader. It does so by encouraging the techniques of progressive, *top-down* analysis of the tasks one undertakes. In writing programs, the student must break the main problem into smaller and still smaller tasks until it has been laid out completely in easily comprehensible parts. This same top-down approach is taken in preparing an outline for an essay or an analysis of the elements and interrelationships in a work of literature. The ability to see tasks in these terms does as much as anything to distinguish the good student from the flounderer.

Attention to detail

A second good habit developed through programming computers is attention to detail. If left to their own devices, student readers are apt through inattention to miss the most obvious of an author's clues to meaning. Expecting their own readers to be as careless as they, these students are inclined at best to be cavalier and at worst to be downright hostile about such niceties as the use of exclamation points and the distinction between commas and semicolons. Computer programmers know that they cannot afford these attitudes. You put your period or exclamation point in the wrong place with your favorite word processor, and you've got garbage.

Aesthetic appreciation

The combination of all these habits helps the student to develop his sense of aesthetic appreciation. When the programmer speaks of a "beautiful" program, he means it partly in a figurative, partly in a quite literal sense. Figuratively, he means that the program accomplishes its purpose accurately, efficiently, and even elegantly. To the person who is sensitive to the interaction of forces within systems, these qualities are indeed aesthetic.

Literally, programs can be beautiful in two respects. Most obviously, the screen displays—text or graphics, still or animated—can be pleasing to the eye. More subtly, the structure of a nicely analyzed, nicely balanced program can have its own architectonic beauty. For the inexperienced, this beauty might be apparent only in a printed listing. However, for those with sufficient imagination, it is apparent also as a purely intellectual construct. The relationship of such beauty to that of a carefully crafted essay or work of literature is evident.

Which Language?

Once you have decided to learn or to teach a computer language, you have to decide which is the best language for your purpose.

Each language has its passionate advocates, champions who will explain at length why theirs is the only choice for discriminating computerists and could easily replace English as our national tongue. Nevertheless, when you get down to it, the choice for you will depend less on the absolute virtues of the language than on the special circumstances of your situation. As a guideline, we will explain the general characteristics of five popular languages. However, before choosing, you should try to see as many languages as possible in action and should be sure to talk with a number of experienced users. Just remember, languages are like pets: What seems friendly to one person might seem beastly to another.

Before we start, let's review what a computer language is and how it works. Remember that the CPU (central processing unit) responds only to a string of zeroes and ones. We humans in turn respond ordinarily only to our native language. The purpose of a computer language of the type we are discussing is to mediate between us and the CPU.

We communicate our instructions to the computer by means of special symbols (like +, −, *, or /) and words resembling a rigidly defined subset of English (like PRINT or WRITELN). A special program resident in either ROM or RAM (that is, the computer language) then translates these symbols and words into the zeroes and ones understood by the CPU. If the CPU must communicate with us, the process is worked in reverse.

There are two basic ways that the process of mediation is handled: through *interpretation* and through *compilation.* An interpreter like BASIC translates each line of code (the symbols and words we have entered) to machine language each time the program is run. In contrast, a compiler like Pascal translates the entire program code into a parallel program in machine language and then saves it. In subsequent runs, if there is no modification, our code is ignored and the machine code is executed directly. If even a single line is modified, however, the entire program must be recompiled.

Each approach has its advantages. A program that is compiled will execute its instructions much more quickly than one that is interpreted. However, one that is interpreted will ordinarily prove friendlier to the programmer and more convenient to *debug* (since you needn't keep recompiling after minor changes).

You will find that the two approaches feel quite different in use, but which one you will prefer is a matter of individual temperament.

BASIC

The name BASIC is an acronym for "Beginner's All-purpose Symbolic Instruction Code." It is the most widely used language in the world for non-mathematical, non-statistical applications—in other words, for applications of the sort in which we are interested. It is an interpreted language and is very easy to learn and to use.

Advantages

1) BASIC is ubiquitous among microcomputers and their programmers. Since every new micro comes supplied from the factory with at least one BASIC interpreter, you know you can begin programming your new computer with no additional purchase of software or hardware. You know too that as soon as you get started, you will have easy access to the truckloads of programs available through such published sources as books, magazines, and newsletters.

2) Designed originally for beginners, as its name indicates, BASIC is still a very easy language to start with. Commands consist of English or English-like words, chosen for their mnemonic value. A total novice can begin writing BASIC programs (admittedly primitive!) after only a few minutes of instruction.

3) BASIC has shown an admirable capacity to evolve. As more and more has been learned about program structure and data types, more and more has been built into the BASIC language. This capacity to grow means that you won't have to keep learning new languages as you advance in your knowledge of computing—unless you want to, of course!

Disadvantages

1) The negative side of the steady growth of BASIC is that there exists no de facto standard for the language. There are more dialects than there are brands of microcomputers. You will have to learn a whole new set of variations for each different computer you approach.

2) BASIC tends to be slow of execution (depending on the application) and cumbersome in accessing the graphics capabilities of a computer.

3) While it is possible to write well-structured programs in BASIC, there is nothing inherent in the language which encourages, let alone forces, you to do so. On the contrary, it is equally possible to write such sloppy programs in BASIC that the programmer himself can't decipher them a week later. In fact, many experts insist quite seriously that if BASIC is your first language, your thinking will be warped for life.

Sample program

```
10  PRINT "HELLO"
20  PRINT "PLEASE GIVE ME A NUMBER."
30  INPUT A
40  PRINT "PLEASE GIVE ME ANOTHER NUMBER."
50  INPUT B
60  PRINT "THE SUM OF YOUR TWO NUMBERS IS ";A +
B
70  PRINT "BYE"
80  END
```

Pascal

Pascal is named for the French philosopher and mathematician Blaise Pascal. Originally defined in 1970 by the Swiss computer scientist Niklaus Wirth, it was standardized by the computer science department at the University of California at San Diego under the direction of Kenneth Bowles. A compiled program, it was designed specifically to be user friendly and to simplify the implementation of the principles of structured programming.

Advantages

1) The most important advantage of Pascal is that it forces the user to write and even to think in structured terms. The significance of that is that the principles of structured programming reflect the paradigm by which we humans solve problems in any area, including reading and writing.

Allow us to quote from Arthur Luehrmann and Herbert Peckham, who make this point quite forcefully in their book *Apple Pascal: A Hands-On Approach* (McGraw-Hill, 1981):

> The concepts of main program, procedure, subprocedures, and debugging, which arise out of computer programming needs, are powerful ideas for thinking about knowledge itself and about how people acquire knowledge. In a sense that is probably more than just poetic, learning seems to be a matter of programming, debugging, and reprogramming the mind. (P. 97)

2) Unlike some compilers, Pascal makes a special effort to be friendly to the user. Many errors are caught and pointed out during compilation, with the result that an unusually high percentage of Pascal programs will run correctly the first time out.

3) It is possible with Pascal to create a whole library of modular *procedures* (subroutines) which can be incorporated in various combinations in later programs. Thus, to an unusual degree, the more programs you write, the easier it is to write subsequent programs.

4) Because of the standardization made possible by UCSD licensing agreements, Pascal programs are highly portable among various computer systems.

5) As a compiled language, Pascal executes very quickly, an advantage that is probably most apparent in graphics displays.

Disadvantages

1) While it is unusually friendly for a compiled language, Pascal cannot compete in immediacy of feedback or ease of debugging with an interpreter like BASIC or Logo. The necessity for recompiling after every minor change can drive you crazy when you are struggling at 2:00 in the morning to prepare for an 8:00 AM class.

2) Pascal is not now available for all micros, although this is changing. Many of those for which it is available require the purchase of additional hardware (like add-on RAM memory) and software.

3) The number of programs published in Pascal is minuscule compared to the number published in BASIC.

Sample Program

```
Program Addition;

  Var
    A, B:Integer;

  Begin
    Writeln ('Hello');
    Write ('Please give me a number');
    Readln (A);
    Write ('Please give me another number');
    Readln (B);
    Writeln ('The sum is ', A + B)
  End
```

Logo

Logo is named for the Greek word meaning "word" (among other things), which for us language arts teachers is a point in its favor already. It is an interpreted language developed under the general leadership of Seymour Papert at the artificial intelligence lab at MIT during the middle 1970s. Perhaps unfortunately, Logo is best known for its implementation of "turtle graphics." This is a technique by which the user draws a picture by instructing a graphic or mechanical "turtle" to move in various directions, leaving a visible trail.

Books like Papert's *Mindstorms* (New York: Basic Books, 1980) have demonstrated beyond question that experimenting with turtle graphics is one of the best ways for young children to learn programming skills. Needless to say, we are all for this. The only reason we said that Logo's identification with turtle graphics might be "unfortunate" is that its spectacular success in this one area has tended to blind people to its many other features. The fact is that Logo is not merely a graphics tool or a children's programming aid. It is a powerful, full-fledged computer language with many compelling virtues (figure 5-1).

```
PLEASE WAIT...
GREET DEFINED
?PO PROCEDURES
TO GREET
 PRINT [HI! WHAT'S YOUR NAME?]
 PRINT SENTENCE [GLAD TO MEET YOU] REQUE
ST
END

?GREET
HI! WHAT'S YOUR NAME?
ALVIN
GLAD TO MEET YOU ALVIN
?■
```

FIGURE 5-1
MIT Logo for Apple by Krell Software Corporation.

Advantages

1) Like Pascal, Logo forces its user to apply top-down analysis and structured programming principles. All of the advantages of structured programming that were ascribed to Pascal are true also of Logo.

2) As an interpreter, Logo provides immediate feedback to the programmer and is relatively easy to debug. In fact—reflecting its origins as a teaching tool—the language has been designed with several very handy debugging features.

3) Again like Pascal, Logo includes provision for creating a library of modular procedures which can be incorporated in subsequent programs.

4) Logo is based in concept on a parent language called Lisp, for "List Processing" language. The advantage that accrues from this is that it includes very handy provisions for manipulating letters, words, and sentences. From the perspective of the language arts teacher, this means that Logo is much friendlier than BASIC for handling text of all kinds. From the perspective of the programmer, it means that Logo packs great power in small compass, because the "words" and "sentences" can be symbolic (referring to procedures) as well as literal.

Disadvantages

1) Since it is an interpreted language, Logo tends to be a little slow in some implementations and applications.

2) At present, Logo is available on only a limited number of micros, though this number is increasing steadily. Where it is available, since it is not usually built in, it requires purchase of additional software or hardware.

3) The popularity of Logo is bound to increase, but at the moment there is very little software available in the language, either on disk or in printed sources.

Sample program

```
TO ADDNUM
PRINT ['HELLO']
PRINT ['PLEASE GIVE ME A NUMBER.']
MAKE "A GETNUM
PRINT ["PLEASE GIVE ME ANOTHER NUMBER."]
MAKE "B GETNUM
PRINT SENTENCE [THE SUM IS ] :A + :B
END
```

```
TO GETNUM
OUTPUT FIRST REQUEST
END
```

Pilot

BASIC, Pascal, and Logo are complete computer languages. They are powerful, versatile instruments. Unfortunately, to completely access this power and versatility, the user must invest considerable time and effort in wrestling the language of his choice to submission. There is another way to go, and for some it is worth serious consideration.

We are speaking of the so-called *authoring language* or—more impressively—*authoring system.* The purpose of these programs (remember: a computer language is just a special type of computer program) is to enable non-programmers to create respectable, even sophisticated, lesson materials.

The programs range in complexity from those rigidly defined types through which the user creates quizzes by answering on-screen questions to the highly versatile *semi-languages* which permit both a high degree of control and the implementation of such enhancements as graphics and music or sound effects. Remember, though, that regardless of versatility or complexity these programs are at least intended to be much easier both to learn and to use than a regular computer language.

The best known and one of the most versatile of these authoring languages is Pilot. Developed at UCLA in the early 1970s by John Starkweather, Pilot spread both widely and rapidly. It is available now in implementations for almost all the popular microcomputers. The version called Common Pilot is intended as a sort of standard and least common denominator. Those intended for individual computers usually include special commands to access the unique features of those machines.

Advantages

1) It is possible to learn enough about Pilot to begin writing creditable programs in almost no time at all. The basic language includes just eight fundamental commands, and to help your memory these can be arranged to form the acronym "TAMJUCER." (We pronounce it "Tam-juicer," despite the evocation of the image of a Scotsman's cap.) (See figure 5-2)

```
The 8 PILOT commands are these:

T -- TYPE

A -- ACCEPT

M -- MATCH

J -- JUMP

U -- USE

E -- END

C -- COMPUTE

R -- REMARK

Don't try to memorize them now.

READY?■
```

FIGURE 5-2
E-Z Pilot Commands by Earl Keyser.

T: Type, equivalent to PRINT.

A: Accept, accepts input from the keyboard.

M: Match, specifies which keyboard input will be accepted as "true."

J: Jump, shifts the sequence of command execution to a named subroutine.

U: Use, also shifts the sequence of execution. It differs from J: in that following the subroutine execution doesn't just continue but returns to the next command following the U: which called the subroutine in the first place. U: "remembers" where it was called from and returns there; J: doesn't.

C: Compute, does arithmetic and assigns values to variables.

E: End, ends a subroutine called by U: or an entire program.

R: Remark, allows remarks which will not be executed but will clarify the program listing.

2) Just as Pascal and Logo were designed to encourage structured programming techniques, Pilot was designed to encourage the writing of lesson materials. This was a language designed to help novices create programs which would be immediately usable, and it works (See figure 5-3).

3) Just as Pilot is easy for inexperienced teachers to use, so is it easy for inexperienced students. It is usually true that students will learn more from writing a lesson than from taking one created

```
A is the Accept or Answer statement.
When PILOT sees this -- A:
It will accept an answer
and will even remember the answer
if you give it a name for the
answer beginning with a dollar sign.
Like this - A:$AGE
Pilot will remember this, and
whatever the student types may be
stored and referred to in a future
T statement by printing it out.
Like this -
Hello, FRAN!  <-- I remembered!
READY?■
```

FIGURE 5-3
E-Z Pilot Commands by Earl Keyser.

by someone else. This is a potentially valuable use of authoring languages which is too often overlooked.

Disadvantages

1) Compared to a regular language, Pilot is relatively inflexible. It's not much harder to learn BASIC than to learn Pilot, and if you do you'll have a much more flexible tool in hand.
2) Where Pascal and Logo encourage good programming habits, Pilot encourages bad ones. This is true in two respects. In general terms, while Pilot does permit use of subroutines, it leads the user toward a highly linear programming style. In pedagogical terms, Pilot leads the user to create the most trivial kind of educational programs: garden variety drill and tutorial. If the effect of this practice were just to elicit a "Ho Hum Yawn" from the students, then it wouldn't be too bad. However, to impress students with the notion that knowledge and understanding must be broken into tiny bits and pursued in rigidly linear fashion is potentially very damaging indeed.
3) With all microcomputers, you must buy additional software to use Pilot, and with some you might need to buy additional hardware as well. For example, to create lessons with the version

of Pilot distributed by Apple Computer, you must have two disk drives. (To be fair, you need only one drive to run the lessons, and with some other versions of Pilot available for Apple you need only one even to create them.)

Sample program

```
T:Hello
T:Please give me a number.
A:#A
T:Please give me another number.
A:#B
C:S=A+B
T:The sum of your numbers is #S.
```

Concluding Remarks

It has been remarked often that English teachers make surprisingly good computer programmers. This is no accident. Most of the skills required for successful programming are the same skills required for successful writing and analysis of literature.

The implications of this for the language arts teacher are two-fold. First, we should not be put off by anxiety about dealing with an exotic technological wonder. We already possess most of the skills of the successful programmer. What we must add is mostly a new vocabulary and a new set of syntactic rules. That can hardly be much of a hurdle for a language arts teacher, and the rewards for passing it are clearly substantial.

Second, in encouraging our students to learn one or more programming languages, we are in no way abandoning our traditional responsibilities. We are still teaching reading and we are still teaching writing. We are merely reinforcing these tasks by reducing them to a fundamental level and studying their application to a far simpler language than English.

The question of which language this should be is admittedly somewhat vexed. Because of the incalculable effect the user's first computer language has on his patterns of thinking, we would recommend very strongly that the first language be one which is highly structured. Either Pascal or Logo would accomplish the purpose we have in mind. Before long Smalltalk should be available too, and that would make a good candidate as well.

The ability of BASIC to grow with the times, its ubiquitousness, its handiness for short on-the-spot programs, and, not least, its inexpensiveness mean that it cannot be ignored. Having just convinced you to learn one language (we hope!), we are turning right around and urging you to learn another. It may seem on the face of it that we are asking a lot. Let's be honest, though. If you have mastered one language, you can add another fairly easily because of the overlapping concepts. BASIC is not that hard to get a handle on.

What about an authoring system like Pilot, *ZES, Genius,* or one of the others? We believe that this should definitely come third. If you go with a fairly simple program of this type, you will be yielding your creativity and pedagogical principles to the writer of the program. On the other hand, if you go with a really versatile program, you will end up investing just as much time and energy mastering it as you would if you had opted for a regular language. The programs are worth using because they provide convenient shortcuts. However, we do not believe that they are a good choice for your first or even your second computer language.

In conclusion, let us remind you that the ultimate end in mastering any of these languages is not just that you can use it but that you can encourage your students to use it as well. If a student learns a lot from using a program which covers any given content, he will learn several times more from preparing a program to teach that content. He will learn equally as much, though in a different way, if he writes a program that teaches nothing at all. Remember that the key is that we want our students to be programmers rather than programmed.

Suggested Activities

Anyone who can read a map, bake a cake, or drive an automobile can write a simple computer program. We have taught computer awareness to young people from grade four on up, and we have yet to find a class that took longer than about thirty minutes to begin writing programs to make the computer do interesting if not profound tricks. Papert, Abelson, and others tell of success with children even younger than this. If they can do it, then there's no reason why language arts teachers can't also. Here are some hints on teaching yourself to program.

1) Get comfortable with the machine. The best approach is to play with it (when no one else is around if you're self-conscious). If the machine is hooked together properly and has an unimportant disk in the drive, then nothing you do at the keyboard can hurt the computer. So type away to your heart's content, trying various combinations of words, numbers, and other keys. It's really the best way to get over that inevitable initial uneasiness. If worse comes to worst and the machine "hangs up" (refuses either to do anything new or to quit what it's already doing), you can always just turn it off and start over again. No harm will have been done.

2) Study one or more of the many "how-to-do-it" aids available. These include books, filmstrips, cassettes, and computer programs. (Interesting thought: the computer teaches the human how to teach the computer!) Check the local bookshelves, the computer magazines, the manual that comes with your machine, and other resources.

3) Once you have learned the rudiments, start walking your way through published or listable programs written by others. We found it was fun to type in the programs from a book like David Ahl's *BASIC Computer Games,* trying to understand what each line did as it was entered. (This is not always easy, so don't get discouraged; early programmers weren't always so clear about what they were up to.) The advantage of this approach is that you can reward yourself by playing the game you typed in.

4) Next, try to modify programs written by others, changing little things as you experiment. Our first efforts in this regard were to substitute low resolution graphics for some of the all-text routines in the programs in Ahl's book. You might start instead by implementing some of the modifications suggested for the programs printed in this book. Incidentally, these programs and others have been typed for you and are available on a disk for the Apple II computer. The versions found there include many enhancements not to be seen in the book (like color graphics, sound effects, and disk access), but they are still accessible for experimentation and modification.

5) Write your own program. If you never get beyond stage four, you will still have learned more about the principles of programming than you could ever obtain from a mere theoretical discussion in a book, but we do hope you will write programs of your own. It will make you a better teacher, of course, but the main thing is that it will give you a lot of fun.

6) Now, to use computer terminology, we would like you to *loop* right back through the five steps, this time taking your students with you.

SAMPLE PROGRAMS FOR DO-IT-YOURSELFERS

6

The next three chapters include a variety of sample programs. To use them, you need only to type them into your computer. They are useful programs, but they are relatively simple, too. They were chosen, not for their fire power, but for their capacity to demonstrate a few of the applications for which the computer is suited. That being so, they are of the "plain vanilla" type and are not intended to compete with the kinds of commercial software discussed in earlier chapters. They were kept deliberately simple in hopes of inspiring ordinary teachers to try their own hands at creating original programs.

Programming Style

The programming style we adopted for these samples was selected with several specific ends in mind.

1) *Comprehensibility.* We wanted to make it easy even for computer novices to see how our programs are organized and according to what principles their various parts are related. We felt that this would make it easier for those who might wish either to modify our programs or to apply our principles in writing their own.

2) *Portability.* This was the most painful decision of all. Instead of taking full advantage of the features available on any one machine, we chose to design our programs so as to be usable on as many different machines as possible. Of course the price of such portability was loss of the kind of pizazz accessible through sound effects and high resolution graphics.

3) *Structure.* What is called *linear* programming blasts straight through a project, from step A to B to C to the end. If minor tasks must be repeated, the instructions for carrying them out are duplicated in full each time they are needed. If major portions of the program must either be skipped or repeated, then the sequence of execution is shifted accordingly through GOTO instructions.

Structured programming takes a quite different approach. The overall project is analyzed into a series of separate parts or tasks, and each of these is written up as a more or less self-contained module. The program begins with what might be called the "master control module" (with apologies to Tron!), and this in turn calls up the various subordinate modules when it needs specific tasks completed. Depending on the complexity of the project, these modules may call up still more subordinate modules, which may in turn. . . . You can see how it goes.

We selected the structured approach for a variety of reasons. To start with, it is the easiest to understand when anyone other than the original programmer is looking at the finished product. More importantly, though, we believe that studying and teaching it will reinforce at least four of the central objectives of language arts instruction:

a) The systematic, analytical approach to problem solving.

b) The structured, top-down approach to the analysis of literature—creative as well as expository.

c) The structured, tightly organized approach to the student's own writing.

d) The aesthetic appreciation of a dynamically balanced architectonic structure, whether it be found in a computer program, an expository essay, or a work of creative literature.

These, then, are the principles we followed and the reasons we adopted them.

Potential Drawbacks

Unfortunately, in addition to the virtues which attracted us, each of these principles is marked also by at least one drawback worth noting. For the most part, the drawbacks are associated with one of the areas: They are prodigally wasteful of memory, and they are at least potentially sluggish in execution.

We mention the latter more as a warning for the future, in case you decide to apply our principles elsewhere, than as a present difficulty. Linear programming takes up more space, but because of the way computers work, it often executes more quickly than its shorter structured counterpart. Nevertheless, we have run every program in this book any number of times, and from the user's point of view the speed of execution has seemed almost instantaneous.

The matter of space might be of legitimate concern, though, especially if your machine has only 16K of RAM. For that reason, we would like to suggest some ways that you might conserve memory. As always, these techniques will apply to other published programs that you might find in books or magazines as well as to ours.

1) *REM Statements.* The only purpose of a REM (REMARK) statement is to make a program listing more comprehensible. By deleting some or all of these statements, you can save a lot of space in a hurry. Be careful, though! Good programmers will ordinarily not reference a GOTO or GOSUB instruction to a REM statement. However, risky though it might be, we have deliberately violated this rule in the present book in order to make our listings clearer and more easily understood. While this is not standard practice, you must assume that other published programs might do the same and must consequently stay on guard.

Before you delete the REM statements, check every GOTO and GOSUB in the program. If you find one which references a REM statement, then you must change the reference to the next actual instruction before deleting the REM. If you send a GOTO or GOSUB to a non-existent line number, the program will crash and give you an error message.

Perhaps an example will clarify what we mean. Most of our programs will include a sequence like this:

```
.
.
.
200   GOSUB 2000
.
.
```

```
.
2000  REM
2010  REM TITLE PAGE
2020  REM
2030  HOME
.
.
.
```

The GOSUB in line 200 references the REM statement in line 2000. The first actual instruction in that section is the HOME in line 2030. Thus, to save space, you should first change line 200 to read GOSUB 2030. Then you can safely remove the REMs in lines 2000–2020, because they are no longer needed.

2) *Multiple Statements.* In our listings, every line contains just one statement, or instruction, to the computer. However, most machines will permit the use of multiple statements on a single numbered line. The Microsoft convention for doing so is to separate the statements with a colon. Thus, each of the following sequences is equivalent in meaning:

```
150  HOME
160  VTAB 6
170  PRINT "HELLO"
```

or

```
150  HOME: VTAB 6: PRINT "HELLO"
```

The latter will save space (since there are fewer bytes to store in memory and since the program has fewer line numbers to keep track of), and will execute faster.

Be cautious, however. Different kinds of BASIC will handle conditional statements (IF X THEN Y) differently. If the condition is not true, some kinds of BASIC will ignore every other statement in that line and jump immediately to the next. Others will skip only the THEN part of the conditional statement and jump to the next statement in the same line. This can obviously make a big difference, so check the manual for your machine before using multiple statements in a line containing an IF/THEN test.

3) *Disk Access.* Use of the disk drive involves more specialized and more advanced techniques than can be covered in the present discussion. Nevertheless, it is worth noting here that instead of building certain segments into a main program, eating up precious memory, you can maintain them as files (sequences of instructions or of data) on a floppy disk. If that segment is needed, it can be called from the disk instead of from main memory, used, and then erased. Its place can then be taken by the next necessary module.

The main candidates for such treatment are title pages, long sets of instructions, graphics enhancements, and—particularly—alternate sets of data statements. Techniques for accessing a disk vary widely from computer to computer, and they are beyond the scope of this book. Still, these techniques can save memory, so we thought they were worth mentioning for those who are adventurous and willing to learn.

Mix and Match

Enough of the preliminaries, though. It's time now to look at the first of our programs. *Mix and Match* is a relatively simple program which drills the student on material already learned. It's not very sophisticated, but it is versatile and, if combined with additional instruction, can be used to reinforce learning in a variety of subjects.

Program structure

The main structure of the program is easy to follow.

Lines	Comments
0100–0800	This is the main program, consisting of calls to subroutines plus descriptive remarks.
2000–2190	Subroutine to display the title page.
3000–3650	Subroutine to print instructions.
4000–4120	Subroutine to initialize single variables and to dimension and fill arrays.
5000–5190	Subroutine to select and print the items to be answered.
6000–6270	Subroutine to respond to the student's answer.
7000–7280	Subroutine to display and comment on the final score. It includes the option for beginning another round.
8000–8230	Data statements.

Variables

Symbol	Content
A$	String array holding correct answers.
C	Holds the counting number generated by the RND function.
E$	String array holding the exercise examples.
N$	String variable representing the student's name.
NE	Represents the number of examples the student elects to attempt.
R$	String variable holding the student's response to various questions.
T	Represents the student's total score.
U	Numeric array for keeping track of which items have been used.

Techniques

If technical descriptions make sense to you, then you will wish to note that the program functions by filling parallel one-dimensional arrays (E$ and A$) with matched pairs of one hundred examples and their proper answers. It then employs the RND function to select items from those arrays at random, using still another array (U) to keep track of which items have been used.

Two features of the program are worth observing. First, the LEFT$ function (line 6040) is used to save the student some typing, allowing him to use just the first three letters in responding. Up to a point, learning is of course reinforced by typing the entire answer. However, it doesn't take long for fatigue and resentment to bring diminishing returns. While it might not be called LEFT$, most types of BASIC will include provision for "slicing" out a portion of a string this way.

Second, the treatment of the score may not be obvious. If the student gets a question right on the first try, the score is incremented by an amount equal to 100 divided by the number of items the student has elected to attempt (line 6050). If the student gets the question on the second try, the score is incremented by half that amount (line 6190). Finally, the score is rounded off before being reported (line 7110). The result of this treatment is that the student's score is always reported as a whole number between 0 and 100, and it is easy to keep track of whatever progress has been made.

Content

The basic program matrix can be used for any number of purposes. For example, the student might be asked to tell whether a word is spelled correctly, to give the author of a work, or to name the work in which a character appears. To change the function, you would not need to retype the entire program. You would need only to alter the data statements (remembering to alternate a question and its answer throughout) and perhaps to change a few lines in the instructions. Then you could resave the program under a different name and have both the old and the new versions available for use.

A few remarks on the principles we followed might be of use to you in setting up your own data statements. We elected to work with parts of speech because grammar is the sort of material whose learning can be aided by drill and repetition. We tried to give more space to the more important parts of speech, but in doing so we made sure to include a number of not-so-obvious examples. Finally, we tried to include some words whose meaning would be unfamiliar but whose part of speech should be obvious from structural clues—like an "ly" or "ous" ending. The reason was that we wished to emphasize principles of analysis rather than mere memorization of words.

The process by which we arrived at this content should also be of interest. Instead of just using a standard word list, we wanted to come up with our own examples. We could easily have done this ourselves. However, since we believe that the greatest learning occurs when students create programs rather than just use them, we decided to ask our own classes to help with the project. In asking them to make sure to include as many structural clues as possible and in helping them to see the ambiguities in their lists, we ended up with quite a useful lesson. This is a technique we would definitely recommend.

Program listing

```
]LIST

100  REM       PARTS OF SPEECH
110  REM               BY
120  REM   W. DICKSON & M. RAYMOND
130  REM
140  DIM E$(100),A$(100),U(100)
150 T = 0
```

```
200  REM   DISPLAY TITLE PAGE
210  GOSUB 2000
300  REM   DISPLAY INSTRUCTIONS
310  GOSUB 3000
400  REM   INITIALIZE
410  GOSUB 4000
500  REM   SELECT ITEM
510  GOSUB 5000
700  REM   DISPLAY FINAL SCORE
710  GOSUB 7000
800  END
2000  REM
2010  REM   TITLE PAGE
2020  REM
2030  HOME
2040  PRINT "  ++++++++++++++++++++++++++++
2050  PRINT "  +                          +
2060  PRINT "  +   LANGUAGE ARTS EX. A    +
2070  PRINT "  +                          +
2080  PRINT "  +       MIX AND MATCH      +
2090  PRINT "  +                          +
2100  PRINT "  +            BY            +
2110  PRINT "  +                          +
2120  PRINT "  + W. DICKSON & M. RAYMOND  +
2130  PRINT "  +                          +
2140  PRINT "  +          7/28/82         +
2150  PRINT "  +                          +"
2160  PRINT "  ++++++++++++++++++++++++++++"
2170  FOR I = 1 TO 4000
2180  NEXT I
2190  RETURN
3000  REM
3010  REM   INSTRUCTIONS
3020  REM
3030  HOME
3040  PRINT "WELCOME TO 'MIX AND MATCH.'"
3050  PRINT
3060  PRINT "PLEASE TYPE IN YOUR NAME"
3070  PRINT "AND HIT 'RETURN.'"
3080  PRINT
3090  INPUT N$
3100  HOME
3110  PRINT "THANKS, ";N$;"."
3120  PRINT
3130  PRINT "DO YOU NEED INSTRUCTIONS?"
3140  PRINT
3150  INPUT R$
3160  IF  LEFT$ (R$,1) = "N" THEN  GOTO 3560
3170  PRINT
3180  PRINT "THE OBJECT OF THIS EXERCISE"
3190  PRINT "IS TO GIVE YOU PRACTICE"
3200  PRINT "IDENTIFYING"
3210  PRINT "PARTS OF SPEECH."
3220  PRINT
3230  PRINT "THE COMPUTER WILL FLASH A WORD"
3240  PRINT "ON THE SCREEN, AND YOU WILL BE"
3250  PRINT "ASKED TO TYPE IN ITS PART OF"
```

```
3260  PRINT "SPEECH."
3270  PRINT
3280  PRINT
3290  PRINT "HIT 'RETURN' TO CONTINUE."
3300  INPUT R$
3310  HOME
3320  PRINT "IF YOU WANT PRACTICE,"
3330  PRINT "YOU CAN TYPE IN THE"
3340  PRINT "COMPLETE NAME OF THE"
3350  PRINT "PART OF SPEECH.  IF"
3360  PRINT "YOU ARE IN A HURRY,"
3370  PRINT "YOU CAN TYPE IN JUST"
3380  PRINT "THE FIRST THREE LETTERS."
3390  PRINT
3400  PRINT "FOR EXAMPLE, IF THE"
3410  PRINT "WORD FLASHED WAS"
3420  PRINT "'FOOTBALL,' YOU COULD"
3430  PRINT "TYPE EITHER 'NOUN'"
3440  PRINT "OR JUST 'NOU.'"
3450  PRINT
3460  PRINT "IN EITHER CASE YOU WOULD"
3470  PRINT "THEN HIT 'RETURN.'"
3480  PRINT
3490  PRINT "HIT 'RETURN' TO CONTINUE."
3500  INPUT R$
3510  HOME
3520  PRINT "IF YOU HAVEN'T FOUND THE"
3530  PRINT "RIGHT ANSWER IN TWO TRIES,"
3540  PRINT "THEN THE COMPUTER WILL"
3550  PRINT "SUPPLY IT FOR YOU."
3560  PRINT
3570  PRINT "OK, ARE YOU READY TO"
3580  PRINT "START, ";N$;"?"
3590  PRINT
3600  PRINT "IF SO, ENTER THE NUMBER OF"
3610  PRINT "EXAMPLES YOU WOULD LIKE TO"
3620  PRINT "TRY, AND LET'S GO!"
3630  PRINT
3640  INPUT NE
3650  RETURN
4000  REM
4010  REM   INITIALIZE
4020  REM
4070  FOR I = 1 TO 100
4080  READ E$(I)
4090  READ A$(I)
4100 U(I) = 0
4110  NEXT I
4120  RETURN
5000  REM
5010  REM  SELECT ITEMS
5020  REM
5030 L = 0
5032 L = L + 1
5034  IF L = NE + 1 THEN  RETURN
5040 C =  INT ( RND (1) * 100) + 1
5050  IF U(C) = 1 THEN  GOTO 5040
```

```
5060 U(C) = 1
5070  HOME
5080  PRINT
5090  PRINT "EXAMPLE # ";L;" IS '";E$(C);".'"
5100  PRINT
5110  PRINT
5120  PRINT "ITS PART OF SPEECH IS . . ."
5130  PRINT
5140  INPUT R$
5150  IF R$ = "" THEN  GOTO 5140
5160  GOSUB 6000
5170  GOTO 5032
5180  NEXT I
5190  RETURN
6000  REM
6010  REM   RESPOND TO ANSWER
6020  REM
6030  HOME
6040  IF  LEFT$ (R$,3) <  > LEFT$ (A$(C),3) THEN  GOTO
     6100
6050  PRINT "      CORRECT!"
6060 T = T + (100 / NE)
6070  FOR J = 1 TO 2500
6080  NEXT J
6090  RETURN
6100  PRINT "PLEASE TRY AGAIN. . ."
6110  PRINT
6120  PRINT "THE WORD IS '";E$(C);".'"
6130  PRINT
6140  INPUT R$
6150  PRINT
6160  PRINT
6170  IF  LEFT$ (R$,3) <  > LEFT$ (A$(C),3) THEN  GOTO
     6230
6180  PRINT "GOT IT THAT TIME!"
6190 T = T + ((100 / NE) / 2)
6200  FOR J = 1 TO 2500
6210  NEXT J
6220  RETURN
6230  PRINT "NO, THE CORRECT ANSWER IS"
6240  PRINT A$(C);"."
6250  FOR J = 1 TO 2500
6260  NEXT J
6270  RETURN
7000  REM
7010  REM   DISPLAY SCORE
7020  REM
7030  HOME
7040  IF T > 89 THEN  PRINT "CONGRATULATIONS, ";N$;"!"

7050  IF T > 69 AND T < 90 THEN  PRINT "NOT BAD, ";N$;
     "!"
7060  IF T > 49 AND T < 70 THEN  PRINT "PERHAPS YOU NE
     ED TO BE MORE"
7070  IF T > 49 AND T < 70 THEN  PRINT "CAREFUL, ";N$;
     "."
```

```
7080  IF T < 50 THEN  PRINT "PERHAPS YOU NEED MORE STU
    DY"
7090  IF T < 50 THEN  PRINT "ON THIS SUBJECT, ";N$;"."
7100  PRINT
7110 T =  INT (T + .49)
7120  PRINT "YOUR SCORE IS ";T;"."
7130  PRINT
7140  PRINT
7150  PRINT "WOULD YOU LIKE TO TRY MORE"
7160  PRINT "EXAMPLES (Y/N)?"
7170  INPUT R$
7180  IF  LEFT$ (R$,1) = "N" THEN  GOTO 7240
7190  PRINT
7200  PRINT "OK, HOW MANY?"
7210  INPUT NE
7220 T = 0
7230  GOTO 500
7240  PRINT
7250  PRINT
7260  PRINT "OK, ";N$;"."
7270  PRINT "HOPE YOU ENJOYED THE EXERCISE."
7280  END
8000  REM
8010  REM   DATA STATEMENTS
8020  REM
8030  DATA   "THERE","ADVERB","HERE","ADVERB","ONE","P
    RONOUN","MYSELF","PRONOUN"
8040  DATA  "DEIFY","VERB","IRK","VERB","ABACUS","NOUN
    ","ZINC","NOUN","AMIDST","PREPOSITION"
8050  DATA  "DURING","PREPOSITION","CONTEMPLATIVE","AD
    JECTIVE","WOW","INTERJECTION","AND","CONJUNCTION"
    ,"OR","CONJUNCTION"
8060  DATA  "IMAGINE","VERB","SOMEBODY","PRONOUN","ANG
    RILY","ADVERB","CONDEMN","VERB","ALIMONY","NOUN"
8070  DATA  "ZIPPER","NOUN","ADVENTUROUS","ADJECTIVE",
    "UNDERNEATH","PREPOSITION","DILIGENT","ADJECTIVE"
8080  DATA  "HARDLY","ADVERB","OTHERS","PRONOUN","MAIN
    TAIN","VERB","DISPENSE","VERB","HMMPF","INTERJECT
    ION"
8090  DATA  "ZOWIE","INTERJECTION","NOR","CONJUNCTION"
    ,"BUT","CONJUNCTION","PARTICIPATE","VERB","NEGATE
    ","VERB"
9000  DATA  "CRAFTILY","ADVERB","WHO","PRONOUN","ELECT
    ROCUTE","VERB","SMUGGLE","VERB","SO","CONJUNCTION
    ","OUCH","INTERJECTION"
9010  DATA  "GEE","INTERJECTION","HA","INTERJECTION","
    TSK","INTERJECTION","HYPOTHESIS","NOUN","CANADA",
    "NOUN"
9020  DATA  "ARGUMENTATIVE","ADJECTIVE","AMONG","PREPO
    SITION","INSIDE","PREPOSITION","GERANIUM","NOUN",
    "CRANIUM","NOUN"
9030  DATA  "NOW","ADVERB","SOON","ADVERB","ME","PRONO
    UN","HIS","PRONOUN","OUTRUN","VERB"
9040  DATA  "TODAY","ADVERB","NOT","ADVERB","YOU","PRO
    NOUN","I","PRONOUN","PILLAGE","VERB"
```

```
9050  DATA  "EXPURGATE","VERB","EXPLORE","VERB","BULBO
     US","ADJECTIVE","RESPLENDENT","ADJECTIVE","PROSAI
     C","ADJECTIVE"
9060  DATA  "MODERN","ADJECTIVE","SYMPATHETIC","ADJECT
     IVE","LAX","ADJECTIVE","TWO-WAY","ADJECTIVE","THR
     OUGH","PREPOSITION"
9070  DATA  "LAWYER","NOUN","APRIL","NOUN","SHERIFF","
     NOUN","ANXIOUS","ADJECTIVE","GREEDY","ADJECTIVE",
     "ANDROGYNOUS","ADJECTIVE"
9080  DATA  "ALONGSIDE","PREPOSITION","IN","PREPOSITIO
     N","ADVANTAGIOUSLY","ADVERB","THEN","ADVERB","THE
     Y","PRONOUN"
9090  DATA  "WE","PRONOUN","TELEVISE","VERB","ACHIEVE"
     ,"VERB","VOCALIZE","VERB","WRITE","VERB"
9100  DATA    "TO","PREPOSITION","UP","PREPOSITION","I
     NDICATIVE","ADJECTIVE","MASSIVE","ADJECTIVE","TUB
     ULAR","ADJECTIVE"
9110  DATA    "TEDIUM","NOUN","UNIVERSITY","NOUN","GRO
     UCHINESS","NOUN","PISTOL","NOUN"
9120  DATA   "THEOREM","NOUN","DERANGEMENT","NOUN","AD
     MONITION","NOUN"
9130  DATA  "OH","INTERJECTION","UGH","INTERJECTION","
     FLIPPER","NOUN"
```

Sample run

```
]RUN
 ++++++++++++++++++++++++++++
 +                          +
 +   LANGUAGE ARTS EX. A    +
 +                          +
 +      MIX AND MATCH       +
 +                          +
 +            BY            +
 +                          +
 + W. DICKSON & M. RAYMOND  +
 +                          +
 +          7/28/82         +
 +                          +
 ++++++++++++++++++++++++++++
WELCOME TO 'MIX AND MATCH.'

PLEASE TYPE IN YOUR NAME
AND HIT 'RETURN.'

?MARSHA
THANKS, MARSHA.

DO YOU NEED INSTRUCTIONS?

?N

OK, ARE YOU READY TO
START, MARSHA?
```

```
IF SO, ENTER THE NUMBER OF
EXAMPLES YOU WOULD LIKE TO
TRY, AND LET'S GO!

?1

EXAMPLE # 1 IS 'GROUCHINESS.'


ITS PART OF SPEECH IS . . .

?NOU
     CORRECT!
CONGRATULATIONS, MARSHA!

YOUR SCORE IS 100.


WOULD YOU LIKE TO TRY MORE
EXAMPLES (Y/N)?
?N


OK, MARSHA.
HOPE YOU ENJOYED THE EXERCISE.
```

Scramble

This program serves two main purposes. First, it gives students a pleasurable way to test their awareness of essential information. Second, it teaches them the correct spelling of the names, titles, or terms that are used in the data statements.

In the example, we have used the selected names of prominent American authors. If students wondered which authors would be covered on a test, for example, this would be a good way of showing them. First, they would play the game as often as necessary to see every name in the list. (With 50 names, that would be five times.) Next, if the students found a name that wasn't familiar, they could look it up. The ideal might be to play the game often enough and on enough separate occasions to spell every name right every time it came up. We can testify from having played the game repeatedly ourselves during the debugging process that you need not do that for very long before you will have the list memorized.

Additional possibilities for the data statements are easy to think of. At the elementary level, the teacher might use the program to practice spelling lists or spelling rules. The reading teacher might work on pattern recognition or speed of visualization. The literature teacher could teach the titles of works, the names of authors or characters, or the spelling and awareness of literary terms.

Program structure

Lines	Comments
0010–0610	Main program, consisting of calls to subroutines plus explanatory remarks.
1000–1170	Commands creating the title page display.
2000–2990	Instructions—including a subroutine from 2700–2970 for choosing the level of difficulty.
3000–3090	Initialization of variables.
4000–4340	Selection and display of the questions.
5000–5970	Report of score plus request for another round.
6000–6090	Analysis of student's answers.
7000–8870	Variety of responses to student's answer, depending on his accuracy and number of guesses.
9000–9190	Data statements, consisting of matched pairs of names, correct spelling followed by scrambled.

This is a fairly complicated program, but the branching tree diagram (figure 6-1) should help to make clear the interrelationship among its parts.

Variables

Symbol	Content
A$	String variable holding the student's anwer to the request for correct spelling of the scrambled word.
C	Numeric variable holding the count of the number of guesses the student has made.
C$	String array holding the correct spelling of the items.
D	Numeric variables representing the number of times the delay loops will be executed.
E	Numeric variable holding the example number being considered.

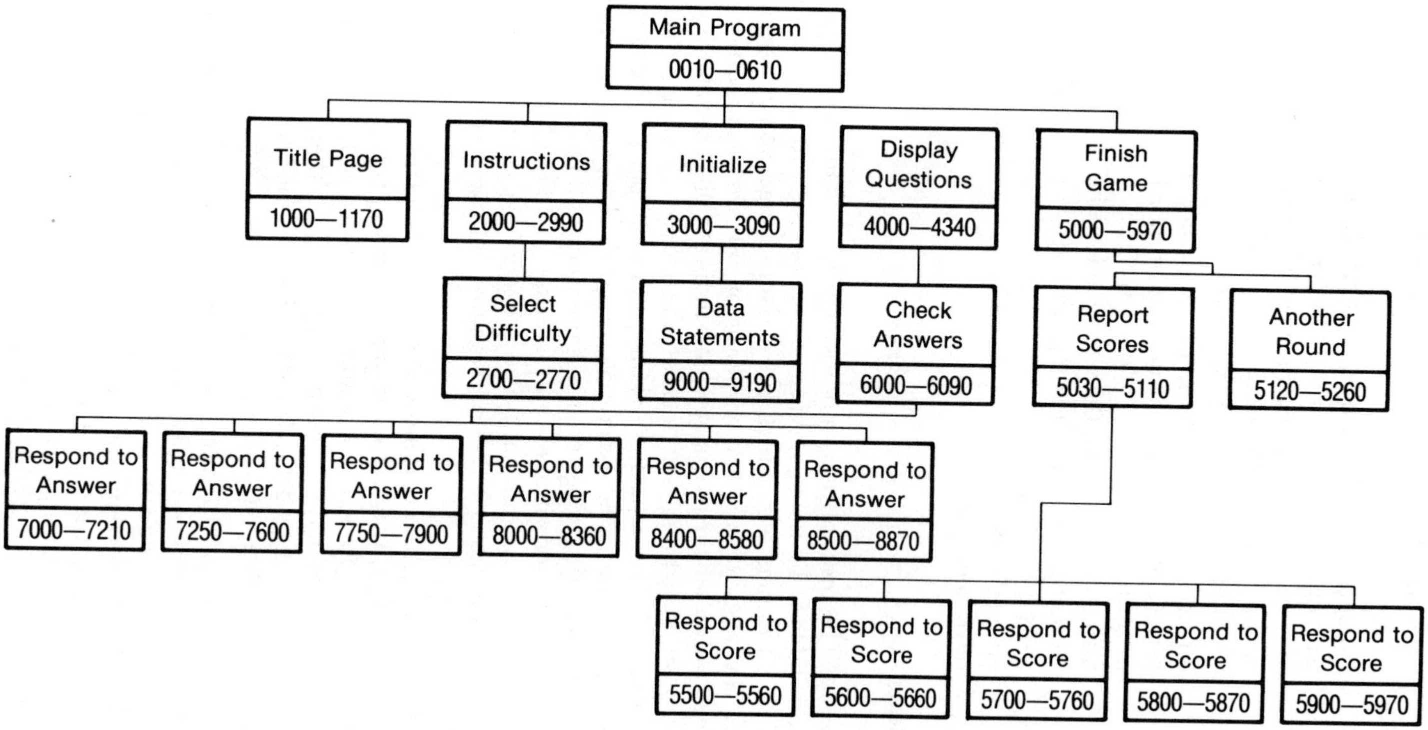

FIGURE 6-1
Program Structure for Scrambled Words by W. Dickson & M. Raymond

I	Numeric variable used in FOR/NEXT loops.
J	Numeric variable used in FOR/NEXT loops.
N$	String variable holding the student's name.
NG$	String variable holding the student's response to whether he wishes to play another game.
R$	String variable holding the student's response to a variety of questions—usually as to whether he is ready to continue.
S$	String array holding the scrambled spelling of the items.
T	Numeric variable holding the student's cumulative score.
U	Numeric array used for keeping track of which items have been used.

Modifications

1) *Content.* The most obvious modification is to change the words to be scrambled. To do so requires either one or two changes in the program, depending on the nature of the changes you envision.

If you wish to keep the emphasis on 50 American authors, you need only alter the data statements in line 9000 and following. In doing so, you must first include the correct spelling of the name, then the scrambled, working always in pairs. The total number of pairs must be exactly 50, but with two exceptions the number you include on a given line is unimportant. One exception is that your computer will allow only a certain number of characters in each line. (255 is common.) The other is that common sense suggests that the longer a line is, the more difficult it is to change or correct later on.

If you change the emphasis of the program from authors to some other subject, you will want to alter the appropriate lines in the instructions. The student would be confused if he were told to look for "prominent American authors" and then given the scrambled letters "BUCKLEHERRY NINF" (Huckleberry Finn) to interpret. Check in particular lines 2220, 2230, 2420, and 2480.

2) *Number of Examples.* If you change the number of examples you wish to include, then you must also include additional alterations.

You must change the number of times the program loops through the READ commands in lines 3040 and 3050. You can do this by changing the numeral "50" in line 3030 to correspond to the number of examples you have used. If you fail to do this, either you will get an "OUT OF DATA" error or you will fail to read all your examples when you run the program. You must make the same change in the random number generator (line 4080). Failure to do this will result in a "BAD SUBSCRIPT" error.

You might also wish to change the DIM statement in line 50. If you use more than 50 examples, you *must* do this. If you use fewer than 50, it is not strictly necessary, but it will save space in your computer memory. (The computer reserves memory for all the items that are dimensioned, whether they are used or not.)

3) *Decoding Time.* Depending on the level of your students and the difficulty of your content material, you might wish to alter the length of time the scrambled words are displayed before the student is forced to respond.

If you wish to alter the initial display, do so by changing the values assigned to variable D ("Delay") in lines 2930 through 2970. Relatively speaking, the larger the number you assign, the longer the item will be displayed. The exact increment will vary, depending on your brand of computer, so you will just have to experiment to find what feels right.

If you wish to alter the amount of time the item is displayed for a second or third guess, you will need to modify lines 7500–8270. The technique is to change the number of times the program executes the delay loop in lines 7500–7510 and 8270–8280. To keep the distinction among levels of difficulty, you will want to index your changes (as in the original) as a fraction or multiple of D.

4) *Second or Third Guesses.* If you wish for the student to have two chances or only one, that is easy to accomplish.

To allow two chances, delete lines 6070 and 6080, and change the destination of the GOSUB in line 6660 from 8000 to 8600.

To allow only one chance, delete lines 6050 and 6060 as well. In addition, change the destination of the GOSUB in line 6040 from 7250 to 8600. Having done so, you will probably wish also to delete the word "still" in the print command in line 8630.

If you make these changes, you can also remove the subroutines you will no longer be using. Thus, if you allow two chances, you can delete lines 8000–8580. If you allow only one chance, you can delete 7250 through 7900 as well. If you leave those lines in, they won't be executed, but they will take up space you might want for some other purpose.

5) *Changing Standards.* One last change you might wish to consider concerns the reponse to a given score achieved by a student.

If you wish to change the definition of what constitutes a very high or very low score, do so by altering the *parameters* in lines 5070 through 5110. (Remember that variable *T* represents the student's total score at the end of the game.)

If you wish to change the message printed in response to a given score, do so by altering the print statements in lines 5520–5550, 5620–5650, 5720–5750, 5820–5860, and 5920–5960.

Program listing

```
]LIST

10  REM        SCRAMBLED WORDS
20  REM              BY
30  REM   W. DICKSON & M. RAYMOND
40  REM           8/16/82
50  DIM C$(50),S$(50),U(50)
100  GOSUB 1000
110  REM   TITLE PAGE
200  GOSUB 2000
210  REM   INSTRUCTIONS
300  GOSUB 3000
310  REM   INITIALIZE
400  GOSUB 4000
410  REM   ASK QUESTIONS
500  GOSUB 5000
510  REM   REPORT SCORE
600  END
610  REM   ANOTHER ROUND?
737  PRINT "      '"; LEFT$ (C$(E),1);".'"
1000  REM
1010  REM   TITLE PAGE
1020  REM
1030  HOME
1040  PRINT "  ++++++++++++++++++++++++++++"
1050  PRINT "  +                          +"
1060  PRINT "  +     SCRAMBLED NAMES      +"
1070  PRINT "  +                          +"
1080  PRINT "  +            BY            +"
1090  PRINT "  +                          +"
1100  PRINT "  +  W. DICKSON & M. RAYMOND +"
1110  PRINT "  +                          +"
1120  PRINT "  +          8/16/82         +"
1130  PRINT "  +                          +"
1140  PRINT "  ++++++++++++++++++++++++++++"
1150  FOR I = 1 TO 3000
1160  NEXT I
1170  RETURN
2000  REM
2010  REM   INSTRUCTIONS
2020  REM
2030  HOME
2040  PRINT "   WELCOME TO SCRAMBLED NAMES"
2050  PRINT
2060  PRINT
2070  PRINT "PLEASE TYPE IN YOUR NAME"
2080  PRINT "AND HIT 'RETURN.'"
2090  PRINT
```

```
2100  INPUT N$
2110  PRINT
2120  PRINT "THANKS, ";N$;"."
2130  PRINT "DO YOU NEED INSTRUCTIONS?"
2140  PRINT
2150  INPUT R$
2160  IF  LEFT$ (R$,1) = "N" THEN  GOTO 2700
2170  HOME
2180  PRINT "         SCRAMBLED NAMES"
2190  PRINT
2200  PRINT "WHEN THE EXERCISE BEGINS, THE"
2210  PRINT "COMPUTER WILL DISPLAY THE LAST"
2220  PRINT "NAME OF A PROMINENT AMERICAN"
2230  PRINT "AUTHOR.  THE LETTERS OF THE NAME"
2240  PRINT "WILL BE SCRAMBLED, THOUGH,"
2250  PRINT "AND IT WILL BE YOUR TASK TO"
2260  PRINT "STRAIGHTEN THEM OUT."
2270  PRINT
2280  PRINT "THE LENGTH OF TIME THE LETTERS"
2290  PRINT "ARE DISPLAYED BEFORE DISAP-"
2300  PRINT "PEARING WILL VARY, DEPENDING"
2310  PRINT "ON HOW HARD YOU CHOOSE TO MAKE"
2320  PRINT "THE GAME."
2330  PRINT
2340  PRINT
2350  PRINT "PRESS 'RETURN' TO CONTINUE."
2360  INPUT R$
2370  HOME
2380  PRINT "YOU WILL HAVE THREE CHANCES TO"
2390  PRINT "SOLVE EACH EXAMPLE.  IF YOU"
2400  PRINT "MISS ON YOUR FIRST GUESS, YOU"
2410  PRINT "WILL BE TOLD THE FIRST LETTER"
2420  PRINT "OF THE NAME.  IF YOU MISS ON"
2430  PRINT "YOUR SECOND GUESS, YOU WILL"
2440  PRINT "BE GIVEN THE LAST LETTER."
2450  PRINT
2460  PRINT "IF YOU GET STUMPED COMPLETELY,"
2470  PRINT "JUST PRESS 'RETURN' WHEN YOU"
2480  PRINT "ARE ASKED FOR THE NAME.  THE"
2490  PRINT "COMPUTER WILL INTERPRET THAT"
2500  PRINT "AS AN INCORRECT GUESS AND WILL"
2510  PRINT "GIVE YOU THE FIRST OR LAST"
2520  PRINT "LETTER AS A CLUE."
2530  PRINT
2540  PRINT
2550  PRINT "PRESS 'RETURN' TO CONTINUE."
2560  INPUT R$
2570  HOME
2580  PRINT "IF YOU GET THE ANSWER RIGHT ON"
2590  PRINT "YOUR FIRST ATTEMPT, YOU WILL BE"
2600  PRINT "GIVEN 10 POINTS; ON YOUR SECOND,"
2610  PRINT "7 POINTS; ON YOUR THIRD,"
2620  PRINT "5 POINTS.  THE COMPUTER WILL"
2630  PRINT "KEEP YOU POSTED ON YOUR TOTAL"
2640  PRINT "SCORE."
2650  PRINT
2660  PRINT
```

```
2670  PRINT
2680  PRINT "PRESS 'RETURN' TO CONTINUE."
2690  INPUT R$
2700  HOME
2710  PRINT "OK, ";N$;".  IF YOU ARE"
2720  PRINT "READY, CHOOSE YOUR LEVEL OF"
2730  PRINT "DIFFICULTY AND THE GAME WILL"
2740  PRINT "BEGIN."
2750  PRINT
2760  PRINT "INDICATE YOUR CHOICE BY EN-"
2770  PRINT "TERING THE NUMBER WHICH COR-"
2780  PRINT "RESPONDS TO THE DIFFICULTY"
2790  PRINT "YOU DESIRE.  (THE GREATER THE"
2800  PRINT "DIFFICULTY, THE BRIEFER THE"
2810  PRINT "TIME THE NAME WILL BE DIS-"
2820  PRINT "PLAYED.)"
2830  PRINT
2840  PRINT "      1.   VERY DIFFICULT
2850  PRINT "      2.   FAIRLY DIFFICULT
2860  PRINT "      3.   AVERAGE DIFFICULTY
2870  PRINT "      4.   FAIRLY EASY
2880  PRINT "      5.   VERY EASY
2890  PRINT
2900  PRINT
2910  INPUT R$
2920  IF R$ <  > "1" AND R$ <  > "2" AND R$ <  > "3" AND
     R$ <  > "4" AND R$ <  > "5" THEN  GOTO 2910
2930  IF R$ = "1" THEN D = 2000
2940  IF R$ = "2" THEN D = 3000
2950  IF R$ = "3" THEN D = 4000
2960  IF R$ = "4" THEN D = 5000
2970  IF R$ = "5" THEN D = 6000
2980  PRINT
2990  RETURN
3000  REM
3010  REM   INITIALIZE
3020  REM
3030  FOR I = 1 TO 50
3040  READ C$(I)
3050  READ S$(I)
3060 U(I) = 0
3070  NEXT I
3075 NG$ = ""
3080  RETURN
4000  REM
4010  REM   ASK QUESTIONS
4020  REM
4030 T = 0
4040  IF NG$ = "Y" THEN  GOSUB 2700
4050  FOR I = 1 TO 10
4060  HOME
4070 C = 1
4080 E =  INT ( RND (1) * 50) + 1
4090  IF U(E) = 1 THEN  GOTO 4080
4100 U(E) = 1
4110  PRINT "SCRAMBLED NAMES"
4120  PRINT
```

```
4130  PRINT
4140  PRINT "EXAMPLE #";I;":"
4150  PRINT
4160  PRINT "        '";S$(E);"'"
4170  PRINT
4180  PRINT
4190  PRINT
4200  PRINT "(PLEASE WAIT FOR THE PROMPT"
4210  PRINT "BEFORE ANSWERING.)"
4220  FOR J = 1 TO D
4230  NEXT J
4240  HOME
4250  PRINT "          TIME IS UP!"
4260  PRINT
4270  PRINT
4280  PRINT "WHAT IS THE CORRECT SPELLING,"
4290  PRINT "PLEASE?"
4300  PRINT
4310  INPUT A$
4320  GOSUB 6000
4330  NEXT I
4340  RETURN
5000  REM
5010  REM   ANOTHER ROUND?
5020  REM
5030  HOME
5040  PRINT "       SCRAMBLED NAMES"
5050  PRINT
5060  PRINT
5070  IF T > 89 THEN  GOSUB 5520
5080  IF T > 79 AND T < 90 THEN  GOSUB 5520
5090  IF T > 69 AND T < 80 THEN  GOSUB 5620
5100  IF T > 59 AND T < 70 THEN  GOSUB 5720
5110  IF T < 60 THEN  GOSUB 5900
5120  PRINT
5130  PRINT
5140  PRINT "WOULD YOU LIKE TO TRY ANOTHER"
5150  PRINT "ROUND?"
5160  PRINT
5170  INPUT NG$
5180  IF  LEFT$ (NG$,1) = "Y" THEN  GOTO 400
5190  PRINT
5200  PRINT
5210  PRINT "VERY WELL, ";N$;".  HOPE"
5220  PRINT "YOU ENJOYED THE GAME."
5230  FOR I = 1 TO 1500
5240  NEXT I
5250  HOME
5260  RETURN
5500  REM
5510  REM   TOP SCORE
5520  PRINT "CONGRATULATIONS, ";N$;"!"
5530  PRINT
5540  PRINT "YOUR SCORE OF ";T;" WAS"
5550  PRINT "OUTSTANDING."
5560  RETURN
5600  REM
```

```
5610  REM   SECOND HIGHEST SCORE
5620  PRINT "GOOD GOING, ";N$;"!"
5630  PRINT
5640  PRINT "YOUR SCORE OF ";T;" WAS"
5650  PRINT "FIRST RATE."
5660  RETURN
5700  REM
5710  REM   AVERAGE SCORE
5720  PRINT "NOT TOO BAD, ";N$;"."
5730  PRINT
5740  PRINT "YOUR SCORE OF ";T;" WAS"
5750  PRINT "VERY RESPECTABLE."
5760  RETURN
5800  REM
5810  REM   LOW SCORE
5820  PRINT "LOOKS AS IF YOU MIGHT NEED"
5830  PRINT "TO BE MORE CAREFUL, ";N$;"."
5840  PRINT
5850  PRINT "YOUR SCORE OF ";T;" IS"
5860  PRINT "RATHER LOW."
5870  RETURN
5900  REM
5910  REM   LOWEST SCORE
5920  PRINT "NOT SO GOOD, ";N$;"."
5930  PRINT
5940  PRINT "YOUR SCORE OF ";T;" IS"
5950  PRINT "QUITE LOW.  PERHAPS YOU NEED"
5960  PRINT "MORE STUDY."
5970  RETURN
6000  REM
6010  REM   CHECK RESPONSE
6020  REM
6030  IF C = 1 AND A$ = C$(E) THEN  GOSUB 7000
6040  IF C = 1 AND A$ <  > C$(E) THEN  GOSUB 7250
6050  IF C = 2 AND A$ = C$(E) THEN  GOSUB 7750
6060  IF C = 2 AND A$ <  > C$(E) THEN  GOSUB 8000
6070  IF C = 3 AND A$ = C$(E) THEN  GOSUB 8400
6080  IF C = 3 AND A$ <  > C$(E) THEN  GOSUB 8600
6090  RETURN
7000  REM
7010  REM   RIGHT FIRST TIME
7020  HOME
7030 T = T + 10
7040  PRINT "EXCELLENT!"
7050  PRINT
7060  PRINT
7070  PRINT "NAME #";I;" WAS"
7080  PRINT
7090  PRINT "       '";C$(E);",'"
7100  PRINT
7110  PRINT "AND YOU GOT IT ON THE FIRST"
7120  PRINT "TRY."
7130  PRINT
7140  PRINT
7150  PRINT "YOUR TOTAL SCORE NOW"
7160  PRINT "IS ";T;"."
7170  PRINT
```

```
7180  PRINT
7190  PRINT "PRESS 'RETURN' TO CONTINUE."
7200  INPUT R$
7210  RETURN
7250  REM
7260  REM   WRONG FIRST TIME
7270 C = 2
7280  HOME
7290  PRINT "SORRY, ";N$;"."
7300  PRINT
7310  PRINT
7320  PRINT "THE SCRAMBLED NAME IS"
7330  PRINT
7340  PRINT "       '";S$(E);".'"
7350  PRINT
7360  PRINT
7370  PRINT "YOU GUESSED"
7380  PRINT
7390  PRINT "       '";A$;"'"
7400  PRINT
7410  PRINT
7420  PRINT "PLEASE TRY AGAIN.  THE FIRST"
7430  PRINT "LETTER SHOULD BE"
7440  PRINT
7450  PRINT "       '"; LEFT$ (C$(E),1);".'"
7460  PRINT
7470  PRINT
7480  PRINT "(WAIT FOR THE PROMPT"
7490  PRINT "BEFORE ANSWERING.)
7500  FOR J = 1 TO (D + 1000)
7510  NEXT J
7520  HOME
7530  PRINT "TIME NOW FOR YOUR SECOND"
7540  PRINT "ATTEMPT.  WHAT IS THE"
7550  PRINT "CORRECT SPELLING OF THE"
7560  PRINT "AUTHOR'S NAME?"
7570  PRINT
7580  INPUT A$
7590  PRINT
7600  RETURN
7750  REM
7760  REM   RIGHT SECOND TIME
7770 T = T + 7
7780  HOME
7790  PRINT "VERY GOOD!"
7800  PRINT
7810  PRINT
7820  PRINT "YOUR GUESS OF '";A$;"'"
7830  PRINT "WAS CORRECT.  YOUR TOTAL"
7840  PRINT "SCORE NOW IS ";T;"."
7850  PRINT
7860  PRINT
7870  PRINT
7880  PRINT "PRESS 'RETURN' TO CONTINUE."
7890  INPUT R$
7900  RETURN
8000  REM
```

```
8010  REM   WRONG SECOND TIME
8020 C = 3
8030  HOME
8040  PRINT "SORRY AGAIN, ";N$;"."
8050  PRINT
8060  PRINT "THE SCRAMBLED NAME IS"
8070  PRINT
8080  PRINT "      '";S$(E);".'"
8090  PRINT
8100  PRINT
8110  PRINT "YOUR GUESS WAS"
8120  PRINT
8130  PRINT "      '";A$;"'"
8140  PRINT
8150  PRINT
8160  PRINT "THE LAST LETTER SHOULD BE"
8170  PRINT
8180  PRINT "      '"; RIGHT$ (C$(E),1);".'"
8190  PRINT
8200  PRINT
8210  PRINT "YOU HAVE ONE MORE CHANCE, SO"
8220  PRINT "PLEASE TRY AGAIN."
8230  PRINT
8240  PRINT
8250  PRINT "(WAIT FOR THE PROMPT"
8260  PRINT "BEFORE ANSWERING.)"
8270  FOR J = 1 TO (D + 1000)
8280  NEXT J
8290  HOME
8300  PRINT "TIME NOW FOR YOUR THIRD"
8310  PRINT "ATTEMPT.  WHAT IS THE CORRECT"
8320  PRINT "SPELLING OF THE AUTHOR'S"
8330  PRINT "NAME?"
8340  PRINT
8350  INPUT A$
8360  RETURN
8400  REM
8410  REM   RIGHT THIRD TIME
8420 T = T + 5
8430  HOME
8440  PRINT "GOOD."
8450  PRINT
8460  PRINT
8470  PRINT "YOUR GUESS OF"
8480  PRINT
8490  PRINT "      '";A$;"'"
8500  PRINT
8510  PRINT "IS CORRECT FOR NAME #";I;"."
8520  PRINT "YOUR TOTAL SCORE NOW IS ";T;"."
8530  PRINT
8540  PRINT
8550  PRINT
8560  PRINT "PRESS 'RETURN' TO CONTINUE."
8570  INPUT R$
8580  RETURN
8600  REM
```

```
8610  REM   WRONG THIRD TIME
8620  HOME
8630  PRINT "SORRY, YOU'RE STILL INCORRECT,"
8640  PRINT N$;"."
8650  PRINT
8660  PRINT
8670  PRINT "THE SCRAMBLED LETTERS WERE"
8680  PRINT
8690  PRINT "       '";S$(E);".'"
8700  PRINT
8710  PRINT
8720  PRINT "YOUR GUESS WAS"
8730  PRINT
8740  PRINT "       '";A$;"'"
8750  PRINT
8760  PRINT
8770  PRINT "THE CORRECT RESPONSE IS"
8780  PRINT
8790  PRINT "       '";C$(E);".'"
8800  PRINT
8810  PRINT
8820  PRINT "YOUR TOTAL SCORE REMAINS ";T;"."
8830  PRINT
8840  PRINT
8850  PRINT "PRESS 'RETURN' TO CONTINUE."
8860  INPUT R$
8870  RETURN
9000  REM
9010  REM   DATA STATEMENTS
9020  REM
9030  DATA  "MCCULLERS","LLCCUMRES","POUND","NUPDO","E
    LIOT","TIOLE"
9040  DATA  "STEVENS","SENTSEV","RANSOM","MONSAR","WAR
    REN","ARWREN"
9050  DATA  "DREISER","EDRISER","CRANE","CERNA","FROST
    ","STORF"
9060  DATA  "MAILER","RELAIM","MALAMUD","DALMAMU","CAB
    LE","ECLAB"
9070  DATA  "FREEMAN","MEERNAF","JOHNSON","SOOJNHN","H
    ARTE","HETRA"
9080  DATA  "GIOVANNI","NNAVIIOG","PLATH","THALP","ANG
    ELOU","ULEOGNA"
9090  DATA  "TAYLOR","ROYLAT","BALDWIN","WADLINB","BAR
    AKA","RAKABA"
9100  DATA  "WRIGHT","THWRIG","ELLISON","SLONEIL","BEL
    LOW","LOWLEB"
9110  DATA  "BRADFORD","FRABDORD","BRADSTREET","DREEST
    TRAB","POE","OPE"
9120  DATA  "HAWTHORNE","RATHHNEOW","MELVILLE","VIMLEL
    LE","LOWELL","LOLEWL"
9130  DATA  "BRYANT","TRYNAB","WHITTIER","TWITHRIE","J
    AMES","SAMEJ"
9140  DATA  "TWAIN","WINAT","HOWELLS","WHOLELS","DICKI
    NSON","SNICKDONIS"
9150  DATA  "ROBINSON","SNORBOIN","ONEIL","LOINE","FRA
    NKLIN","LARNIFKN"
```

```
9160  DATA  "FAULKNER","FLEURKAN","HEMINGWAY","WHINGYA
     ME","ROTH","THOR"
9170  DATA  "ANDERSON","ROANSDEN","THOREAU","HOUREAT",
     "EMERSON","ROMENES"
9180  DATA  "WILLIAMS","SLAIMIWL","ALBEE","ELEAB","CAT
     HER","ERATCH"
9190  DATA  "OCONNOR","COONRON","WHARTON","ONTHWAR"
```

Sample run

```
]
]RUN
  +++++++++++++++++++++++++++
  +                         +
  +     SCRAMBLED NAMES     +
  +                         +
  +           BY            +
  +                         +
  +  W. DICKSON & M. RAYMOND +
  +                         +
  +         8/16/82         +
  +                         +
  +++++++++++++++++++++++++++
   WELCOME TO SCRAMBLED NAMES


PLEASE TYPE IN YOUR NAME
AND HIT 'RETURN.'

?LOU

THANKS, LOU.
DO YOU NEED INSTRUCTIONS?

?N
OK, LOU.  IF YOU ARE
READY, CHOOSE YOUR LEVEL OF
DIFFICULTY AND THE GAME WILL
BEGIN.

INDICATE YOUR CHOICE BY EN-
TERING THE NUMBER WHICH COR-
RESPONDS TO THE DIFFICULTY
YOU DESIRE.  (THE GREATER THE
DIFFICULTY, THE BRIEFER THE
TIME THE NAME WILL BE DIS-
PLAYED.)

     1.  VERY DIFFICULT
     2.  FAIRLY DIFFICULT
     3.  AVERAGE DIFFICULTY
     4.  FAIRLY EASY
     5.  VERY EASY
```

```
?3

SCRAMBLED NAMES


EXAMPLE #1:

      'THWRIG'



(PLEASE WAIT FOR THE PROMPT
BEFORE ANSWERING.)
            TIME IS UP!

WHAT IS THE CORRECT SPELLING,
PLEASE?

?WRIGHT
EXCELLENT!


NAME #1 WAS

      'WRIGHT,'

AND YOU GOT IT ON THE FIRST
TRY.


YOUR TOTAL SCORE NOW
IS 10.


PRESS 'RETURN' TO CONTINUE.
?         SCRAMBLED NAMES


GOOD GOING, LOU!

YOUR SCORE OF 79 WAS
FIRST RATE.


WOULD YOU LIKE TO TRY ANOTHER
ROUND?
```

SAMPLE PROGRAMS II DISCOVERY PROGRAMS

7

The programs in the previous chapter were of the simple drill and tutorial variety. These are useful tools to have around, but if we might say so, they don't really make the best use either of the computer or of the student's mind. The former is treated as a hammer and the latter as the recalcitrant medium into which a wedge of knowledge must be driven.

In this chapter we have taken a somewhat different approach. In these programs the computer is used to generate raw data, in a sense, and the student is asked to contemplate that data and make inferences about the structure of the subject matter with which it deals. This puts the relationship between computer and user in better perspective. The machine does the grunt work, while we humans are freed to exercise our intellect and imagination.

Four-Letter Words

If it is approached properly, this first program can be quite a mind tickler. Essentially, it generates a series of 50 four-unit strings of characters; each unit consists of a randomly selected consonant or vowel. The student selects the percentage of time the first- , second- , third- , and fourth-place unit will be a consonant (from 0 to 100); on the basis of that selection, the computer selects an individual letter at random to fill the unit position.

The purpose of the program is to get students to thinking consciously about phenomena they may previously have taken for granted. One such phenomenon is the sequential relationship between vowels and consonants in English spelling. For example, if the first letter of a four-letter word is a consonant and the second a vowel, is the third letter more likely to be a consonant or another vowel? In either case, what's the most likely effect on the fourth letter? What combination of percentages is likely to produce the most legitimate English words?

This raises another interesting issue. Under what circumstances are we entitled to call a string of alphabetic characters a word? (In our opening paragraph we spoke somewhat stiltedly of a "four-unit string of characters" so as not to prejudice the case.) Take this string, for example: "ZXQN." Most of us would probably agree that that is not a word because we cannot even pronounce it. But what about "FRAK"? It's not in the dictionary, but it sure makes a nice interjection—especially for the kid who has that other four-letter word in mind but doesn't want his mouth washed out with soap. Does that make it a word? This kind of discussion can lead to broader consideration of the same subject. For instance, what about the strings "alright" or "irregardless"? Miss Fidditch the purist says they are non-words, ignorant corruptions of "all right" and "regardless" (the latter with a slight admixture of "irrespective"). But our students (and some of our colleagues!) use these so-called non-words all the time, and in doing so they seem to have some definite semantic referent in mind. So who says when a string becomes a word—Miss Fidditch, Noah Webster, or *vox populi*?

This program might work better for groups of two or more students than for individuals. It takes a pretty good vocabulary to spot those strings the dictionary accepts as words, and for that reason students are likely to do better pooling their intellectual resources (and their energy, thumbing through the dictionary). Perhaps even more important, the program is designed to stimulate discussion; and that works best if the student is talking to someone besides himself.

Program structure

Lines	Comments
0100–0700	Main program, consisting mainly of calls to subroutines plus explanatory remarks. The arrays are dimensioned here also.
2000–2170	Instructions to print the title page.
3000–3950	Optional routine to print the instructions for using the program.
4000–4440	Routine to load the arrays and select the percentages.
5000–5360	Main routine to determine the categories for the letters and to print the string.
6000–6170	Routine to provide the option of another round.
8000–8080	Subroutine actually to select letters at random from the arrays and to build the string.
9000–9070	Subroutine to print the string so built. Includes the mechanism for filtering out potentially offensive words.

Variables

Symbol	Content
A$	String array to hold the consonants.
B$	String array to hold the vowels.
C	Numeric variable to hold the random number used for selecting consonants.
C$	String variable for holding the next consonant to be added to the string.
I	Numeric variable used in incrementing loops.
J	Numeric variable to hold the random number used to determine whether to select a vowel or consonant.
L$	String variable to hold the letter chosen to be added to the string.
N	Numeric variable incremented to keep track of the number of strings printed.
N$	String variable to hold the student's name.
P1–P4	Numeric variables to hold the percentage of consonants for positions 1 through 4.
R$	String variable to hold a variety of responses to input requests—usually as to whether the student is ready to continue.
S$	String variable to hold the category selected (consonant or vowel).

V	Numeric variable to hold the random number used for selecting vowels.
V$	String array used to hold the vowels.
W$	String array used to build the string that is to be printed.

Modifications

The instructions in the routine beginning at line 3000 are long and a little cumbersome. For students at certain levels they might well be modified or even deleted altogether, to be replaced by oral or written instructions from the teacher. Everything from line 3160 on can be changed or omitted, provided only that you include a RETURN to get you back from the routine to the main program.

The decision whether to filter out potentially offensive four-letter words has been left to the individual instructor. Some might feel that these words are disruptive or are apt to bring down the wrath of the moral majority (or of the administration which is afraid of the moral majority). Others might feel that these are legitimate English words and ought therefore to be included as data for the investigation this program is designed to foster. Still others might feel that the desire to generate "dirty" words will provide students with motivation to proceed with an exercise that might otherwise seem overly cerebral.

In any event, if you choose to filter these words, we have provided a mechanism and an example to show you how. The mechanism is found in the routine beginning at line 9000. This routine receives a string of four characters as input. In line 9030 it checks to see if the string is included among the no-no's. If it is, then the program skips over the PRINT command to line 9070, where the word count is decremented by one, and returns to generate a new sequence of characters. If the word is not among the no-no's, then it is printed in line 9050 before the return.

To add to the list of forbidden words, use lines numbered 9031 through 9039 and follow this model: If W$ = "----" or W$ = "----" . . . OR W$ = "----" THEN GOTO 9070. You can put several words on each line, so you ought to be able to cover most of the pesky Anglo-Saxon derivatives that are likely to cause trouble.

Program Listing

```
]LIST

100  REM   FOUR LETTER WORDS
110  REM   W. DICKSON & M. RAYMOND
120  REM   8/14/82
130  DIM C$(21),V$(5)
200  GOSUB 2000
210  REM   TITLE PAGE
300  GOSUB 3000
310  REM   INSTRUCTIONS
400  GOSUB 4000
410  REM   INITIALIZE
500  GOSUB 5000
510  REM   GENERATE WORDS
600  GOSUB 6000
610  REM   ANOTHER ROUND?
700  END
2000  REM
2010  REM   TITLE PAGE
2020  REM
2030  HOME
2040  PRINT "  ++++++++++++++++++++++++++++"
2050  PRINT "  +                          +"
2060  PRINT "  +     FOUR LETTER WORDS    +"
2070  PRINT "  +                          +"
2080  PRINT "  +            BY            +"
2090  PRINT "  +                          +"
2100  PRINT "  +  W. DICKSON & M. RAYMOND +"
2110  PRINT "  +                          +"
2120  PRINT "  +          8/14/82         +"
2130  PRINT "  +                          +
2140  PRINT "  ++++++++++++++++++++++++++++"
2170  RETURN
3000  REM
3010  REM   INSTRUCTIONS
3020  REM
3030  HOME
3040  PRINT "* WELCOME TO FOUR LETTER WORDS *"
3050  PRINT
3055  PRINT
3060  PRINT
3070  PRINT "PLEASE TYPE IN YOUR NAME AND"
3080  PRINT "HIT 'RETURN.'"
3090  PRINT
3100  INPUT N$
3110  IF N$ = "" THEN  GOTO 3070
3120  PRINT
3130  PRINT
3140  PRINT "THANKS, ";N$;"."
3160  PRINT "DO YOU NEED INSTRUCTIONS?"
3170  PRINT
3180  INPUT R$
3190  IF  LEFT$ (R$,1) = "N" THEN  RETURN
3200  HOME
```

```
3210  PRINT "          FOUR LETTER WORDS"
3220  PRINT
3230  PRINT "THE PURPOSE OF THIS EXERCISE IS"
3240  PRINT "TO HELP YOU DEVELOP A MORE IN-"
3250  PRINT "TUITIVE UNDERSTANDING OF THE"
3260  PRINT "WAY ENGLISH WORDS ARE SPELLED."
3270  PRINT
3280  PRINT "FOR EXAMPLE, IF THE FIRST LETTER"
3290  PRINT "OF A WORD IS A CONSONANT, IS THE"
3300  PRINT "SECOND LETTER MORE LIKELY TO BE"
3310  PRINT "A VOWEL OR ANOTHER CONSONANT?"
3320  PRINT "IF THE THIRD LETTER IS A CON-"
3330  PRINT "SONANT, MUST THE FOURTH BE A"
3340  PRINT "VOWEL?  CAN FOUR LETTER WORDS"
3350  PRINT "IN ENGLISH END WITH ANY OTHER"
3360  PRINT "VOWEL BESIDES 'E'?"
3370  PRINT
3380  PRINT
3390  PRINT "PRESS 'RETURN' TO CONTINUE."
3400  INPUT R$
3410  HOME
3420  PRINT "TO HELP YOU LEARN THE ANSWERS"
3430  PRINT "TO THESE AND SIMILAR QUESTIONS,"
3440  PRINT "THE COMPUTER ALLOWS YOU TO PER-"
3450  PRINT "FORM EXPERIMENTS WITH THE "
3460  PRINT "LANGUAGE."
3470  PRINT
3480  PRINT "WHENEVER YOU ASK, IT WILL PRINT"
3490  PRINT "UP A NEW LIST OF 50 FOUR LETTER"
3500  PRINT "WORDS, EACH LETTER OF WHICH"
3510  PRINT "HAS BEEN RANDOMLY SELECTED."
3520  PRINT "SOME COMBINATIONS WILL BE REAL"
3530  PRINT "ENGLISH WORDS, AND SOME WILL"
3540  PRINT "BE NONSENSE."
3550  PRINT
3600  PRINT "THE EXPERIMENT CONSISTS OF"
3610  PRINT "YOUR TELLING THE COMPUTER WHAT"
3620  PRINT "PERCENTAGE OF THE TIME IT"
3630  PRINT "SHOULD CHOOSE A VOWEL AND WHAT"
3640  PRINT "PERCENTAGE A CONSONANT FOR THE"
3650  PRINT "FIRST, SECOND, THIRD, AND FOURTH"
3660  PRINT "LETTERS OF THE WORDS IT CREATES."
3670  PRINT
3690  PRINT "PRESS 'RETURN' TO CONTINUE."
3700  INPUT R$
3710  HOME
3720  PRINT "IN OPERATION, THE COMPUTER"
3730  PRINT "WILL ASK, 'WHAT PERCENT OF"
3740  PRINT "THE TIME SHOULD THE FIRST"
3750  PRINT "LETTER BE A CONSONANT?'"
3760  PRINT "IF YOU WANT ALL CONSONANTS"
3770  PRINT "IN THE FIRST POSITION, SAY"
3780  PRINT "'100.'  IF YOU WANT HALF CON-"
3790  PRINT "SONANTS, SAY '50,' AND SO ON."
3800  PRINT
3810  PRINT "THE IDEA IS TO TRY TO FIND THE"
```

```
3820  PRINT "COMBINATION THAT WILL GIVE YOU"
3830  PRINT "THE BIGGEST PERCENTAGE OF LEGI-"
3840  PRINT "TIMATE ENGLISH WORDS.  WHEN"
3850  PRINT "YOU LEARN THAT, YOU WILL HAVE"
3860  PRINT "LEARNED SOMETHING SIGNIFICANT"
3870  PRINT "ABOUT ONE ASPECT OF ENGLISH"
3880  PRINT "SPELLING."
3890  PRINT
3900  PRINT
3910  PRINT "PRESS 'RETURN' WHEN YOU ARE"
3920  PRINT "READY TO BEGIN YOUR EXPERIMEN-"
3930  PRINT "TATION."
3940  INPUT R$
3950  RETURN
4000  REM
4010  REM   INITIALIZATION
4020  REM
4040 A$ = "BCDFGHJKLMNPQRSTVWXYZ"
4050 B$ = "AEIOU"
4060  FOR I = 1 TO 21
4070 C$(I) =  MID$ (A$,I,1)
4080  NEXT I
4090  FOR I = 1 TO 5
4100 V$(I) =  MID$ (B$,I,1)
4110  NEXT I
4120  HOME
4130  PRINT "WHAT PERCENT OF THE TIME"
4140  PRINT "SHOULD THE FIRST LETTER BE"
4150  PRINT "A CONSONANT?"
4160  PRINT
4170  INPUT P1
4180  IF P1 < 0 OR P1 > 100 THEN  GOTO 4130
4190 P1 =  INT (P1 / 10)
4200  PRINT
4210  PRINT "WHAT PERCENT OF THE TIME"
4220  PRINT "SHOULD THE SECOND LETTER BE"
4230  PRINT "A CONSONANT?"
4240  PRINT
4250  INPUT P2
4260  IF P2 < 0 OR P2 > 100 THEN  GOTO 4210
4270 P2 =  INT (P2 / 10)
4280  PRINT
4290  PRINT "WHAT PERCENT OF THE TIME"
4300  PRINT "SHOULD THE THIRD LETTER BE"
4310  PRINT "A CONSONANT?"
4320  PRINT
4330  INPUT P3
4340  IF P3 < 0 OR P3 > 100 THEN  GOTO 4290
4350 P3 =  INT (P3 / 10)
4360  PRINT
4370  PRINT "WHAT PERCENT OF THE TIME"
4380  PRINT "SHOULD THE FOURTH LETTER BE"
4390  PRINT "A CONSONANT?"
4400  PRINT
4410  INPUT P4
4420  IF P4 < 0 OR P4 > 100 THEN  GOTO 4370
```

```
4430 P4 =  INT (P4 / 10)
4440  RETURN
5000  REM
5010  REM   SELECT LETTERS
5020  REM
5030 W$ = ""
5035  HOME
5036  PRINT "            WORD LIST"
5037  PRINT
5040  FOR N = 1 TO 50
5050  REM
5060  REM  FIRST LETTER
5070 J =  INT ( RND (1) * 10) + 1
5080 S$ = "C"
5090  IF J > P1 THEN S$ = "V"
5100  GOSUB 8000
5110  REM
5120  REM  SECOND LETTER
5130 J =  INT ( RND (1) * 10) + 1
5140 S$ = "C"
5150  IF J > P2 THEN S$ = "V"
5160  GOSUB 8000
5170  REM
5180  REM   THIRD LETTER
5190 J =  INT ( RND (1) * 10) + 1
5200 S$ = "C"
5210  IF J > P3 THEN S$ = "V"
5220  GOSUB 8000
5230  REM
5240  REM   FOURTH LETTER
5250 J =  INT ( RND (1) * 10) + 1
5260 S$ = "C"
5270  IF J > P4 THEN S$ = "V"
5280  GOSUB 8000
5290  REM
5300  REM   PRINT WORD
5310  GOSUB 9000
5320  NEXT N
5330  PRINT
5335  PRINT
5336  PRINT
5340  PRINT "PRESS 'RETURN' TO CONTINUE."
5350  INPUT R$
5360  RETURN
6000  REM
6010  REM   ANOTHER ROUND?
6020  REM
6030  HOME
6040  PRINT "WOULD YOU LIKE TO TRY"
6050  PRINT "ANOTHER ROUND,"
6060  PRINT N$;"?"
6070  PRINT
6080  PRINT
6090  INPUT R$
```

```
6100  IF  LEFT$ (R$,1) = "Y" THEN  GOTO 400
6110  PRINT
6120  PRINT
6130  PRINT "VERY WELL THEN.  HOPE YOU"
6140  PRINT "ENJOYED THE EXERCISE."
6150  FOR I = 1 TO 2500
6160  NEXT I
6170  RETURN
8000  REM
8010  REM   SELECT LETTERS
8020  REM
8030 C =  INT ( RND (1) * 21) + 1
8040 V =  INT ( RND (1) * 5) + 1
8050  IF S$ = "C" THEN L$ = C$(C)
8060  IF S$ = "V" THEN L$ = V$(V)
8070 W$ = W$ + L$
8080  RETURN
9000  REM
9010  REM   PRINT WORD
9020  REM
9030  IF W$ = "CUNT" THEN  GOTO 9060
9040  PRINT W$,
9045 W$ = ""
9050  GOTO 9070
9060 N = N - 1
9070  RETURN
```

Sample run

```
RUN
   ++++++++++++++++++++++++++++
   +                          +
   +     FOUR LETTER WORDS    +
   +                          +
   +            BY            +
   +                          +
   +  W. DICKSON & M. RAYMOND +
   +                          +
   +          8/14/82         +
   +                          +
   ++++++++++++++++++++++++++++
 * WELCOME TO FOUR LETTER WORDS *

PLEASE TYPE IN YOUR NAME AND
HIT 'RETURN.'

?ERIC


THANKS, ERIC.
DO YOU NEED INSTRUCTIONS?

?N
WHAT PERCENT OF THE TIME
```

```
SHOULD THE FIRST LETTER BE
A CONSONANT?

?100

WHAT PERCENT OF THE TIME
SHOULD THE SECOND LETTER BE
A CONSONANT?

?0

WHAT PERCENT OF THE TIME
SHOULD THE THIRD LETTER BE
A CONSONANT?

?0

WHAT PERCENT OF THE TIME
SHOULD THE FOURTH LETTER BE
A CONSONANT?

?100

           WORD LIST

VOAH             HOOQ             LIOC
GEOJ             FOOX             YIIR
NEON             LIOK             POOS
NUOH             YOIJ             ZEIG
FOAB             CAUW             VUAH
QAIM             XOIK             BEUP
MOAK             XAOF             NEOX
QAOJ             CAUT             LUIS
ZAIR             NUET             WIAH
FUAN             HEET             NUIX
NAEQ             XEAK             NUEV
GUIC             MOEG             PIOS
SOUV             VAIM             FIOS
NIAX             XIES             TIAM
WAUP             KEOR             WUUJ
HEEF             JIEF             NUUW
RUEY             VAEQ

PRESS 'RETURN' TO CONTINUE.
?
WOULD YOU LIKE TO TRY
ANOTHER ROUND,
ERIC?


?N


VERY WELL THEN.  HOPE YOU
ENJOYED THE EXERCISE.
```

Haiku Writer

This next program will generate an unending series of haiku "poems" for the student to contemplate. It does so by selecting at random from among a variety of segments entered as data statements, then printing its selections in lines of the proper syllabic length.

By placing the word "poems" in quotation marks we mean to suggest the underlying purpose of the program, to stimulate consideration of the question whether a sequence of words or images that happen to satisfy the technical requirements of a particular verse form (haiku, sonnet, sestina, etc.) necessarily constitute a genuine poem.

We think not. To qualify, the sequence must also exhibit that scarcely definable breath of life which distinguishes art from non-art. For that reason we hope that the student will ask of each verse created by the program the question put by Emily Dickinson to her mentor T. W. Higginson: Does it live? If the answer is "Yes," then the verse will qualify as a poem. Otherwise it will not. In any event, we believe that by asking the question and analyzing the factors which determine its answer, students will learn much about the art of poetry.

The next step should be consideration of the relationship between person and machine in the creation of a work of art. For example, one model for the creation of a poem is this:

1) A sequence of related words, images, and ideas is generated in the mind of the artist.

2) The elements of this sequence are shuffled into a variety of combinations.

3) The artist selects from among these combinations the few that genuinely live.

If all three steps are performed by the artist, then anyone would agree that the product is indeed art. But what if step two—as in our program—is performed by a machine? By putting his signature to a can of soup purchased in an ordinary grocery store (and then charging 25 times what he paid for it on resale), Andy Warhol suggested that the real art resides in step three alone; and creators of so-called "found poems" have done the same.

We hope that our program, with a teacher's help, will encourage students to consider the question for themselves. We hope too that if they decide art resides in step one as well as step three, they will elect to become collaborative poets by thinking up their own verse segments. We will explain below how to modify the program this way.

Program structure

Lines	Comments
0100–0700	Main program, consisting mainly of calls to subroutines plus explanatory remarks. It also includes the dimension statement.
2000–2170	Routine containing the instructions for printing the title page.
3000–3630	Optional routine to print the instructions for using the program.
4000–4120	Routine to fill the string arrays from the data statements.
5000–5260	Routine to select the segments and print the poem.
6000–6160	Routine to determine whether the student wishes to print another poem.
8000–8170	Data statements.

Variables

Symbol	Content
A$–F$	String arrays to hold the segments of verse.
N$	String variable to hold the student's name.
R$	String variable to hold the response to a variety of input requests, usually as to whether the student is ready to continue.

Modifications

The most useful modification of this program would be to change the data statements which contain the segments of verse. As noted above, our hope is that these changes will be suggested and even typed in by the students rather than the teacher.

Unless a venturesome soul wishes to make changes in the program structure itself, the data should be set up as follows and entered in this order:

1) Subject (a noun, possibly modified by one or more adjectivals), three syllables.

2) Present participle (an intransitive verb), two syllables.

3) Adverbial of manner, three syllables.

4) Adverbial of place (a prepositional phrase), four syllables.

5) Exclamation (an interjection or verb in imperative mood, followed by a dash or exclamation mark), one syllable.

6) Comment or question (a full clause, ending with terminal punctuation), four syllables.

Since the program expects to find 15 sets of data statements, you must exercise care in making changes. If you delete a statement without replacing it, the program will crash and give you an "OUT OF DATA" message. If you just add new statements, the program will read the first 15 it comes to and ignore the rest. Your best bet will be to add and delete in such a way as to keep the total always at 15. You can change individual elements within a set so long as you substitute the proper type of element and number of syllables.

Program listing

```
]LIST

100  REM  ++++++++++++++++++++++
104  REM  +     HAIKU WRITER     +
105  REM  +       COPYRIGHT      +
106  REM  +    WAYNE DICKSON     +
108  REM  + STETSON UNIVERSITY   +
110  REM  +         1983         +
112  REM  ++++++++++++++++++++++
140  DIM A$(15),B$(15),C$(15),D$(15),E$(15),F$(15)
200  GOSUB 2000
210  REM   TITLE PAGE
300  GOSUB 3000
310  REM   INSTRUCTIONS
400  GOSUB 4000
410  REM   INITIALIZE VARIABLES
500  GOSUB 5000
510  REM   PRINT POEM
600  GOSUB 6000
```

```
610  REM   DECISION TO QUIT
2000  RETURN
3000  REM
3010  REM   INSTRUCTIONS
3020  REM
3030  HOME
3040  PRINT  TAB( 8);"WELCOME TO HAIKU WRITER"
3050  VTAB 4: PRINT  TAB( 10);"PLEASE TYPE YOUR NAME":
      PRINT  TAB( 10);"AND HIT 'RETURN.'
3060  VTAB 8: HTAB 11: CALL  - 868: INPUT " ";N$: IF N
     $ = "" THEN 3060
3070  HOME
3080  PRINT  TAB( 14);"HAIKU WRITER"
3090  VTAB 5: PRINT  TAB( 12);"THANKS, ";N$;"."
3100  VTAB 9: HTAB 5: PRINT "WOULD YOU LIKE A HARD COP
     Y OF"
3110  VTAB 10: HTAB 5: PRINT "YOUR POEMS (Y/N)?  ";: CALL
      - 868: GET HC$: IF HC$ <  > "Y" AND HC$ <  > "N"
      THEN 3110
3120  PRINT
3130  VTAB 14: HTAB 5: PRINT "DO YOU NEED FURTHER INST
     RUCTIONS"
3140  VTAB 15: HTAB 5: PRINT "(Y/N)?   ";: CALL  - 868
     : GET R$
3150  IF R$ = "N" THEN  RETURN
3160  IF R$ <  > "Y" THEN 3130
3170  HOME
3180  PRINT  TAB( 14);"HAIKU WRITER"
3190  VTAB 4: PRINT "THE HAIKU IS A TRADITIONAL JAPANE
     SE"
3200  PRINT "VERSE FORM.": PRINT
3210  PRINT "IN CONTENT IT CONSISTS OF A SINGLE"
3220  PRINT "MEMORABLE AND HIGHLY SUGGESTIVE IMAGE.": PRINT

3230  PRINT "IN FORM IT CONSISTS OF EXACTLY THREE"
3240  PRINT "LINES.  LINE ONE CONTAINS JUST FIVE"
3250  PRINT "SYLLABLES; LINE TWO, SEVEN; LINE THREE,"
3260  PRINT "FIVE AGAIN.": PRINT
3270  PRINT "THE LINES NEED NOT RHYME, AND THEY"
3280  PRINT "NEED NOT CONFORM TO ANY PARTICULAR"
3290  PRINT "METRICAL PATTERN."
3300  VTAB 22: HTAB 4: PRINT "HIS ";: INVERSE : PRINT
     " SPACE BAR ";: NORMAL : PRINT " TO CONTINUE. ";:
      CALL  - 868: GET R$: IF R$ <  >  CHR$ (32) THEN
     3300
3310  HOME : PRINT  TAB( 14);"HAIKU WRITER"
3320  VTAB 4: PRINT "THE DATA STATEMENTS IN THIS PROGR
     AM"
3330  PRINT "CONTAIN A LARGE NUMBER OF WORDS AND"
3340  PRINT "PHRASES OF A TYPE FOUND IN THE TRADI-"
3350  PRINT "TIONAL HAIKU.": PRINT
3360  PRINT "TO CREATE A POEM, THE PROGRAM SELECTS"
3370  PRINT "ITEMS FROM THIS POOL, ARRANGES THEM IN"
3380  PRINT "PROPER FORM, AND THEN PRINTS THEM OUT"
3390  PRINT "CONSECUTIVELY.": PRINT
3400  PRINT "SOME OF THE POEMS SO CREATED ARE"
```

```
3410  PRINT "LOVELY; SOME ARE INTERESTING; AND SOME"
3420  PRINT "ARE JUST PLAIN DREADFUL."
3430  VTAB 20: PRINT  TAB( 3);"HIT ";: INVERSE : PRINT
     " SPACE BAR ";: NORMAL : PRINT " TO CONTINUE.  ";
     : CALL  - 868: GET R$: IF R$ <  >  CHR$ (32) THEN
     3430
3440  HOME : PRINT  TAB( 14);"HAIKU WRITER"
3450  VTAB 5: PRINT "AS THE POEMS APPEAR, YOU SHOULD T
     RY TO"
3460  PRINT "EVALUATE THEM IN ORDER TO DERTERMINE"
3470  PRINT "WHAT MAKES THEM EITHER GOOD OR"
3480  PRINT "OTHERWISE.": PRINT
3490  PRINT "LATER YOU MIGHT ASK THE TEACHER HOW"
3500  PRINT "TO ENTER YOUR OWN ORIGINAL DATA"
3510  PRINT "STATEMENTS SO AS TO IMPROVE THE"
3520  PRINT "RESULTS."
3530  VTAB 20: PRINT  TAB( 3);"HIT ";: INVERSE : PRINT
     " SPACE BAR ";: NORMAL : PRINT " TO CONTINUE.  ";
     : CALL  - 868: GET R$: IF R$ <  >  CHR$ (32) THEN
     3530
3540  RETURN
4000  REM
4010  REM   INITIALIZE
4020  REM
4030  RESTORE
4040  FOR I = 1 TO 15
4050  READ A$(I)
4060  READ B$(I)
4070  READ C$(I)
4080  READ D$(I)
4090  READ E$(I)
4100  READ F$(I)
4110  NEXT I
4120  RETURN
5000  REM
5010  REM   PRINT POEMS
5020  REM
5030 NP = 0:LS$ =  CHR$ (10)
5040  HOME :NP = NP + 1: IF HC$ = "Y" THEN  PR# 1: PRINT
     LS$
5050  PRINT "HAIKU # ";NP;"--": PRINT LS$;
5060 N =  INT ( RND (1) * 15) + 1
5070  PRINT A$(N);" ";
5080 N =  INT ( RND (1) * 15) + 1
5090  PRINT B$(N)
5100 N =  INT ( RND (1) * 15) + 1
5110  PRINT C$(N);" ";
5120 N =  INT ( RND (1) * 15) + 1
5130  PRINT D$(N)
5140 N =  INT ( RND (1) * 15) + 1
5150  PRINT E$(N);" ";
5160 N =  INT ( RND (1) * 15) + 1
5170  PRINT F$(N): PRINT LS$;
5180  PRINT  TAB( 11);"--";N$: PR# 0
5190  VTAB 20: HTAB 8: PRINT "ANOTHER POEM (Y/N)?  ";:
     CALL  - 868: GET R$
```

```
5200  IF R$ = "Y" THEN 5040
5210  IF R$ = "N" THEN  RETURN
5220  GOTO 5190
6000  REM
6010  REM   DECISION
6020  REM
6030  HOME
6040  VTAB 4: PRINT  TAB( 8);"WHICH WOULD YOU PREFER?"

6050  VTAB 7: PRINT  TAB( 11);"A. RETURN TO MENU"
6060  PRINT  TAB( 11);"B. QUIT TO BASIC"
6070  VTAB 11: HTAB 2: PRINT "(ENTER THE LETTER OF YOU
     R CHOICE.)  ";: CALL  - 868: GET R$
6080  IF R$ = "B" THEN  HOME : END
6090  IF R$ = "A" THEN  PRINT  CHR$ (1): PRINT  CHR$ (
     4);"RUN MENU"
6100  GOTO 6070
8000  REM
8010  REM   DATA STATEMENTS
8020  REM
8030  DATA  "CHICKADEE","RESTING","QUIETLY","ON HIS GR
     EEN BOUGH","STAY!","ONE MOMENT MORE!"
8040  DATA  "WHITE SPIDER","WAITING","SILENTLY","ON TH
     IS BRICK WALK","STOP!","OH, WAIT FOR ME!"
8050  DATA  "GREEN SILKWORM","SLEEPING","SORROWFULLY",
     "ON GARDEN WALL","WAIT!","THE SUMMER'S GONE!"
8060  DATA  "BUTTERFLY","RUNNING","RESTLESSLY","BENEAT
     H GREEN TREES","SIT!","PLEASE TALK WITH ME."
8070  DATA  "SMALL CRICKET","DOZING","WITHOUT FEAR","B
     Y MY REED GATE","HALT!","I'M ALL ALONE."
8080  DATA  "THIS WHITE SNAIL","BROWSING","WISTFULLY",

     "WHERE WILLOWS BEND","PLEASE!","A CUP OF TEA?"
8090  DATA  "LADYBUG","TALKING","WARILY","ON MY FRONT
     STEPS","HOLD!","COME CHAT AWHILE."
8100  DATA  "FLAMINGO","WHISP'RING","DAINTILY","BY LOT
     US POOLS","YOU!","YOU SAW THE MOON?"
8110  DATA  "DRAGONFLY","MOVING","PEACEFULLY","IN CHER
     RY GROVES","FRIEND!","YOU KNOW THE WAY?"
8120  DATA  "PALE EARTHWORM","SEARCHING","WITH SADNESS
     ","IN GOLDEN DUST","BIDE!","WILL YOU RETURN?"
8130  DATA  "RED ROBIN","STANDING","SAUNT'RING","IN FA
     LLEN LEAVES","MY!","YOU WINTERED HERE?"
8140  DATA  "HUMMINGBIRD","WATCHING","IN PALE AIR","BY
     FIELDS OF FLOWERS","SING!","HOW LONG THE DAYS!"
8150  DATA  "YELLOW MOTH","CIRCLING","IN STILL THOUGHT
     ","AT PADDY'S EDGE","HO!","I SAW YOUR FRIEND."
8160  DATA  "BRILLIANT BEE","PLAYING","IN SOFT WINDS",
     "BY SUNLIT POOLS","NOW!","ARE YOU STILL FREE?"
8170  DATA  "CORAL SNAKE","SUNNING","AT SPRINGTIME","O
     N LEAFY PATH","AH!","I NEED A FRIEND."
```

Sample run

```
]
]RUN
```

```
+++++++++++++++++++++++++++++
+                           +
+        HAIKU WRITER       +
+                           +
+             BY            +
+                           +
+  W. DICKSON & M. RAYMOND  +
+                           +
+      AUGUST 6, 1982       +
+                           +
+++++++++++++++++++++++++++++
  WELCOME TO HAIKU WRITER

    PLEASE TYPE YOUR NAME
    AND HIT 'RETURN.'

      ?BRYAN

    THANKS, BRYAN.

  DO YOU NEED INSTRUCTIONS?

?N
HAIKU


LADYBUG WHISP'RING
SORROWFULLY WHERE WILLOWS BEND
STAY! COME CHAT AWHILE.


      BY BRYAN


PRESS 'RETURN' TO CONTINUE.
?
WOULD YOU LIKE TO CREATE
ANOTHER POEM?

?N


OK.  I ENJOYED BEING YOUR
CO-AUTHOR, BRYAN.
```

Relative Clauses

The objective of the program that follows seems quite modest: to give students help in punctuating adjective clauses. However, the subject itself is very, very tricky, as you will see if you think about the difficulty of developing a dependable algorithm for distinguishing restrictive from non-restrictive clauses within even a limited number of syntactic options.

The conventional way to handle this objective would be to list the rules in a brief instructional introduction, follow with a series of examples for the student to attempt, and conclude with some appropriate response to the student's performance. Granted, the program might be jazzed up with graphics (perhaps animated), music routines, and clever rewards for good performance; but such improvements would be largely cosmetic. The approach would be to provide, in admittedly handsome format, essentially the same material as found in the exercise section of a regular textbook.

The program given here reverses this conventional approach. Instead of giving the rules and then illustrating them, the program gives the illustrations and requires the students themselves to infer the rules. The essence of the process is discovery rather than exposition and drill.

The basic approach is to give the students a brief orientation to the problem, confront them with a series of randomly generated examples, provide appropriate feedback as they work the examples, and finally ask them to formalize the rules of thumb they have evolved from working through the process.

Program structure

Lines	Comments
0100–0810	Main program, consisting of calls to subroutines plus explanatory REMARKs.
1000–1270	Routine for initializing individual variables and dimensioning and filling arrays.
2000–2170	Routine to display the title page.
3000–3260	Routine containing instructions for display of the schoolhouse.
4000–4210	Routine to provide general introduction to the program.
5000–6290	Optional routine to print the instructions.
7000–7540	Presentation of examples.
8000–8760	Review of commonly accepted rules for punctuation of adjective clauses.
9000–9140	Data statements.

Variables

Symbol	Content
A$	String array holding adjectives.
C1$	String array holding first, restrictive clauses.
C2$	String array holding example clauses.
D$	String array holding determiners.
I$	String variable representing various inputs.
N$	String array holding nouns.
R$	String array holding relative pronouns.
V$	String array holding verb phrases.

Modifications

The program works as it stands, but it can easily be improved, particularly if you know which type of machine it is intended for. The first area to consider is probably the aesthetic.

As noted earlier, the screen layouts are formatted for a 32 column by 20 row display. This is fine if you have a ZX-81. However, if your computer has a 40, 64, or 80 column display, then the text is likely to seem cramped into the upper left-hand corner of the screen. Fortunately, that's easy to fix by adjusting a few PRINT statements.

Along the same lines, even a relative beginner should be able to jazz up the program with a few graphics. A good candidate for this treatment would be the "Dickson/Raymond Schoolhouse" to be found in the routine beginning at line 3000.

A slightly trickier enhancement would involve changing the data statements so as to produce different, perhaps more interesting sentences. One reason this is tricky is that you must be careful to create English, idiomatic combinations. You will need to filter out other combinations through traps like those to be found in lines 7110 through 7140.

Another reason changing the data is tricky is that it is likely to force you into the most challenging enhancement of all: modification of the algorithm for distinguishing restrictive from non-restrictive clauses. Of course, you can look on the bright side. Once you've modified that algorithm, you're guaranteed to know more about your own language than you did when you started. This is a program that's as good for the writer as it is for the user!

Program listing

```
]LIST

100  REM      ADJECTIVE CLAUSES
110  REM              BY
120  REM  W. DICKSON & M. RAYMOND
130  REM           8/24/82
200  GOSUB 1000
210  REM   INITIALIZE
300  GOSUB 2000
310  REM   TITLE PAGE
500  GOSUB 4000
510  REM   INTRODUCTION
600  GOSUB 5000
610  REM   INSTRUCTIONS
700  GOSUB 7000
710  REM   EXAMPLES
800  GOSUB 8000
810  REM   REPORT SCORE
1000  REM
1010  REM   INITIALIZE
1020  REM
1030  DIM D$(4),A$(5),N$(5),C1$(5),R$(3),C2$(5),V$(5)
1040 C = 0
1050 N = 0
1060  FOR I = 1 TO 4
1070  READ D$(I)
1080  NEXT I
1090  FOR I = 1 TO 5
1100  READ A$(I)
1110  NEXT I
1120  FOR I = 1 TO 5
1130  READ N$(I)
1140  NEXT I
1150  FOR I = 1 TO 5
1160  READ C1$(I)
1170  NEXT I
1180  FOR I = 1 TO 3
1190  READ R$(I)
1200  NEXT I
1210  FOR I = 1 TO 5
1220  READ C2$(I)
1230  NEXT I
1240  FOR I = 1 TO 5
1250  READ V$(I)
1260  NEXT I
1270  RETURN
2000  REM
2010  REM   TITLE PAGE
2020  REM
```

```
2030  HOME
2040  PRINT "++++++++++++++++++++++++++++++++"
2050  PRINT "+                              +"
2060  PRINT "+       ADJECTIVE CLAUSES      +"
2070  PRINT "+                              +"
2080  PRINT "+              BY              +"
2090  PRINT "+                              +"
2100  PRINT "+   W. DICKSON & M. RAYMOND    +"
2110  PRINT "+                              +"
2120  PRINT "+       AUGUST 10, 1982        +"
2130  PRINT "+                              +"
2140  PRINT "++++++++++++++++++++++++++++++++"
2150  FOR I = 1 TO 3000: NEXT I: RETURN
3000  REM
3010  REM   SCHOOLHOUSE
3020  REM
3030  HOME
3040  PRINT "THE DICKSON/RAYMOND SCHOOLHOUSE"
3050  PRINT
3060  PRINT "             ROOM 224"
3070  PRINT
3080  PRINT "    !----------------------!"
3090  PRINT "    !                      !"
3100  PRINT "   (W)  GIRL        GUY    !"
3110  PRINT "    !                      !"
3120  PRINT "    !                      !"
3130  PRINT "    !   GUY         GIRL  (D)"
3140  PRINT "    !                      !"
3150  PRINT "    !______________________!"
3160  PRINT
3170  PRINT "PLEASE NOTE THAT THERE ARE JUST"
3180  PRINT "FOUR STUDENTS IN THIS SCHOOL-"
3190  PRINT "HOUSE:  TWO GIRLS AND TWO GUYS."
3200  PRINT "ONE GIRL SITS BY THE WINDOW"
3210  PRINT "(UPPER LEFT), ONE BY THE DOOR"
3220  PRINT "(LOWER RIGHT)."
3230  PRINT
3240  PRINT "PRESS 'RETURN' TO CONTINUE.";
3250  INPUT R$
3260  RETURN
4000  REM
4010  REM   INTRODUCTION
4020  REM
4030  HOME
4040  PRINT "WELCOME TO 'ADJECTIVE CLAUSES.'
4050  PRINT
4060  PRINT
4070  PRINT "PLEASE TYPE YOUR NAME AND"
4080  PRINT "HIT 'RETURN.'"
4090  PRINT
4100  PRINT "    ";
4110  INPUT N$
4120  IF N$ = "" THEN  GOTO 4060
4130  PRINT
4140  PRINT
4150  PRINT "THANKS, ";N$;"."
4160  PRINT "DO YOU NEED INSTRUCTIONS?"
```

```
4170  PRINT
4180  INPUT I$
4190  IF  LEFT$ (I$,1) = "N" THEN  GOTO 700
4200  HOME
4210  RETURN
5000  REM
5010  REM   INSTRUCTIONS
5020  HOME
5030  PRINT "        PUNCTUATING"
5040  PRINT "     ADJECTIVE CLAUSES"
5050  PRINT
5060  PRINT
5070  PRINT "ONE OF THE MORE TROUBLESOME"
5080  PRINT "QUESTIONS STUDENTS FACE IN"
5090  PRINT "EDITING THEIR WRITING IS DE-"
5100  PRINT "CIDING WHETHER TO SET OFF AN"
5110  PRINT "ADJECTIVE CLAUSE WITH COMMAS."
5120  PRINT "SOMETIMES YOU DO AND SOMETIMES"
5130  PRINT "YOU DON'T; SO HOW IS THE POOR"
5140  PRINT "STUDENT TO KNOW WHAT'S RIGHT?"
5150  PRINT
5160  PRINT "HIT 'RETURN' TO CONTINUE."
5170  INPUT I$
5180  HOME
5190  PRINT "THE TEXTBOOK ANSWER SEEMS"
5200  PRINT "STRAIGHTFORWARD ENOUGH:  IF THE"
5210  PRINT "CLAUSE IS 'RESTRICTIVE,' 'ESSEN-"
5220  PRINT "TIAL,' OR 'NECESSARY' TO THE"
5230  PRINT "BASIC MEANING OF THE SENTENCE,"
5240  PRINT "YOU SHOULD OMIT THE COMMAS."
5250  PRINT "OTHERWISE YOU PUT THEM IN."
5260  PRINT
5270  PRINT "THE TROUBLE WITH THAT EXPLANA-"
5280  PRINT "TION IS THAT IT SIMPLY RAISES"
5290  PRINT "ANOTHER QUESTION:  NAMELY, HOW"
5300  PRINT "DO YOU KNOW WHEN A CLAUSE IS"
5310  PRINT "RESTRICTIVE? THE ANSWER"
5320  PRINT "TO THAT IS A BIT TRICKY."
5330  PRINT
5340  PRINT "PRESS 'RETURN' TO CONTINUE."
5350  INPUT I$
5360  HOME
5370  PRINT "IN PART YOU CAN RELY ON A FEW"
5380  PRINT "RULES OF THUMB, BUT IN PART YOU"
5390  PRINT "JUST HAVE TO DEVELOP A FEEL FOR"
5400  PRINT "THESE THINGS."
5410  PRINT
5420  PRINT "FORTUNATELY, HOWEVER, YOU CAN"
5430  PRINT "DEVELOP THAT FEEL FAIRLY QUICKLY"
5440  PRINT "BY LOOKING ALERTLY AT TYPICAL"
5450  PRINT "EXAMPLES.  AND THAT'S WHERE"
5460  PRINT "THIS PROGRAM CAN HELP."
5470  PRINT
5480  PRINT "LOOK CLOSELY AT THE FOLLOWING"
5490  PRINT "PICTURE, AND THEN WE WILL CON-"
5500  PRINT "SIDER SOME SENTENCES THAT REFER"
```

```
5510  PRINT "TO IT."
5520  PRINT
5530  PRINT "PRESS 'RETURN' TO CONTINUE."
5540  INPUT I$
5550  GOSUB 3000
5560  HOME
5570  PRINT "IF JOHN SAYS, 'I HAVE A DATE"
5580  PRINT "WITH THE GIRL IN ROOM 224,' HIS"
5590  PRINT "MEANING IS INCOMPLETE.  WHICH"
5600  PRINT "GIRL DOES HE HAVE IN MIND?"
5610  PRINT
5620  PRINT "HOWEVER, IF HE SAYS, 'I HAVE"
5630  PRINT "A DATE WITH THE GIRL WHO SITS"
5640  PRINT "BY THE WINDOW IN ROOM 224,'"
5650  PRINT "HIS MEANING IS THEN COMPLETE."
5660  PRINT "WE KNOW WHICH IS THE UNFORTUN-"
5670  PRINT "ATE GIRL."
5680  PRINT
5690  PRINT "IN OTHER WORDS, IN THIS CON-"
5700  PRINT "TEXT THE CLAUSE 'WHO SITS BY"
5710  PRINT "THE WINDOW' IS NECESSARY, ES-"
5720  PRINT "SENTIAL, OR RESTRICTIVE TO THE"
5730  PRINT "MEANING OF THE SENTENCE.  THUS,"
5740  PRINT "WE OMIT THE COMMAS."
5750  PRINT
5760  PRINT "PRESS 'RETURN' TO CONTINUE,"
5770  PRINT "'P' TO REVIEW THE PICTURE."
5780  INPUT I$
5790  IF I$ = "P" THEN  GOSUB 3000
5800  HOME
5810  PRINT "SUPPOSE THE GIRLS ARE NAMED,"
5820  PRINT "THOUGH.  ANN IS BY THE WINDOW,"
5830  PRINT "SUZY BY THE DOOR.  NOW IF JOHN"
5840  PRINT "SAYS, 'I HAVE A DATE WITH ANN,"
5850  PRINT "WHO SITS BY THE WINDOW,' THE"
5860  PRINT "STORY IS DIFFERENT."
5870  PRINT
5880  PRINT "SINCE THE GIRL HAS BEEN NAMED,"
5890  PRINT "HIS MEANING IS COMPLETE AND UN-"
5900  PRINT "AMBIGUOUS EVEN WITHOUT THE"
5910  PRINT "CLAUSE.  IT IS THEREFORE NON-"
5920  PRINT "ESSENTIAL OR NON-RESTRICTIVE,"
5930  PRINT "AND IT IS SET OFF BY A COMMA."
5940  PRINT "DO YOU SEE THE DIFFERENCE?"
5950  PRINT
5960  PRINT "LET'S TRY SOME EXAMPLES TO FIND"
5970  PRINT "OUT."
5980  PRINT
5990  PRINT "PRESS 'RETURN' TO CONTINUE."
6000  INPUT I$
6010  HOME
6020  PRINT "THE COMPUTER WILL SHOW YOU AS"
6030  PRINT "MANY EXAMPLES AS YOU WOULD LIKE."
6040  PRINT "AFTER EACH YOU WILL BE ASKED TO"
6050  PRINT "TELL WHETHER THE ADJECTIVE"
6060  PRINT "CLAUSE PROBABLY SHOULD OR PROB-"
```

```
6070  PRINT "ABLY SHOULD NOT BE SET OFF BY"
6080  PRINT "COMMAS.  THE COMPUTER WILL TELL"
6090  PRINT "YOU WHETHER YOUR ANSWER AGREES"
6100  PRINT "WITH THAT PREFERRED BY MOST"
6110  PRINT "GRAMMARIANS."
6120  PRINT : PRINT
6130  PRINT "PRESS 'RETURN' TO CONTINUE."
6140  PRINT : INPUT I$
6150  HOME
6160  PRINT "AS YOU WORK THROUGH THE EX-"
6170  PRINT "AMPLES, TRY TO INFER A SET"
6180  PRINT "OF RULES WHICH WILL EXPLAIN"
6190  PRINT "THE GRAMMARIANS' PREFERENCES."
6200  PRINT
6210  PRINT "AT THE CONCLUSION OF EXERCISE,"
6220  PRINT "YOU WILL BE GIVEN THE CHANCE"
6230  PRINT "TO COMPARE YOUR RULES TO"
6240  PRINT "THOSE THEY ACTUALLY USED."
6250  PRINT
6260  PRINT "PRESS 'RETURN' TO BEGIN"
6270  PRINT "THE EXERCISE.  ";
6280  INPUT I$
6290  RETURN
7000  REM
7010  REM   ASK QUESTIONS
7020  REM
7030 N = N + 1
7040 R1 =  INT ( RND (1) * 4) + 1
7050 R2 =  INT ( RND (1) * 5) + 1
7060 R3 =  INT ( RND (1) * 5) + 1
7070 R4 =  INT ( RND (1) * 5) + 1
7080 R5 =  INT ( RND (1) * 3) + 1
7090 R6 =  INT ( RND (1) * 5) + 1
7100 R7 =  INT ( RND (1) * 5) + 1
7110  IF R3 < 3 AND R4 > 3 AND R1 < 3 THEN R1 = R1 + 2

7120  IF R3 < 3 THEN R5 = 1
7130  IF R3 > 2 AND R1 < 4 THEN R1 = R1 + 1
7140  IF R2 = 5 THEN R1 = 3
7150 M$ = "2"
7160  IF R3 < 3 AND R1 = 1 THEN M$ = "1"
7170  IF R2 = 5 AND R5 <  > 3 THEN M$ = "1"
7180  IF R4 > 3 THEN M$ = "1"
7190  HOME
7200  PRINT "      ADJECTIVE CLAUSES"
7210  PRINT
7220  PRINT
7230  PRINT "EXAMPLE #";N;". . . ."
7240  PRINT
7250  PRINT D$(R1);A$(R2);N$(R3);C1$(R4);R$(R5)
7260  PRINT C2$(R6)
7270  PRINT V$(R7)
7280  PRINT
7290  PRINT
7300  PRINT "ARE COMMAS NEEDED HERE?"
7310  PRINT
```

```
7320  PRINT "      1.  PROBABLY
7330  PRINT "      2.  PROBABLY NOT
7340  PRINT
7350  PRINT "ENTER THE NUMBER AND HIT"
7360  PRINT "'RETURN.'";
7370  INPUT S$
7380  HOME
7390  IF S$ = M$ THEN  PRINT "VERY GOOD.  THAT IS THE"
    : PRINT "ANSWER PREFERRED BY THE GRAMMARIANS."
7400  IF S$ <  > M$ THEN  PRINT "SORRY, THAT IS NOT TH
    E ANSWER": PRINT "PREFERRED BY THE GRAMMARIANS."
7410  IF S$ = M$ THEN C = C + 1
7420  PRINT
7430  PRINT
7440  PRINT "YOUR SCORE SO FAR IS"
7450  PRINT C;" CORRECT OUT OF"
7460  PRINT N;" ATTEMPTED."
7470  PRINT
7480  PRINT "WOULD YOU LIKE TO TRY ANOTHER"
7490  PRINT "EXAMPLE ('Y' OR 'N')?"
7500  PRINT
7510  INPUT I$
7520  IF I$ <  > "N" AND I$ <  > "Y" THEN  GOTO 7470
7530  IF I$ = "Y" THEN  GOTO 7030
7540  RETURN
8000  REM
8010  REM   CHECK RULES
8020  REM
8030  HOME
8040  PRINT "ARE YOU READY NOW TO TAKE A"
8050  PRINT "STAB AT THE RULES, ";N$;"?"
8060  PRINT
8070  PRINT "IF SO, MAKE A NOTE OF WHAT"
8080  PRINT "YOU HAVE INFERRED ABOUT THE"
8090  PRINT "GENERAL GUIDELINES FOR PUNC-"
8100  PRINT "TUATING ADJECTIVE CLAUSES."
8110  PRINT
8120  PRINT "WHEN YOU HAVE DONE SO, PRESS"
8130  PRINT "'RETURN' TO SEE HOW YOUR IN-"
8140  PRINT "FERENCES MATCH THE RULES USED"
8150  PRINT "BY A MAJORITY OF TRADITIONAL"
8160  PRINT "GRAMMARIANS."
8170  PRINT
8180  PRINT
8190  INPUT I$
8200  HOME
8210  PRINT "          PUNCTUATING"
8220  PRINT "       ADJECTIVE CLAUSES"
8230  PRINT
8240  PRINT "THE GENERAL RULE IS QUITE"
8250  PRINT "SIMPLE:  IF THE NOUN MODIFIED"
8260  PRINT "BY THE CLAUSE HAS BEEN IDENTI-"
8270  PRINT "FIED ALREADY--UNAMABIGUOUSLY--"
8280  PRINT "THEN THE CLAUSE IS NON-"
8290  PRINT "RESTRICTIVE."
8300  PRINT
```

```
8310  PRINT "THE EXAMPLES WITH WHICH WE HAVE"
8320  PRINT "BEEN DEALING REVEAL WAYS THAT"
8330  PRINT "THIS IDENTIFICATION CAN BE MADE"
8340  PRINT "FROM WITHIN THE SENTENCE ITSELF."
8350  PRINT
8360  PRINT "PRESS 'RETURN' TO SEE SOME OF"
8370  PRINT "THE WAYS THIS CAN BE DONE."
8380  PRINT
8390  INPUT I$
8400  HOME
8410  PRINT "ORDINARILY . . . ."
8420  PRINT
8460  PRINT "1.  IF THE RELATIVE PRONOUN IS"
8470  PRINT "    'THAT' OR IF THE RELATIVE"
8480  PRINT "    PRONOUN IS OMITTED ALTOGE-"
8490  PRINT "    THER, THEN THE CLAUSE IS"
8500  PRINT "    RESTRICTIVE."
8510  PRINT
8520  PRINT "2.  IF THE FIRST OF TWO CLAUSES"
8530  PRINT "    IS RESTRICTIVE, THE SECOND"
8540  PRINT "    WILL BE NON-RESTRICTIVE."
8550  PRINT
8560  PRINT "3.  IF THE NOUN IS A PERSON'S "
8570  PRINT "    NAME AND THERE IS NO DETER-"
8580  PRINT "    MINER, THEN THE CLAUSE IS"
8590  PRINT "    NON-RESTRICTIVE."
8600  PRINT
8610  PRINT "4.  IF THE PRECEDING ADJECTIVE"
8620  PRINT "    IS SUPERLATIVE AND RULE #1"
8630  PRINT "    DOES NOT APPLY, THEN THE"
8640  PRINT "    CLAUSE IS NON-RESTRICTIVE."
8650  PRINT
8660  PRINT "NOTE THE RULES & PRESS 'RETURN.'";
8670  INPUT I$
8680  HOME
8690  PRINT "THIS CONCLUDES THE EXERCISE,"
8700  PRINT N$;"."
8710  PRINT
8720  PRINT "IF YOU WOULD LIKE MORE"
8730  PRINT "PRACTICE APPLYING THESE RULES,"
8740  PRINT "TYPE 'RUN' AND HIT 'RETURN'"
8750  PRINT "AND THE PROGRAM WILL START"
8760  PRINT "OVER FROM THE BEGINNING."
9000  REM
9010  REM   DATA STATEMENTS
9020  REM
9030  DATA  " ","A ","THE ","THAT "
9040  DATA  " ","FAT ","MONSTROUS ","GRUMPY ","RICHEST
    "
9050  DATA  "MR. JONES ","MISS KAMALA ","HIPPO ","PIG
    ","WOMBAT "
9060  DATA  " "," "," ","I SAW ","YOU MET "
9070  DATA  "WHO","WHICH","THAT"
9080  DATA  "LIVES IN ZAMBIA","EXUDES CHARM","FELL ASL
    EEP IN MACY'S"
9090  DATA  "CRAVES CHOCOLATE COVERED LOCUSTS","WORKS
    FOR THE GOVERNOR"
```

```
9100  DATA  "WAS BIT BY A CROCODILE."
9110  DATA  "WAS CARRIED AWAY BY A CYCLONE."
9120  DATA  "WAS ELECTED PRESIDENT."
9130  DATA  "HAS SWALLOWED A PUMPKIN."
9140  DATA  "HAS DEFECTED TO SERBIA."
```

Sample run

```
]
]RUN
        PUNCTUATING ADJECTIVE CLAUSES
         W. DICKSON & M. RAYMOND
                  8/23/82

WELCOME TO 'ADJECTIVE CLAUSES.'


PLEASE TYPE YOUR NAME AND
HIT 'RETURN.'

   ?IO


THANKS, IO.
DO YOU NEED INSTRUCTIONS?

?N
      ADJECTIVE CLAUSES


EXAMPLE #1. . . .

A GRUMPY PIG  WHO
CRAVES CHOCOLATE COVERED LOCUSTS
WAS ELECTED PRESIDENT.


ARE COMMAS NEEDED HERE?

     1.  PROBABLY
     2.  PROBABLY NOT

ENTER THE NUMBER AND HIT
'RETURN.'?2
VERY GOOD.  THAT IS THE
ANSWER PREFERRED BY THE GRAMMARIANS.


YOUR SCORE SO FAR IS
1 CORRECT OUT OF
1 ATTEMPTED.

WOULD YOU LIKE TO TRY ANOTHER
EXAMPLE ('Y' OR 'N')?

?N
```

```
ARE YOU READY NOW TO TAKE A
STAB AT THE RULES, IO?

IF SO, MAKE A NOTE OF WHAT
YOU HAVE INFERRED ABOUT THE
GENERAL GUIDELINES FOR PUNC-
TUATING ADJECTIVE CLAUSES.

WHEN YOU HAVE DONE SO, PRESS
'RETURN' TO SEE HOW YOUR IN-
FERENCES MATCH THE RULES USED
BY A MAJORITY OF TRADITIONAL
GRAMMARIANS.


?
           PUNCTUATING
        ADJECTIVE CLAUSES

THE GENERAL RULE IS QUITE
SIMPLE:  IF THE NOUN MODIFIED
BY THE CLAUSE HAS BEEN IDENTI-
FIED ALREADY--UNAMABIGUOUSLY--
THEN THE CLAUSE IS NON-
RESTRICTIVE.

THE EXAMPLES WITH WHICH WE HAVE
BEEN DEALING REVEAL WAYS THAT
THIS IDENTIFICATION CAN BE MADE
FROM WITHIN THE SENTENCE ITSELF.

PRESS 'RETURN' TO SEE SOME OF
THE WAYS THIS CAN BE DONE.

?
ORDINARILY . . . .

1.   IF THE RELATIVE PRONOUN IS
     'THAT' OR IF THE RELATIVE
     PRONOUN IS OMITTED ALTOGE-
     THER, THEN THE CLAUSE IS
     RESTRICTIVE.

2.   IF THE FIRST OF TWO CLAUSES
     IS RESTRICTIVE, THE SECOND
     WILL BE NON-RESTRICTIVE.

3.   IF THE NOUN IS A PERSON'S
     NAME AND THERE IS NO DETER-
     MINER, THEN THE CLAUSE IS
     NON-RESTRICTIVE.

4.   IF THE PRECEDING ADJECTIVE
     IS SUPERLATIVE AND RULE #1
     DOES NOT APPLY, THEN THE
     CLAUSE IS NON-RESTRICTIVE.
```

```
NOTE THE RULES & PRESS 'RETURN.'?
THIS CONCLUDES THE EXERCISE,
IO.

IF YOU WOULD LIKE MORE
PRACTICE APPLYING THESE RULES,
TYPE 'RUN' AND HIT 'RETURN'
AND THE PROGRAM WILL START
OVER FROM THE BEGINNING.
```

SAMPLE PROGRAMS III SKILL BUILDERS FOR READING

8

The first set of sample programs were exercises of the drill and tutorial variety; the second, occasions for inference and discovery. This last set are skill builders in one or another aspect of reading.

Speed Reading

The first program is designed, as its name suggests, to improve students' reading speed. It does so by encouraging the development of a steady rhythm from fixation to fixation and by discouraging the deadly habit of rereading material that has already been covered.

The program functions by running a passage past the students at a rate which the students themselves select. The students also select the manner in which the passages will be displayed: in a steady scroll or flashed one line at a time as with a tachistoscope.

The program as it is printed includes three passages from Irving's *Legend of Sleepy Hollow*. After each of the first two, the student is given the option to quit or to see another passage. If another passage is selected, then the student is asked again to choose the speed and the manner by which the lines will be displayed.

Program structure

Lines	Comments
0010–0310	The main program, consisting of calls to subroutines plus explanatory remarks.
1100–1170	Routine to print the title page.
2000–2660	Routine to print the instructions for using the program and to provide for selection of the speed and display options.
3000–3130	Subroutine to read the data statements and print the passage.
3200–3340	Subroutine to provide the option of printing another passage. It is called after the first two passages and skipped after the third.
3400–3530	Subroutine called after the third passage or after the student elects to quit. It prints a good-bye message.
5000–7390	Data statements.

Variables

Symbol	Content
C	Numeric variable to count the number of passages that have been printed.
I	Numeric variable to count the number of times one or another loop has been executed.
L$	String variable to hold each line of a passage before it is printed.
R$	String variable to hold the student's response to a number of requests—usually as to whether to continue.
S$	String variable used to control the speed at which the lines will be displayed.
T$	String variable used to control the type of display: scroll or tachistoscope.

Modifications

The easiest modification and the one you are most likely to wish to make is to change the reading passages. For one thing, different age groups will require passages of different levels. For another, the reading speed at any level will be in part a function of the complexity of the passage. In general, if you are interested primarily in reading speed, you should limit the complexity of the passages you select.

Two other modifications you will wish to consider involve the length and spacing of the display lines. The idea here will be to influence the rhythm of the student's eye movements. First, by increasing the length (up to the limit of your computer's display format) you will increase the number of eye fixations required per line. Second, by judicious use of extra spaces, you can group the words so that the user will tend to skip from one group to the next, thus fixing his eyes where you want them rather than where they might otherwise fall. Compare the following lines to see what we mean:

Jack and Jill went up the hill to fetch a pail of water.

—vs.—

Jack and Jill   went up the hill
to fetch a pail   of water.

It would be unusual if your eyes did not move differently in reading the first example than in reading the second.

Two other modifications are tempting, one easy and one not. The easy one would be to add some questions to test the students' comprehension of the passages they have read. After all, the rapid traversal of meaningless words can hardly be called reading—speed or otherwise.

To add the questions, insert this instruction:

```
3055  IF L$ = "DONE" THEN GOSUB 4000.
```

Beginning at line 4000 you can then enter your comprehension questions. You can establish the routine any way you like, but you might try the following:

```
4000  REM
4010  REM COMPREHENSION QUESTIONS
4020  REM
4030  R = 0: REM NUMBER RIGHT
4040  FOR I = 1 TO n: REM n = THE NUMBER OF
      QUESTIONS YOU WANT TO ASK
4050  HOME
```

```
4060 PRINT "QUESTION #";I
4070 PRINT
4080 FOR J = 1 TO 4
4090 READ Q$: REM LINE OF QUESTION
4100 PRINT Q$
4110 NEXT J
4120 PRINT
4130 FOR J = 1 TO 4
4140 READ A$: REM ALTERNATIVE ANSWERS
4150 PRINT " ";J;". ";A$
4160 NEXT J
4170 PRINT
4180 PRINT "PLEASE ENTER THE NUMBER OF THE COR-
     RECT"
4190 PRINT "ANSWER AND HIT RETURN."
4200 PRINT
4210 INPUT R$: REM RESPONSE TO QUESTION
4220 PRINT
4230 READ M$: REM MAGIC NUMBER (CORRECT ANSWER)
4240 IF R$ = M$ THEN PRINT "YOUR ANSWER IS COR-
     RECT."
4250 IF R$ = M$ THEN R = R + 1
4260 IF R$ <> M$ THEN PRINT "SORRY, THAT ANSWER
     IS INCORRECT."
4270 IF R$ <> M$ AND I < 5 THEN PRINT "PLEASE
     TRY AGAIN ON THE NEXT QUESTION."
4280 FOR J = 1 TO 2000
4290 NEXT J
4300 NEXT I
4310 HOME
4320 VTAB 6
4330 PRINT "YOUR SCORE ON THE COMPREHENSION
     QUESTIONS"
4340 PRINT "WAS ";R;" OUT OF ";n;" OR ";INT
     ((R/n) * 100);" PERCENT."
4350 PRINT
4360 PRINT
4370 PRINT "PLEASE HIT 'RETURN' TO CONTINUE.";
4380 INPUT R$
4390 RETURN
```

If you choose to use this approach, you will need to be very careful with your data statements:

1) The questions for a given passage must be placed in the data statements after that passage and before the next.

2) You must use a maximum of four lines, each represented by a single data statement, to ask the question. If you use fewer than four, then you must fill out the remainder with blank lines (DATA " ").

3) After the four lines for the question, you must enter four alternate answers, each in its own data statement.

4) The last data statement in each set must be the number of the correct answer. Note that this number is considered a string character and must be placed in quotation marks (e.g., DATA "3").

To show how this works, here is a sample question for one of the passages included in the original program. The line numbers are strictly arbitrary, of course.

```
7400  DATA "BROM BONES CAN BEST BE"
7410  DATA "DESCRIBED AS:"
7420  DATA ""
7430  DATA ""
7440  DATA "EVIL."
7450  DATA "HIGH-SPIRITED."
7460  DATA "PERVERTED."
7470  DATA "NASTY."
7480  DATA "2"
```

Lines 7400–7430 state the question. Note that since the question requires only two lines, 7420 and 7430 must be entered as blank strings. Lines 7440–7470 contain the alternate answers. Line 7480 contains the number of the correct answer. If this was the fifth question, then line 7490 would begin the next reading passage (if there was another one). Otherwise 7490 would begin the next set of data statements: questions, answers, and magic number.

The last modification you might wish to attempt is to translate the relative speeds included with the program into actual words per minute. We cannot do this for you because the time it takes the computer to execute a set number of FOR/NEXT loops will vary from model to model and even from machine to machine within a given model. Unless your computer includes a WAIT,

DELAY or PAUSE function with timing built in, the only way to tell is to get out a stopwatch, run your machine through some loops, and set the appropriate benchmarks.

To arrive at the words-per-minute speed, you must follow these steps:

1) By actually counting, find the average number of words per line that you are displaying.

2) Ascertain by the stopwatch method the number of seconds each line is displayed.

3) Divide (1) by (2) and multiply by 60 to find the average number of words per minute the user is being asked to read.

4) Substitute this number for the relative terms in lines 2410–2450.

Program listing

```
]LIST

10   REM   READING SPEED EXERCISE
20   REM              BY
30   REM   W. DICKSON & M. RAYMOND
40   REM           9/27/82
50 C = 0
100   GOSUB 1000
110   REM    TITLE PAGE
200   GOSUB 2000
210   REM    INSTRUCTIONS
300   GOSUB 3000
310   REM    PRINT PASSAGES
1000   REM
1010   REM    TITLE PAGE
1020   REM
1030   HOME
1040   PRINT "  +++++++++++++++++++++++++++++"
1050   PRINT "  +                           +"
1060   PRINT "  +  READING SPEED EXERCISE   +"
1070   PRINT "  +                           +"
1080   PRINT "  +            BY             +"
1090   PRINT "  +                           +"
1100   PRINT "  + W. DICKSON & M. RAYMOND   +"
1110   PRINT "  +                           +"
1120   PRINT "  +         9/27/82           +"
1130   PRINT "  +                           +"
1140   PRINT "  +++++++++++++++++++++++++++++"
1150   FOR I = 1 TO 3000
1160   NEXT I
1170   RETURN
2000   REM
2010   REM    INSTRUCTIONS
```

```
2020  REM
2030  HOME
2040  PRINT "WELCOME TO THE READING SPEED"
2050  PRINT "EXERCISE.  DO YOU NEED"
2060  PRINT "INSTRUCTIONS ('Y' OR 'N') ?"
2070  PRINT
2080  INPUT R$
2090  IF R$ = "N" THEN  GOTO 2340
2100  HOME
2110  PRINT "   READING SPEED EXERCISE"
2120  PRINT
2130  PRINT "WHEN THE EXERCISE BEGINS, THE"
2140  PRINT "COMPUTER WILL PRINT A PASSAGE"
2150  PRINT "FROM A STORY FOR YOU TO READ"
2160  PRINT "OFF THE SCREEN.  YOU WILL HAVE"
2170  PRINT "TWO OPTIONS FOR CONTROLLING THE"
2180  PRINT "WAY THE STORY IS DISPLAYED."
2190  PRINT
2200  PRINT "1)  YOU WILL CONTROL THE SPEED"
2210  PRINT "    AT WHICH NEW LINES ARE"
2220  PRINT "    PRINTED AND OLD ONES"
2230  PRINT "    OBLITERATED."
2240  PRINT
2250  PRINT "2)  YOU WILL CONTROL WHETHER"
2260  PRINT "    THE PASSAGE IS SCROLLED OFF"
2270  PRINT "    THE SCREEN OR FLASHED ONE"
2280  PRINT "    LINE AT A TIME AS WITH A"
2290  PRINT "    TACHISTOSCOPE."
2300  PRINT
2310  PRINT
2320  PRINT "PRESS 'RETURN' TO CONTINUE.";
2330  INPUT R$
2340  HOME
2350  PRINT "EXERCISING YOUR OPTIONS..."
2360  PRINT
2370  PRINT "FIRST YOU MUST CHOOSE THE"
2380  PRINT "SPEED AT WHICH YOU WANT THE"
2390  PRINT "LINES TO BE DISPLAYED."
2400  PRINT
2410  PRINT "   1.  VERY FAST
2420  PRINT "   2.  FAST
2430  PRINT "   3.  AVERAGE
2440  PRINT "   4.  SLOW
2450  PRINT "   5.  VERY SLOW
2460  PRINT
2470  PRINT "(TYPE THE NUMBER OF YOUR CHOICE"
2480  PRINT " AND HIT 'RETURN.')
2490  PRINT
2500  INPUT S$
2510  IF S$ <  > "1" AND S$ <  > "2" AND S$ <  > "3" AND
     S$ <  > "4" AND S$ <  > "5" THEN  GOTO 2460
2520  HOME
2530  PRINT "EXERCISING YOUR OPTIONS..."
2540  PRINT
2550  PRINT "NOW YOU MUST DECIDE BETWEEN"
2560  PRINT "SCROLL AND TACHISTOSCOPE."
2570  PRINT
```

```
2580  PRINT "    1.  SCROLL"
2590  PRINT "    2.  TACHISTOSCOPE"
2600  PRINT
2610  PRINT "(TYPE THE NUMBER OF YOUR CHOICE"
2620  PRINT " AND PRESS 'RETURN.')
2630  PRINT
2640  INPUT T$
2650  IF T$ <  > "1" AND T$ <  > "2" THEN  GOTO 2600
2660  RETURN
3000  REM
3010  REM   PRINT PASSAGES
3020  REM
3030 C = C + 1
3040  HOME
3050  READ L$
3060  IF L$ = "DONE" AND C < 3 THEN  GOSUB 3200
3070  IF L$ = "DONE" AND C = 3 THEN  GOSUB 3400
3080  IF T$ = "2" THEN  HOME
3090  IF T$ = "2" THEN  VTAB 8
3100  PRINT L$
3110  FOR I = 1 TO ( VAL (S$) * 400)
3120  NEXT
3130  GOTO 3050
3200  REM
3210  REM   ANOTHER PASSAGE
3220  REM
3230  HOME
3240  PRINT "THAT'S THE END OF THIS READING"
3250  PRINT "PASSAGE.  WOULD YOU LIKE TO TRY"
3260  PRINT "ANOTHER ('Y' OR 'N') ?"
3270  PRINT
3280  INPUT R$
3290  IF  LEFT$ (R$,1) = "Y" THEN  GOTO 200
3300  PRINT
3310  PRINT
3320  PRINT "VERY WELL, THEN.  HOPE YOU"
3330  PRINT "PROFITED FROM THE EXERCISE."
3340  END
3400  REM
3410  REM   LAST PASSAGE
3420  REM
3430  HOME
3440  PRINT "THAT'S THE LAST PASSAGE."
3450  PRINT "HOPE YOU ENJOYED THE"
3460  PRINT "READINGS!"
3470  PRINT
3480  PRINT
3490  PRINT "IF YOU WOULD LIKE TO TRY THE"
3500  PRINT "PROGRAM AGAIN, MAYBE AT A"
3510  PRINT "DIFFERENT SPEED, JUST TYPE"
3520  PRINT "'RUN' AND HIT 'RETURN.'"
3530  END
5000  REM
5010  REM   DATA STATEMENTS
5020  REM
5030  DATA "       ICHABOD CRANE"," "
5040  DATA "IN THIS BY-PLACE OF NATURE,"
```

```
5050  DATA "THERE ABODE, IN A REMOTE PERIOD"
5060  DATA "OF AMERICAN HISTORY, THAT IS TO"
5070  DATA "SAY, SOME THIRTY YEARS SINCE, A"
5080  DATA "WORTHY WIGHT OF THE NAME OF"
5090  DATA "ICHABOD CRANE; WHO SOJOURNED,"
5100  DATA "OR, AS HE EXPRESSED IT, 'TAR-"
5110  DATA "RIED,' IN SLEEPY HOLLOW, FOR"
5120  DATA "THE PURPOSE OF INSTRUCTING THE"
5130  DATA "CHILDREN OF THE VICINITY.  HE"
5140  DATA "WAS A NATIVE OF CONNECTICUTT, A"
5150  DATA "STATE WHICH SUPPLIES THE UNION"
5160  DATA "WITH PIONEERS FOR THE MIND AS"
5170  DATA "WELL AS FOR THE FOREST, AND"
5180  DATA "SENDS FORTH YEARLY ITS LEGIONS"
5190  DATA "OF FRONTIER WOODSMEN AND COUN-"
5200  DATA "TRY SCHOOLMASTERS.  THE COGNOMEN"
5210  DATA "OF CRANE WAS NOT INAPPLICABLE TO"
5220  DATA "HIS PERSON.  HE WAS TALL, BUT"
5230  DATA "EXCEEDINGLY LANK, WITH NARROW"
5240  DATA "SHOULDERS, LONG ARMS AND LEGS,"
5250  DATA "HANDS THAT DANGLED A MILE OUT OF"
5260  DATA "HIS SLEEVES, FEET THAT MIGHT"
5270  DATA "HAVE SERVED FOR SHOVELS, AND"
5280  DATA "HIS WHOLE FRAME MOST LOOSELY"
5290  DATA "HUNG TOGETHER.  HIS HEAD WAS"
5300  DATA "SMALL, AND FLAT AT TOP, WITH"
5310  DATA "HUGE EARS, LARGE GREEN GLASSY"
5320  DATA "EYES, AND A LONG SNIPE NOSE, SO"
5330  DATA "THAT IT LOOKED LIKE A WEATHER-"
5340  DATA "COCK PERCHED UPON HIS SPINDLE"
5350  DATA "NECK, TO TELL WHICH WAY THE"
5360  DATA "WIND BLEW.  TO SEE HIM STRIDING"
5370  DATA "ALONG THE PROFILE OF A HILL ON"
5380  DATA "A WINDY DAY, WITH HIS CLOTHES"
5390  DATA "BAGGING AND FLUTTERING ABOUT"
5400  DATA "HIM, ONE MIGHT HAVE MISTAKEN"
5410  DATA "HIM FOR THE GENIUS OF FAMINE"
5420  DATA "DESCENDING UPON THE EARTH, OR"
5430  DATA "SOME SCARECROW ELOPED FROM A"
5440  DATA "CORNFIELD.","DONE"
6000  DATA "   KATRINA VAN TASSEL"
6010  DATA " "
6020  DATA "AMONG THE MUSICAL DISCIPLES WHO"
6030  DATA "ASSEMBLED, ONE EVENING IN EACH"
6040  DATA "WEEK, TO RECEIVE ICHABOD'S"
6050  DATA "INSTRUCTIONS IN PSALMODY, WAS"
6060  DATA "KATRINA VAN TASSEL, THE DAUGHTER"
6070  DATA "AND ONLY CHILD OF A SUBSTANTIAL"
6080  DATA "DUTCH FARMER.  SHE WAS A"
6090  DATA "BLOOMING LASS OF FRESH EIGHTEEN;"
6100  DATA "PLUMP AS A PARTRIDGE; RIPE AND"
6110  DATA "MELTING AND ROSY-CHEEKED AS ONE"
6120  DATA "OF HER FATHER'S PEACHES, AND"
6130  DATA "UNIVERSALLY FAMED, NOT MERELY"
6140  DATA "FOR HER BEAUTY, BUT HER VAST"
6150  DATA "EXPECTATIONS.  SHE WAS WITHAL A"
6160  DATA "BIT OF A COQUETTE, AS MIGHT BE"
```

```
6170  DATA "PERCEIVED EVEN IN HER DRESS,"
6180  DATA "WHICH WAS A MIXTURE OF ANCIENT"
6190  DATA "AND MODERN FASHIONS, AS MOST"
6200  DATA "SUITED TO SET OFF HER CHARMS."
6210  DATA "SHE WORE THE ORNAMENTS OF PURE"
6220  DATA "YELLOW GOLD, WHICH HER GREAT-"
6230  DATA "GREAT-GRANDMOTHER HAD BROUGHT"
6240  DATA "OVER FROM SAARDAM; THE TEMPTING"
6250  DATA "STOMACHER OF THE OLDEN TIME;"
6260  DATA "AND WITHAL A PROVOKINGLY SHORT"
6270  DATA "PETTICOAT, TO DISPLAY THE"
6280  DATA "PRETTIEST FOOT AND ANKLE IN"
6290  DATA "THE COUNTRY ROUND."
6300  DATA "DONE"
7000  DATA "        BROM BONES"
7010  DATA " "
7020  DATA "AMONG THE YOUNG MEN, THE MOST"
7030  DATA "FORMIDABLE WAS A ROARING,"
7040  DATA "ROISTERING BLADE, OF THE NAME"
7050  DATA "OF ABRAHAM, OR, ACCORDING TO THE"
7060  DATA "DUTCH ABBREVIATION, BROM VAN"
7070  DATA "BRUNT, THE HERO OF THE COUNTRY"
7080  DATA "ROUND, WHICH RANG WITH HIS FEATS"
7090  DATA "OF STRENGTH AND HARDIHOOD.  HE"
7100  DATA "WAS BROAD-SHOULDERED AND DOUBLE-"
7110  DATA "JOINTED, WITH SHORT CURLY BLACK"
7120  DATA "HAIR, AND A BLUFF BUT NOT "
7130  DATA "UNPLEASANT COUNTENANCE, HAVING A"
7140  DATA "MINGLED AIR OF FUN AND ARROGANCE."
7150  DATA "FROM HIS HERCULEAN FRAME AND"
7160  DATA "GREAT POWERS OF LIMB, HE HAD"
7170  DATA "RECEIVED THE NICKNAME OF BROM"
7180  DATA "BONES, BY WHICH HE WAS "
7190  DATA "UNIVERSALLY KNOWN.  HE WAS FAMED"
7200  DATA "FOR GREAT KNOWLEDGE AND SKILL IN"
7210  DATA "HORSEMANSHIP, BEING AS DEXTROUS"
7220  DATA "ON HORSEBACK AS A TARTAR.  HE"
7230  DATA "WAS FOREMOST AT ALL RACES AND"
7240  DATA "COCKFIGHTS; AND WITH THE"
7250  DATA "ASCENDANCY WHICH BODILY"
7260  DATA "STRENGTH ACQUIRES IN RUSTIC"
7270  DATA "LIFE WAS THE UMPIRE IN ALL"
7280  DATA "DISPUTES, SETTING HIS HAT ON ONE"
7290  DATA "SIDE AND GIVING HIS DECISIONS"
7300  DATA "WITH AN AIR AND TONE ADMITTING"
7310  DATA "OF NO GAINSAY OR APPEAL.  HE WAS"
7320  DATA "ALWAYS READY FOR A FIGHT OR A"
7330  DATA "FROLIC; BUT HAD MORE MISCHIEF"
7340  DATA "THAN ILL-WILL IN HIS COMPO-"
7350  DATA "SITION; AND WITH ALL HIS OVER-"
7360  DATA "BEARING ROUGHNESS, THERE WAS A"
7370  DATA "STRONG DASH OF WAGGISH GOOD-"
7380  DATA "HUMOR AT BOTTOM."
7390  DATA "DONE"
```

Sample run

```
]
]RUN
  ++++++++++++++++++++++++++++
  +                          +
  +  READING SPEED EXERCISE  +
  +                          +
  +            BY            +
  +                          +
  + W. DICKSON & M. RAYMOND  +
  +                          +
  +         9/27/82          +
  +                          +
  ++++++++++++++++++++++++++++
WELCOME TO THE READING SPEED
EXERCISE.  DO YOU NEED
INSTRUCTIONS ('Y' OR 'N') ?

?N
EXERCISING YOUR OPTIONS...

FIRST YOU MUST CHOOSE THE
SPEED AT WHICH YOU WANT THE
LINES TO BE DISPLAYED.

   1.  VERY FAST
   2.  FAST
   3.  AVERAGE
   4.  SLOW
   5.  VERY SLOW

(TYPE THE NUMBER OF YOUR CHOICE
 AND HIT 'RETURN.')

?1
EXERCISING YOUR OPTIONS...

NOW YOU MUST DECIDE BETWEEN
SCROLL AND TACHISTOSCOPE.

   1.  SCROLL
   2.  TACHISTOSCOPE

(TYPE THE NUMBER OF YOUR CHOICE
 AND PRESS 'RETURN.')

?2
     ICHABOD CRANE

IN THIS BY-PLACE OF NATURE,
THERE ABODE, IN A REMOTE PERIOD
OF AMERICAN HISTORY, THAT IS TO
SAY, SOME THIRTY YEARS SINCE, A
```

```
WORTHY WIGHT OF THE NAME OF
ICHABOD CRANE; WHO SOJOURNED,
OR, AS HE EXPRESSED IT, 'TAR-
RIED,' IN SLEEPY HOLLOW, FOR
THE PURPOSE OF INSTRUCTING THE
CHILDREN OF THE VICINITY.  HE
WAS A NATIVE OF CONNECTICUTT, A
STATE WHICH SUPPLIES THE UNION
WITH PIONEERS FOR THE MIND AS
WELL AS FOR THE FOREST, AND
SENDS FORTH YEARLY ITS LEGIONS
OF FRONTIER WOODSMEN AND COUN-
TRY SCHOOLMASTERS.  THE COGNOMEN
OF CRANE WAS NOT INAPPLICABLE TO
HIS PERSON.  HE WAS TALL, BUT
EXCEEDINGLY LANK, WITH NARROW
SHOULDERS, LONG ARMS AND LEGS,
HANDS THAT DANGLED A MILE OUT OF
HIS SLEEVES, FEET THAT MIGHT
HAVE SERVED FOR SHOVELS, AND
HIS WHOLE FRAME MOST LOOSELY
HUNG TOGETHER.  HIS HEAD WAS
SMALL, AND FLAT AT TOP, WITH
HUGE EARS, LARGE GREEN GLASSY
EYES, AND A LONG SNIPE NOSE, SO
THAT IT LOOKED LIKE A WEATHER-
COCK PERCHED UPON HIS SPINDLE
NECK, TO TELL WHICH WAY THE
WIND BLEW.  TO SEE HIM STRIDING
ALONG THE PROFILE OF A HILL ON
A WINDY DAY, WITH HIS CLOTHES
BAGGING AND FLUTTERING ABOUT
HIM, ONE MIGHT HAVE MISTAKEN
HIM FOR THE GENIUS OF FAMINE
DESCENDING UPON THE EARTH, OR
SOME SCARECROW ELOPED FROM A
CORNFIELD.
THAT'S THE END OF THIS READING
PASSAGE.  WOULD YOU LIKE TO TRY
ANOTHER ('Y' OR 'N') ?

?N


VERY WELL, THEN.  HOPE YOU
PROFITED FROM THE EXERCISE.
```

Missing Words

This next program is a special type of clozing exercise. Its purpose is to reinforce students' sensitivity to contextual clues in reading. As it is now set up, the program is aimed at the secondary level or above. The students are given a brief but incomplete passage from a well known poem and asked to supply its missing word. In doing so, they are expected to make use of a variety of contextual clues: meaning, rhythm, sound, connotation, etc.

The focus of the exercise can be sharpened quite easily by selecting passages that require just one or two of these clues to the exclusion of the others. Likewise the level can be changed anywhere from elementary to graduate by varying the difficulty and complexity of the excerpts. The program is quite flexible in this respect.

Another feature worth noting is the built-in option of working in either quiz or tutorial mode. In the quiz mode the students get just one chance at the question, and they receive no feedback till the exercise is complete. In the tutorial mode, on the other hand, the students get two chances to select the right answer. Furthermore, if they miss on the first attempt, they are told why the first answer was wrong before being asked to continue. In other words, this program doesn't just quiz; it also teaches.

As the program stands, the student is given a choice of modes. However, if it seems preferable, the teacher can make the choice ahead of time. This can be done quite easily by following the instructions given in the section "Modifications."

Program structure

Lines	Comments
0100–0700	Main program, consisting of calls to subroutines plus explanatory remarks.
2000–2170	Sequence of commands to print the title page.
3000–3820	Instructions for using the program, including a short section from 3680 to 3810 to select the mode of operation.
4000–4120	Initialization of simple variables and creation and filling of arrays.
5000–5300	Routine to print the question and to accept the student's answer.
5500–5610	Main routine to examine the student's answer and to prepare for response.
6000–6120	Main routine to examine the student's final score and to prepare for response.

6130–6920	Five responses to the student's score, varying according to how high it is.
7000–8130	Four responses to the student's answer, varying according to which of the four alternatives is selected and according to whether that particular alternative is correct or incorrect.
9000–9505	Ten sets of data statements, arranged in the following sequence: six lines of poetry (some perhaps blank), four alternative answers, and four responses corresponding to those answers.

Variables

Symbol	Content
A1$–A4$	String arrays to hold the alternative answers.
C	Numeric variable to hold the number of attempts at the right answer.
C$	String variable to hold the student's choice of answer.
G	Numeric variable to hold the student's grade.
I	Numeric variable to increment the number of examples that have been displayed.
I$	String variable to hold the input in response to a variety of queries.
J	Numeric variable to keep track of the number of passes through a loop.
N$	String variable to hold the student's name.
P1$–P6$	String arrays to hold the respective lines of the various passages of poetry.
R1$–R4$	String arrays to hold the responses to the student's choice of answer.
T$	String variable to represent the type of format—quiz or tutorial.

Modifications

Content

This program is suitable for use with content of almost any level. To change either level or focus, you need only find appropriate cloze passages and observe the necessary structure in arranging your data statements.

In selecting passages, the key is to find those in which the context—either broad or narrow—provides a substantial clue to the diction which ought to be employed. Just two examples will illustrate.

1. The investigating officer said that the (   ) had turned left after running a stop sign.
   a. car
   b. Ford
   c. jalopie
   d. vehicle.

In terms of meaning, any of the alternatives would fit. However, the broad context suggests that the answer must be "vehicle." That's the way policemen talk, and everyone knows it.

2. The goat wearing the green (   ) ate Jill's shoe.
   a. field
   b. grass
   c. munching
   d. hat.

In this case the narrow grammatical context eliminates "munching." In the matrix "determiner + modifier + (   )," the blank must be filled by a noun. Likewise, the narrow semantic context eliminates both "field" and "grass." They are nouns and they are green, but they are not "wearable." By process of elimination, then, the answer must be "hat."

Data structure

In setting up your data statements, remember that the program expects to find ten sets of 14 statements each. First come six separate lines reserved for the cloze passage. If the passage requires fewer than six lines, then you must fill out the remainder with blank data statements. This is important for two reasons. First, if you end up with a total of fewer than 140 separate statements, the program will crash and give you an "OUT OF DATA" error message.

Second, regardless of common sense or good intentions to the contrary, the computer will regard the first six statements it comes to as containing the context passage. If, say, five of those statements contained the passage and the sixth contained the first alternative answer, you would get some strange results when the questioning routine began.

Because of these problems, if you find that you will need fewer than six lines for the passages you have selected, you might wish to revise the program's data structure. If you find that you will need more than six lines, you will of course *have* to revise it, whether you want to or not.

To revise the structure, you must alter each of the following lines:

4040. If your selections require more than six lines, then you should reserve space for the extras by dimensioning a new "Passage-Line" array for each. Just follow the established pattern (DIM P1$(10), P2$(10), P3$(10) . . .) for as many additional lines as are necessary. If you need fewer than six lines, then of course you can delete the unnecessary dimension statements.

4080. Having modified the reserved space by adding or deleting dimension statements, you will need now to make similar changes in the corresponding READ statements (READ P1$(I), P2$(I), P3$(I) . . . .).

5090 ff. This is where you send your passage to the screen. You will need one PRINT statement for each of its lines. The range of lines between 5090 and 5149 should give you plenty of room for the new statements. If your passages are too long, however, you might need to remove the blank lines at 5070, 5080, 5150, 5170, 5220, and 5240 so as to fit the entire question on one screen. If your passages are shorter than six lines, the screen format need not be altered.

Mode

It is not unlikely that in some circumstances you will elect not to give your students a choice of modes in attempting the program. If you wish to make only the quiz mode available, then change line 3810 to read T$ = "A." If you wish to make only the tutorial mode available, then change it to read T$ = "B." In either case, you could then delete lines 3680 through 3800, and the students who ran the program would be denied the option to choose. If you didn't even want them to know what they were missing, you would need to change the instructions in lines 3400 through 3670 as well.

Number of attempts

You can also change the number of attempts the students are permitted in tutorial mode before they must move on to the next question. To permit only one attempt, change line 5590 to read IF T$ = "B" AND C < 2 THEN GOTO 5050. To permit three attempts, change C < 2 to C < 4 in that line. To force the students to keep trying until they get it right, make the line IF T$ = "B" THEN GOTO 5050.

Program listing

```
]LIST

100  REM       MISSING WORDS
110  REM            BY
120  REM  W. DICKSON & M. RAYMOND
130  REM          8/20/82
200  GOSUB 2000
210  REM  TITLE PAGE
300  GOSUB 3000
310  REM  INSTRUCTIONS
400  GOSUB 4000
410  REM  INITIALIZE
500  GOSUB 5000
510  REM  ASK QUESTIONS
600  GOSUB 6000
610  REM  REPORT SCORE
700  END
2000  REM
2010  REM   TITLE PAGE
2020  REM
2030  HOME
2040  PRINT "  +++++++++++++++++++++++++++++"
2050  PRINT "  +                           +"
2060  PRINT "  +      MISSING WORDS        +"
2070  PRINT "  +                           +"
2080  PRINT "  +            BY             +"
2090  PRINT "  +                           +"
2100  PRINT "  +  W. DICKSON & M. RAYMOND  +"
2110  PRINT "  +                           +"
2120  PRINT "  +         8/20/82           +"
2130  PRINT "  +                           +"
2140  PRINT "  +++++++++++++++++++++++++++++"
2150  FOR I = 1 TO 2500
2160  NEXT I
2170  RETURN
3000  REM
3010  REM   INSTRUCTIONS
3020  REM
3030  HOME
3040  PRINT "WELCOME TO MISSING WORDS!"
3050  PRINT
```

```
3060  PRINT
3070  PRINT "PLEASE TYPE YOUR NAME AND HIT"
3080  PRINT "'RETURN.'"
3090  PRINT
3100  INPUT N$
3110  PRINT
3120  PRINT
3130  PRINT "DO YOU NEED INSTRUCTIONS?"
3140  PRINT
3150  INPUT I$
3160  IF  LEFT$ (I$,1) = "N" THEN  GOTO 3680
3170  HOME
3180  PRINT "          MISSING WORDS"
3190  PRINT
3200  PRINT "THE PURPOSE OF THIS EXERCISE IS"
3210  PRINT "TO REVIEW WHAT YOU KNOW ABOUT"
3220  PRINT "POETIC DICTION."
3230  PRINT
3240  PRINT "THE COMPUTER WILL DISPLAY FROM"
3250  PRINT "TWO TO FOUR LINES OF POETRY,"
3260  PRINT "BUT WITH ONE WORD MISSING."
3270  PRINT
3280  PRINT "YOUR TASK WILL BE TO CHOOSE"
3290  PRINT "THE MISSING WORD FROM AMONG"
3300  PRINT "FOUR ALTERNATIVES.  IN DOING"
3310  PRINT "SO, YOU WILL NEED TO APPLY"
3320  PRINT "EVERYTHING YOU KNOW ABOUT"
3330  PRINT "POETIC DICTION--FROM CONNO-"
3340  PRINT "TATION TO ALLUSIVENESS."
3350  PRINT
3360  PRINT
3370  PRINT "PRESS 'RETURN' TO CONTINUE."
3380  INPUT I$
3390  HOME
3400  PRINT "YOU CAN ATTEMPT THE EXERCISE"
3410  PRINT "IN EITHER OF TWO MODES, QUIZ"
3420  PRINT "OR TUTORIAL."
3430  PRINT
3440  PRINT "IN THE QUIZ MODE, YOU WILL"
3450  PRINT "BE GIVEN JUST ONE CHANCE TO"
3460  PRINT "SELECT THE CORRECT ANSWER,"
3470  PRINT "AND YOUR SCORE WILL BE WITH-"
3480  PRINT "HELD UNTIL YOU HAVE COMPLETED"
3490  PRINT "THE EXERCISE."
3500  PRINT
3510  PRINT
3520  PRINT "HIT 'RETURN' TO CONTINUE."
3530  INPUT I$
3540  HOME
3550  PRINT "IN THE TUTORIAL MODE, YOU WILL"
3560  PRINT "BE ALLOWED TWO CHANCES TO SEL-"
3570  PRINT "LECT THE ANSWER, AND YOU WILL"
3580  PRINT "BE KEPT UP TO DATE ON YOUR"
3590  PRINT "SCORE AS YOU PROCEED.  IN AD-"
3600  PRINT "DITION, IF YOU GUESS WRONG"
3610  PRINT "THE FIRST TIME, YOU WILL BE"
```

```
3620  PRINT "GIVEN A HINT BEFORE MAKING"
3630  PRINT "ANOTHER ATTEMPT."
3640  PRINT
3650  PRINT
3660  PRINT "HIT 'RETURN' TO CONTINUE."
3670  INPUT I$
3680  HOME
3690  PRINT "OK, ";N$;"."
3700  PRINT
3710  PRINT "WHICH MODE WOULD YOU PREFER"
3720  PRINT "TO PURSUE:  QUIZ OR TUTORIAL?"
3730  PRINT
3740  PRINT "      A.  QUIZ"
3750  PRINT
3760  PRINT "      B.  TUTORIAL"
3770  PRINT
3780  PRINT
3790  PRINT "TYPE 'A' OR 'B' AND HIT 'RETURN.'"
3800  PRINT
3810  INPUT T$
3820  RETURN
4000  REM
4010  REM   INITIALIZE
4020  REM
4030 G = 0
4040  DIM P1$(10),P2$(10),P3$(10),P4$(10),P5$(10),P6$(
     10)
4050  DIM A1$(10),A2$(10),A3$(10),A4$(10)
4060  DIM R1$(10),R2$(10),R3$(10),R4$(10)
4070  FOR I = 1 TO 10
4080  READ P1$(I),P2$(I),P3$(I),P4$(I),P5$(I),P6$(I)
4090  READ A1$(I),A2$(I),A3$(I),A4$(I)
4100  READ R1$(I),R2$(I),R3$(I),R4$(I)
4110  NEXT I
4120  RETURN
5000  REM
5010  REM   ASK QUESTIONS
5020  REM
5030 I = 1
5040 C = 1
5050  HOME
5060  PRINT "EXAMPLE #";I
5070  PRINT
5080  PRINT
5090  PRINT P1$(I)
5100  PRINT P2$(I)
5110  PRINT P3$(I)
5120  PRINT P4$(I)
5130  PRINT P5$(I)
5140  PRINT P6$(I)
5150  PRINT
5160  PRINT "THE MISSING WORD IS . . ."
5170  PRINT
5180  PRINT "      1.  ";A1$(I)
5190  PRINT "      2.  ";A2$(I)
5200  PRINT "      3.  ";A3$(I)
```

```
5210  PRINT "      4. ";A4$(I)
5220  PRINT
5230  PRINT "TYPE THE NUMBER & HIT 'RETURN.'"
5240  PRINT
5250  INPUT C$
5260  IF C$ <  > "1" AND C$ <  > "2" AND C$ <  > "3" AND
     C$ <  > "4" THEN  GOTO 5220
5270  GOSUB 5500
5280 I = I + 1
5290  IF I < 11 THEN  GOTO 5040
5300  RETURN
5500  REM
5510  REM   CHECK ANSWER
5520  REM
5530  HOME
5540 C = C + 1
5550  IF C$ = "1" THEN  GOSUB 8000
5560  IF C$ = "2" THEN  GOSUB 8300
5570  IF C$ = "3" THEN  GOSUB 8580
5580  IF C$ = "4" THEN  GOSUB 8860
5590  IF T$ = "B" AND C < 3 THEN  GOTO 5050
5600  FOR I = I TO 10
5610  RETURN
6000  REM
6010  REM   REPORT SCORE
6020  REM
6030  HOME
6040  PRINT "           MISSING WORDS"
6050  PRINT
6060  PRINT
6070  IF G > 89 THEN  GOSUB 6200
6080  IF G > 79 AND G < 90 THEN  GOSUB 6350
6090  IF G > 69 AND G < 80 THEN  GOSUB 6500
6100  IF G > 59 AND G < 70 THEN  GOSUB 6650
6110  IF G < 60 THEN  GOSUB 6800
6120  RETURN
6200  REM
6210  REM   HIGHEST SCORE
6220  PRINT "CONGRATULATIONS, ";N$;"!"
6230  PRINT
6240  PRINT
6250  PRINT "YOUR SCORE OF ";G;" IS OUTSTANDING."
6260  PRINT
6270  PRINT
6280  PRINT "YOU MUST HAVE A GOOD EAR FOR"
6290  PRINT "POETRY."
6300  RETURN
6350  REM
6360  REM   SECOND HIGHEST SCORE
6370  PRINT "VERY GOOD, ";N$;"!"
6380  PRINT
6390  PRINT
6400  PRINT "YOUR SCORE OF ";G;" IS WELL ABOVE"
6410  PRINT "AVERAGE."
6420  PRINT
6430  PRINT
```

```
6440  PRINT "YOU MUST HAVE BEEN DOING YOUR"
6450  PRINT "HOMEWORK."
6460  RETURN
6500  REM
6510  REM   AVERAGE SCORE
6520  PRINT "NOT BAD, ";N$;"."
6530  PRINT
6540  PRINT
6550  PRINT "YOUR SCORE OF ";G;" IS QUITE SOLID."
6560  PRINT
6570  PRINT
6580  PRINT "YOU MUST HAVE BEEN STUDYING YOUR"
6590  PRINT "POETRY."
6600  RETURN
6650  REM
6660  REM   BELOW AVERAGE SCORE
6670  PRINT "COULD BE BETTER, ";N$;"."
6680  PRINT
6690  PRINT
6700  PRINT "YOUR SCORE OF ";G;" IS BELOW"
6710  PRINT "AVERAGE FOR THIS EXERCISE."
6720  PRINT
6730  PRINT
6740  PRINT "PERHAPS YOU NEED TO CONCENTRATE A"
6750  PRINT "LITTLE MORE ON THE MATERIAL."
6760  RETURN
6800  REM
6810  REM   LOWEST SCORE
6820  PRINT "NOT SO GOOD, ";N$;"!"
6830  PRINT
6840  PRINT
6850  PRINT "YOUR SCORE OF ";G;" INDICATES THAT"
6860  PRINT "YOU HAVE NOT YET MASTERED THIS"
6870  PRINT "MATERIAL."
6880  PRINT
6890  PRINT
6900  PRINT "PERHAPS YOU NEED TO PUT IN A BIT"
6910  PRINT "MORE TIME STUDYING YOUR POETRY."
6920  RETURN
8000  REM
8010  REM   RESPOND TO ANSWERS
8020  REM
8030  REM   CHOICE #1
8040  IF R1$(I) < > "CORRECT!" THEN  GOTO 8160
8050  IF C = 2 THEN G = G + 10
8060  IF C = 3 THEN G = G + 5
8070 C = C + 1
8080  IF T$ = "A" THEN  RETURN
8090  PRINT R1$(I)
8100  PRINT
8110  PRINT
8120  PRINT "YOUR TOTAL SCORE NOW IS ";G;"."
8130  FOR J = 1 TO 2000
8140  NEXT J
8150  RETURN
8160  IF T$ = "A" THEN  RETURN
```

```
8170  PRINT "SORRY, ";N$;"."
8180  PRINT
8190  PRINT
8200  PRINT A1$(I);" IS INCORRECT."
8210  PRINT
8220  PRINT "PLEASE NOTE THE "
8230  PRINT "    ";R1$(I)
8240  PRINT
8250  PRINT
8260  PRINT "PRESS 'RETURN' TO CONTINUE."
8270  PRINT
8280  INPUT I$
8290  RETURN
8300  REM
8310  REM  CHOICE #2
8320  IF R2$(I) <  > "CORRECT!" THEN  GOTO 8440
8330  IF C = 2 THEN G = G + 10
8340  IF C = 3 THEN G = G + 5
8350 C = C + 1
8360  IF T$ = "A" THEN  RETURN
8370  PRINT R2$(I)
8380  PRINT
8390  PRINT
8400  PRINT "YOUR TOTAL SCORE NOW IS ";G;"."
8410  FOR J = 1 TO 2000
8420  NEXT J
8430  RETURN
8440  IF T$ = "A" THEN  RETURN
8450  PRINT "SORRY, ";N$;"."
8460  PRINT
8470  PRINT
8480  PRINT A2$(I);" IS INCORRECT."
8490  PRINT
8500  PRINT "PLEASE NOTE THE "
8510  PRINT "    ";R2$(I)
8520  PRINT
8530  PRINT
8540  PRINT "PRESS 'RETURN' TO CONTINUE."
8550  PRINT
8560  INPUT I$
8570  RETURN
8580  REM
8590  REM   CHOICE #3
8600  IF R3$(I) <  > "CORRECT!" THEN  GOTO 8720
8610  IF C = 2 THEN G = G + 10
8620  IF C = 3 THEN G = G + 5
8630 C = C + 1
8640  IF T$ = "A" THEN  RETURN
8650  PRINT R3$(I)
8660  PRINT
8670  PRINT
8680  PRINT "YOUR TOTAL SCORE NOW IS ";G;"."
8690  FOR J = 1 TO 2000
8700  NEXT J
8710  RETURN
8720  IF T$ = "A" THEN  RETURN
```

```
8730  PRINT "SORRY, ";N$;"."
8740  PRINT
8750  PRINT
8760  PRINT A3$(I);" IS INCORRECT."
8770  PRINT
8780  PRINT "PLEASE NOTE THE "
8790  PRINT "   ";R3$(I)
8800  PRINT
8810  PRINT
8820  PRINT "PRESS 'RETURN' TO CONTINUE."
8830  PRINT
8840  INPUT I$
8850  RETURN
8860  REM
8870  REM   CHOICE #4
8880  IF R4$(I) <  > "CORRECT!" THEN  GOTO 9000
8890  IF C = 2 THEN G = G + 10
8900  IF C = 3 THEN G = G + 5
8910 C = C + 1
8920  IF T$ = "A" THEN  RETURN
8930  PRINT R4$(I)
8940  PRINT
8950  PRINT
8960  PRINT "YOUR TOTAL SCORE NOW IS ";G;"."
8970  FOR J = 1 TO 2000
8980  NEXT J
8990  RETURN
9000  IF T$ = "A" THEN  RETURN
9010  PRINT "SORRY, ";N$;"."
9020  PRINT
9030  PRINT
9040  PRINT A4$(I);" IS INCORRECT."
9050  PRINT
9060  PRINT "PLEASE NOTE THE "
9070  PRINT "   ";R4$(I)
9080  PRINT
9090  PRINT
9100  PRINT "PRESS 'RETURN' TO CONTINUE."
9110  PRINT
9120  INPUT I$
9130  RETURN
9400  REM
9405  REM   DATA STATEMENTS
9410  REM
9415  DATA  "HE CLASPS THE CRAG WITH"
9420  DATA  "   CROOKED (        );"
9425  DATA  "CLOSE TO THE SUN IN AZURE"
9430  DATA  "   LANDS,"
9435  DATA  "RINGED WITH THE AZURE"
9440  DATA  "   WORLD, HE STANDS."
9445  DATA  "PAWS","HANDS","CLAWS","FINGERS"
9450  DATA  "RHYME AND PERSONIFICATION."
9455  DATA  "CORRECT!"
9460  DATA  "RHYME AND PERSONIFICATION."
9465  DATA  "METRICAL PATTERN."
9470  DATA  "CUCKOO!  CUCKOO!  O, WORD"
```

```
9475  DATA  "    OF FEAR,"
9480  DATA  "UNPLEASING TO A MARRIED"
9485  DATA  "    (       )."
9490  DATA  " ","  "
9495  DATA  "EAR","MAN","WOMAN","PERSON"
9500  DATA  "CORRECT!"
9505  DATA  "RHYME AND EMPHASIS ON HEARING."
9510  DATA  "ALLUSION (LOOK IT UP)."
9515  DATA  "RHYME AND METRICAL PATTERN."
9520  DATA  "THE STRONGEST OATHS ARE (       )"
9525  DATA  "TO THE FIRE I' THE BLOOD."
9530  DATA  " "," "," "," "
9535  DATA  "WEAK","WOOD","WATER","STRAW"
9540  DATA  "MEANING OF THE LINES."
9545  DATA  "EMPHASIS ON SWIFT BURNING."
9550  DATA  "COMMONSENSE MEANING."
9555  DATA  "CORRECT!"
9560  DATA  "IS THIS THE FACE THAT LAUNCHED"
9565  DATA  "    A (       ) SHIPS?"
9570  DATA  " "," "," "," "
9575  DATA  "LOT OF","HUNDRED","THOUSAND","MILLION"
9580  DATA  "NEED FOR CONCRETE IMAGERY."
9585  DATA  "NEED FOR AN IMPRESSIVE NUMBER."
9590  DATA  "CORRECT!"
9595  DATA  "NEED TO OBSERVE COMMONSENSE."
9600  DATA  "GATHER YE ROSEBUDS WHILE YE MAY."
9605  DATA  "  OLD TIME IS STILL A-FLYING;"
9610  DATA  "AND THIS SAME FLOWER THAT"
9615  DATA  "      SMILES TODAY"
9620  DATA  "TOMORROW WILL BE (       )."
9625  DATA  " "
9630  DATA  "DYING","ROTTING","FALLING","FORGOTTEN"
9635  DATA  "CORRECT!"
9640  DATA  "RHYME AND TONE."
9645  DATA  "RHYME."
9650  DATA  "RHYME AND METRICAL PATTERN."
9655  DATA  "THE LONG DAY WANES; THE SLOW"
9660  DATA  "    MOON (       ); THE DEEP"
9665  DATA  "MOANS ROUND WITH MANY VOICES."
9670  DATA  " "," "," "
9675  DATA  "LEAPS","DISAPPEARS","SHINES","CLIMBS"
9680  DATA  "MEANING OF THE LINES ('SLOW'?)."
9685  DATA  "TIME OF DAY ('LONG DAY WANES')."
9690  DATA  "EMPHASIS ON CHANGE AND MOVEMENT."
9695  DATA  "CORRECT!"
9700  DATA  "JACK, EATING ROTTEN CHEESE, DID"
9705  DATA  "    SAY,"
9710  DATA  "LIKE (       ) I MY THOUSANDS SLAY;"
9715  DATA  "I VOW, QUOTH ROGER, SO YOU DO."
9720  DATA  "AND WITH THE SELFSAME"
9725  DATA  "    WEAPON, TOO."
9730  DATA  "PATTON","SAMSON","ARMIES","SOLDIERS"
9735  DATA  "REF. TO A PARTICULAR WEAPON."
9740  DATA  "CORRECT!"
9745  DATA  "SUBTLE ALLUSION."
```

```
9750  DATA  "SUBTLE ALLUSION."
9755  DATA  "APPARENTLY WITH NO SURPRISE"
9760  DATA  "TO ANY HAPPY FLOWER,"
9765  DATA  "THE FROST (      ) IT AT ITS"
9770  DATA  "   PLAY"
9775  DATA  "IN ACCIDENTAL POWER."
9780  DATA  " "
9785  DATA  "KILLS","BEHEADS","DESTROYS","FREEZES"
9790  DATA  "METRICAL PATTERN."
9795  DATA  "CORRECT!"
9800  DATA  "EMPHASIS ON PERSONIFICATION."
9805  DATA  "NEED FOR FIGURATIVE LANGUAGE."
9810  DATA  "TRUE EASE IN WRITING COMES"
9815  DATA  "   FROM ART, NOT CHANCE,"
9820  DATA  "AS THOSE MOVE EASIEST WHO HAVE"
9825  DATA  "   LEARNED TO (      )."
9830  DATA  " "," "
9835  DATA  "COMPOSE","MARCH","RELAX","DANCE"
9840  DATA  "COMPARISON BEING MADE."
9845  DATA  "REF. TO 'EASY' MOVEMENT."
9850  DATA  "RHYME AND METRICAL PATTERN."
9855  DATA  "CORRECT!"
9860  DATA  "I SHOULD HAVE BEEN A PAIR"
9865  DATA  "   OF RAGGED (      )"
9870  DATA  "SCUTTLING ACROSS THE FLOORS"
9875  DATA  "   OF SILENT SEAS."
9880  DATA  " "," "
9885  DATA  "CLAWS","FINS","FEET","FISH"
9890  DATA  "CORRECT!"
9895  DATA  "REF. TO 'SCUTTLING.'"
9900  DATA  "ADJ. 'RAGGED' AND THE LOCATION."
9905  DATA  "SINGULAR 'I.'"
```

Sample run

```
]
]RUN
 ++++++++++++++++++++++++++++
 +                          +
 +      MISSING WORDS       +
 +                          +
 +            BY            +
 +                          +
 +  W. DICKSON & M. RAYMOND +
 +                          +
 +         8/20/82          +
 +                          +
 ++++++++++++++++++++++++++++
WELCOME TO MISSING WORDS!


PLEASE TYPE YOUR NAME AND HIT
'RETURN.'

?RON
```

```
DO YOU NEED INSTRUCTIONS?

?N
OK, RON.

WHICH MODE WOULD YOU PREFER
TO PURSUE:  QUIZ OR TUTORIAL?

     A.  QUIZ

     B.  TUTORIAL


TYPE 'A' OR 'B' AND HIT 'RETURN.'

?B
EXAMPLE #1


HE CLASPS THE CRAG WITH
   CROOKED (      );
CLOSE TO THE SUN IN AZURE
   LANDS,
RINGED WITH THE AZURE
   WORLD, HE STANDS.

THE MISSING WORD IS . . .

     1. PAWS
     2. HANDS
     3. CLAWS
     4. FINGERS

TYPE THE NUMBER & HIT 'RETURN.'

?3
SORRY, RON.

CLAWS IS INCORRECT.

PLEASE NOTE THE
   RHYME AND PERSONIFICATION.


PRESS 'RETURN' TO CONTINUE.

?
EXAMPLE #1


HE CLASPS THE CRAG WITH
   CROOKED (      );
CLOSE TO THE SUN IN AZURE
   LANDS,
RINGED WITH THE AZURE
   WORLD, HE STANDS.
```

```
THE MISSING WORD IS . . .

     1. PAWS
     2. HANDS
     3. CLAWS
     4. FINGERS

TYPE THE NUMBER & HIT 'RETURN.'

?2
CORRECT!


YOUR TOTAL SCORE NOW IS 5.
EXAMPLE #2


CUCKOO!  CUCKOO!  O, WORD
   OF FEAR,
UNPLEASING TO A MARRIED
   (     ).



THE MISSING WORD IS . . .

     1. EAR
     2. MAN
     3. WOMAN
     4. PERSON

TYPE THE NUMBER & HIT 'RETURN.'

 ?         MISSING WORDS


 CONGRATULATIONS, RON!


 YOUR SCORE OF 90 IS OUTSTANDING.


 YOU MUST HAVE A GOOD EAR FOR
 POETRY.
```

Silly Stories

Content

Superficially this program merely tests the user's knowledge of parts of speech. It consists of a short story with a number of key words missing. The student supplies a list of words of the appropriate parts of speech, and the computer fits them into the story and prints it. The reward for good performance is the creation of a highly amusing story.

In addition to testing prior knowledge, the program can also serve as a learning device. As is so often true, the greatest learning occurs when the student gives an incorrect response. For example, suppose the context said, "For her initiation, Susan was forced to eat an enormous amount of –––––––," and the input statement asked for "a non-count noun." If the students responded with, say, "banana," they would recognize that something was wrong when they read the story. In checking to see what, they would note that while "banana" would not work in that context, words like "mud," "goop," "garbage," or "grass" would. Reexamining the input statements, they would be in a position to infer the difference between count and non-count nouns.

By exercising care in writing the matrix story, the instructor can control the kind of knowledge tested, the kind of learning encouraged, and the kind of reward provided. In fact, the teacher can have as much fun writing these stories as the student can using them.

Program structure

Lines	Comment
0010–0410	Main program, consisting of calls to subroutines and explanatory remarks.
1000–1090	Title page.
2000–2090	Instructions.
3000–3090	Routine to obtain the parts of speech needed to complete the story.
4000–4930	The matrix story into which the parts of speech are fitted.

Variables

Symbol	Content
AJ$	String array holding the specified adjectives.
AV$	String array holding the specified adverbs.
I	Numeric variable used to increment the count in for-next loops.

NP$	String array holding the specified plural nouns.
NS$	String array holding the specified singular nouns.
R$	String variable used with simple input statements.
V$	String array holding the specified verbs.

Modifications

Almost everyone enjoys this kind of fill-in-the-blanks story, but of course the matrix should be changed to suit the particular group for which it is intended. These changes should be of two kinds. First, the content should be changed to reflect the interests and reading level of the age group involved. Young children might enjoy a fairy tale about Ferdinand the fairy prince; older students might prefer a racier vignette featuring Fang McGee, the punk dentist. Second, the context should be changed to reflect the learning the teacher wishes to impart.

These modifications should be executed in two stages. First, the teacher should write out the story she wishes to use. Some persons are comfortable just leaving blanks as they write. Others find it easier to write a complete story and then go back and blank out selected words in revising. Try it both ways and see which works best for you.

After the story is finished, it is possible to define very specifically the characteristics required in the missing words. These characteristics can then be reflected in the input statements in the "Get Words" routine beginning in line 3000. The statements should be adjusted so as to obtain the best compromise between efficiency for the programmer and specific guidance for the students. For instance, in the program as printed, the request for adjectives merely loops ten times—very efficient. However, the requests for verbs are individually defined—helpful, but very inefficient. The trap to watch out for is to make sure that the appropriate item in the holding array is printed at the proper place in the story.

Program listing

```
]LIST

10  REM        SILLY STORIES
20  REM  W. DICKSON & M. RAYMOND
30  REM            10/1/82
100  GOSUB 1000
```

```
110  REM   TITLE PAGE
200  GOSUB 2000
210  REM   INSTRUCTIONS
300  GOSUB 3000
310  REM   GET WORDS
400  GOSUB 4000
410  REM   PRINT STORY
1000  REM
1010  REM   TITLE PAGE
1020  REM
1030  HOME
1040  PRINT "  ++++++++++++++++++++++++++++"
1050  PRINT "  +                          +"
1060  PRINT "  +      SILLY STORIES       +"
1070  PRINT "  +                          +"
1080  PRINT "  +            BY            +"
1090  PRINT "  +                          +"
1100  PRINT "  + W. DICKSON & M. RAYMOND  +"
1110  PRINT "  +                          +"
1120  PRINT "  +         10/1/82          +"
1130  PRINT "  +                          +"
1140  PRINT "  ++++++++++++++++++++++++++++"
1150  FOR I = 1 TO 3000
1160  NEXT I
1170  RETURN
2000  REM
2010  REM   INSTRUCTIONS
2020  REM
2030  HOME
2040  PRINT "       SILLY STORIES"
2050  PRINT
2060  PRINT "THIS EXERCISE GIVES YOU A CHANCE"
2070  PRINT "BOTH TO HAVE SOME FUN AND TO SEE"
2080  PRINT "HOW WELL YOU KNOW YOUR PARTS OF"
2090  PRINT "SPEECH."
2100  PRINT
2110  PRINT "THE WAY IT WORKS IS THAT THE"
2120  PRINT "COMPUTER WILL ASK YOU TO NAME"
2130  PRINT "SOME PARTS OF SPEECH.  WHEN YOU"
2140  PRINT "DO, IT WILL FIT THEM INTO A"
2150  PRINT "STORY AND THEN PRINT IT FOR YOU."
2160  PRINT
2170  PRINT
2180  PRINT "PRESS 'RETURN' TO CONTINUE."
2190  PRINT
2200  INPUT R$
2210  RETURN
3000  REM
3010  REM   GET WORDS
3020  REM
3030  DIM NS$(4),NP$(7),V$(5),AJ$(10),AV$(5)
3040  FOR I = 1 TO 4
3050  HOME
3060  PRINT "PLEASE GIVE ME A SINGLULAR NOUN."
3070  PRINT
3080  INPUT NS$(I)
3090  NEXT I
```

```
3100  FOR I = 1 TO 7
3110  HOME
3120  PRINT "PLEASE GIVE ME A PLURAL NOUN."
3130  PRINT
3140  INPUT NP$(I)
3150  NEXT I
3160  FOR I = 1 TO 10
3170  HOME
3180  PRINT "PLEASE GIVE ME AN ADJECTIVE."
3190  PRINT
3200  INPUT AJ$(I)
3210  NEXT I
3220  FOR I = 1 TO 5
3230  HOME
3240  PRINT "PLEASE GIVE ME AN ADVERB OF"
3250  PRINT "MANNER."
3260  PRINT
3270  INPUT AV$(I)
3280  NEXT I
3290  HOME
3300  PRINT "PLEASE GIVE ME AN INTRANSITIVE"
3310  PRINT "VERB IN THE THIRD PERSON"
3320  PRINT "PLURAL, PRESENT TENSE."
3330  PRINT
3340  INPUT V$(1)
3350  HOME
3360  PRINT "PLEASE GIVE ME A TRANSITIVE"
3370  PRINT "VERB IN PRESENT PARTICIPLE FORM."
3380  PRINT
3390  INPUT V$(2)
3400  HOME
3410  PRINT "PLEASE GIVE ME AN INTRANSITIVE"
3420  PRINT "VERB IN THE THIRD PERSON"
3430  PRINT "SINGULAR, PRESENT TENSE."
3440  PRINT
3450  INPUT V$(3)
3460  HOME
3470  PRINT "PLEASE GIVE ME AN INTRANSITIVE"
3480  PRINT "VERB IN THE INFINITIVE FORM"
3490  PRINT "(WITHOUT THE 'TO')."
3500  PRINT
3510  INPUT V$(4)
3520  HOME
3530  PRINT "PLEASE GIVE ME AN INTRANSITIVE"
3540  PRINT "VERB IN THE THIRD PERSON"
3550  PRINT "PLURAL, PAST TENSE."
3560  PRINT
3570  INPUT V$(5)
3580  RETURN
4000  REM
4010  REM   PRINT STORY
4020  REM
4030  HOME
4040  PRINT "      A BRIEF ENCOUNTER"
4050  PRINT
4060  PRINT "EARLY ONE SATURDAY MORNING,"
4070  PRINT "GEORGE AND SUZY DORF WENT FOR A"
```

```
4080  PRINT "WALK.  IT WAS A BEAUTIFUL DAY FOR"
4090  PRINT "AN OUTING.  THE SUN SHONE ABOVE"
4100  PRINT "THEM LIKE A GOLDEN ";NS$(1);"."
4110  PRINT "THE BREEZE WAFTED GENTLY, BEARING"
4120  PRINT "THE ODOR OF ";AJ$(1)
4130  PRINT NP$(1);"."
4140  PRINT
4150  PRINT
4160  PRINT "PRESS 'RETURN' TO CONTINUE."
4170  PRINT
4180  INPUT R$
4190  HOME
4200  PRINT "STROLLING CASUALLY, THE TWO"
4210  PRINT "FRIENDS CROSSED A FIELD OF"
4220  PRINT NP$(2);" TOWARD A FOREST"
4230  PRINT "CONSISTING OF ";AJ$(2)
4240  PRINT NP$(3);".  ENTERING THE"
4250  PRINT "FOREST, GEORGE SAID"
4260  PRINT AV$(1);", 'WILL YOU LOOK"
4270  PRINT "AT THOSE ";AJ$(3)
4280  PRINT NP$(4);"!  THEY MUST BE"
4290  PRINT "AS BIG AS ";NP$(5);","
4300  PRINT "AND THEY ";V$(1)
4310  PRINT "AS ";AV$(2);" AS"
4320  PRINT "NIGHTINGALES."
4330  PRINT
4340  PRINT
4350  PRINT "PRESS 'RETURN' TO CONTINUE."
4360  PRINT
4370  INPUT R$
4380  HOME
4390  PRINT "SUZY AGREED.  'I'M AS HAPPY AS"
4400  PRINT "A FAT ";NS$(2);" IN A"
4410  PRINT NS$(3);",' SHE SAID."
4420  PRINT "CONTENTEDLY, THEY STROLLED"
4430  PRINT "THROUGH THE FOREST,"
4440  PRINT V$(2);" THE ";NP$(6)
4450  PRINT "AND COMMENTING EXCITEDLY ABOUT"
4460  PRINT "THE ";AJ$(4);" WILDLIFE"
4470  PRINT "THEY SAW ALL ABOUT THEM."
4480  PRINT
4490  PRINT
4500  PRINT "PRESS 'RETURN' TO CONTINUE."
4510  PRINT
4520  INPUT R$
4530  HOME
4540  PRINT "UNEXPECTEDLY, A FIERCE"
4550  PRINT NS$(4);" APPEARED, ALMOST"
4560  PRINT "AS IF BY MAGIC.  THE"
4570  PRINT AJ$(5);" ";NS$(4)
4580  PRINT V$(3);" AT THE CHILDREN."
4590  PRINT "HIS BREATH SMELLED ";AJ$(6);";"
4600  PRINT "HIS FANGS GLEAMED ";AV$(3);";"
4610  PRINT "AND HIS ";AJ$(7);" EYES"
4620  PRINT "SHONE LIKE ";NP$(7);"."
4630  PRINT
4640  PRINT
```

```
4650  PRINT "PRESS 'RETURN' TO CONTINUE."
4660  PRINT
4670  INPUT R$
4680  HOME
4690  PRINT "ALL SEEMED LOST, BUT JUST THEN"
4700  PRINT "SUZY REMEMBERED THE LESSON TAUGHT"
4710  PRINT "HER BY HER ";AJ$(8)
4720  PRINT "GRANDMOTHER:  'WHEN CONFRONTED"
4730  PRINT "BY A ROGUE ";NS$(4);", YOUR"
4740  PRINT "BEST HOPE IS TO ";V$(4)
4750  PRINT "AS QUICKLY AS YOU CAN.'  WITH-"
4760  PRINT "OUT A MOMENT'S DELAY, THE TWO"
4770  PRINT "CHILDREN ACTED, AND TO THEIR"
4780  PRINT "DELIGHT THE ";AJ$(9)
4790  PRINT NS$(4);" DISAPPEARED INTO A"
4800  PRINT "CLOUD OF ";AJ$(10)
4810  PRINT "SMOKE.  TERRIFIED BUT RELIEVED,"
4820  PRINT "GEORGE AND SUZY ";V$(5)
4830  PRINT AV$(4);" ALL THE WAY HOME."
4840  PRINT
4850  PRINT
4860  PRINT "PRESS 'RETURN' TO CONTINUE."
4870  PRINT
4880  INPUT R$
4890  HOME
4900  PRINT "GIGGLING ";AV$(5);", THEY"
4910  PRINT "OBSERVED THAT THE DAY WHICH"
4920  PRINT "HAD BEGUN SO BEAUTIFULLY HAD"
4930  PRINT "ALMOST ENDED IN TRAGEDY."
```

Sample run

```
]RUN
  ++++++++++++++++++++++++++++
  +                          +
  +      SILLY STORIES       +
  +                          +
  +           BY             +
  +                          +
  + W. DICKSON & M. RAYMOND  +
  +                          +
  +         10/1/82          +
  +                          +
  ++++++++++++++++++++++++++++
       SILLY STORIES

THIS EXERCISE GIVES YOU A CHANCE
BOTH TO HAVE SOME FUN AND TO SEE
HOW WELL YOU KNOW YOUR PARTS OF
SPEECH.

THE WAY IT WORKS IS THAT THE
COMPUTER WILL ASK YOU TO NAME
SOME PARTS OF SPEECH.  WHEN YOU
DO, IT WILL FIT THEM INTO A
STORY AND THEN PRINT IT FOR YOU.
```

```
PRESS 'RETURN' TO CONTINUE.

?
PLEASE GIVE ME A SINGLULAR NOUN.

?GUMDROP
PLEASE GIVE ME A SINGLULAR NOUN.

?RAT
PLEASE GIVE ME A SINGLULAR NOUN.

?STEW
PLEASE GIVE ME A SINGLULAR NOUN.

?PENCIL
PLEASE GIVE ME A PLURAL NOUN.

?SOCKS
PLEASE GIVE ME A PLURAL NOUN.

?LEOTARDS
PLEASE GIVE ME A PLURAL NOUN.

?BURRITOS
PLEASE GIVE ME A PLURAL NOUN.

?WORMS
PLEASE GIVE ME A PLURAL NOUN.

?CABBAGES
PLEASE GIVE ME A PLURAL NOUN.

?SNEAKERS
PLEASE GIVE ME A PLURAL NOUN.

?OLIVES
PLEASE GIVE ME AN ADJECTIVE.

?ROTTEN
PLEASE GIVE ME AN ADJECTIVE.

?DECAYING
PLEASE GIVE ME AN ADJECTIVE.

?DELICATE
PLEASE GIVE ME AN ADJECTIVE.

?DELECTABLE
PLEASE GIVE ME AN ADJECTIVE.

?DISGUSTING
PLEASE GIVE ME AN ADJECTIVE.

?MALODOROUS
PLEASE GIVE ME AN ADJECTIVE.
```

```
?DISSIPATED
PLEASE GIVE ME AN ADJECTIVE.

?DISTINGUISHED
PLEASE GIVE ME AN ADJECTIVE.

?BRILLIANT
PLEASE GIVE ME AN ADJECTIVE.

?PIGEON-TOED
PLEASE GIVE ME AN ADVERB OF
MANNER.

?DELICATELY
PLEASE GIVE ME AN ADVERB OF
MANNER.

?DESPICABLY
PLEASE GIVE ME AN ADVERB OF
MANNER.

?ENDEARINGLY
PLEASE GIVE ME AN ADVERB OF
MANNER.

?EMBARRASSINGLY
PLEASE GIVE ME AN ADVERB OF
MANNER.

?CARESSINGLY
PLEASE GIVE ME AN INTRANSITIVE
VERB IN THE THIRD PERSON
PLURAL, PRESENT TENSE.

?SLITHER
PLEASE GIVE ME A TRANSITIVE
VERB IN PRESENT PARTICIPLE FORM.

?POKING
PLEASE GIVE ME AN INTRANSITIVE
VERB IN THE THIRD PERSON
SINGULAR, PRESENT TENSE.

?GAMBOLS
PLEASE GIVE ME AN INTRANSITIVE
VERB IN THE INFINITIVE FORM
(WITHOUT THE 'TO').

?SHUFFLE
PLEASE GIVE ME AN INTRANSITIVE
VERB IN THE THIRD PERSON
PLURAL, PAST TENSE.

?AMBLED
      A BRIEF ENCOUNTER
```

```
EARLY ONE SATURDAY MORNING,
GEORGE AND SUZY DORF WENT FOR A
WALK.  IT WAS A BEAUTIFUL DAY FOR
AN OUTING.  THE SUN SHONE ABOVE
THEM LIKE A GOLDEN GUMDROP.
THE BREEZE WAFTED GENTLY, BEARING
THE ODOR OF ROTTEN
SOCKS.


PRESS 'RETURN' TO CONTINUE.

?
STROLLING CASUALLY, THE TWO
FRIENDS CROSSED A FIELD OF
LEOTARDS TOWARD A FOREST
CONSISTING OF DECAYING
BURRITOS.  ENTERING THE
FOREST, GEORGE SAID
DELICATELY, 'WILL YOU LOOK
AT THOSE DELICATE
WORMS!  THEY MUST BE
AS BIG AS CABBAGES,
AND THEY SLITHER
AS DESPICABLY AS
NIGHTINGALES.


PRESS 'RETURN' TO CONTINUE.

?
SUZY AGREED.  'I'M AS HAPPY AS
A FAT RAT IN A
STEW,' SHE SAID.
CONTENTEDLY, THEY STROLLED
THROUGH THE FOREST,
POKING THE SNEAKERS
AND COMMENTING EXCITEDLY ABOUT
THE DELECTABLE WILDLIFE
THEY SAW ALL ABOUT THEM.


PRESS 'RETURN' TO CONTINUE.

?
UNEXPECTEDLY, A FIERCE
PENCIL APPEARED, ALMOST
AS IF BY MAGIC.  THE
DISGUSTING PENCIL
GAMBOLS AT THE CHILDREN.
HIS BREATH SMELLED MALODOROUS;
HIS FANGS GLEAMED ENDEARINGLY;
AND HIS DISSIPATED EYES
SHONE LIKE OLIVES.


PRESS 'RETURN' TO CONTINUE.
```

```
?
ALL SEEMED LOST, BUT JUST THEN
SUZY REMEMBERED THE LESSON TAUGHT
HER BY HER DISTINGUISHED
GRANDMOTHER:  'WHEN CONFRONTED
BY A ROGUE PENCIL, YOUR
BEST HOPE IS TO SHUFFLE
AS QUICKLY AS YOU CAN.'  WITH-
OUT A MOMENT'S DELAY, THE TWO
CHILDREN ACTED, AND TO THEIR
DELIGHT THE BRILLIANT
PENCIL DISAPPEARED INTO A
CLOUD OF PIGEON-TOED
SMOKE.  TERRIFIED BUT RELIEVED,
GEORGE AND SUZY AMBLED
EMBARRASSINGLY ALL THE WAY HOME.


PRESS 'RETURN' TO CONTINUE.

?
GIGGLING CARESSINGLY, THEY
OBSERVED THAT THE DAY WHICH
HAD BEGUN SO BEAUTIFULLY HAD
ALMOST ENDED IN TRAGEDY.
```

ADVENTURING YOUR WAY TO LITERARY UNDERSTANDING

9

Before concluding this book, we would like to return to and reemphasize our most fundamental belief about our subject: namely, that if the computer is to reach its full potential in the language arts class, then a certain key principle must be maintained. Students must be encouraged to use the machine actively and creatively as a tool of inquiry rather than just passively as recipients of programmed instruction.

We agree that quiz and tutorial programs have their place, or else we wouldn't have included so many of them in this book. Nevertheless, we remain convinced that they must be kept in perspective and that they cannot be allowed to constitute the main use of the computer in language arts instruction.

We have tried to show one way our central principle can be implemented, that is, through writing rather than just using computer programs. We showed in the chapter *Reading, Writing, and Programming* that learning to program can improve students' writing, problem solving, and sensitivity in aesthetic appreciation. Perhaps most important in light of youth's typical response to today's television, films, and rock music, we showed how programming encourages them to be creators rather than mere "experiencers" of their cultural environment.

In this and the last chapter we will take up two more ways by which this principle can be implemented, and will end with a call for a genuinely holistic approach to education—starting with the computer and the language arts, but extending across the entire curriculum. In this chapter, we will meet head-on the controversy about computer games by discussing ways through which the playing of fantasy adventures can improve students' performance in literary analysis and interpretation. In chapter 11, we will describe an experimental communications course at our university in which we made programming and word processing alike a central feature of instruction. Along the way, we shall consider ways in which text editing and word processing can improve the effectiveness of instruction in writing.

But that comes later. For now, let's go adventuring to see one of the less obvious but more interesting uses of the computer in the literature class.

A New Source of Motivation

When the Academic Computer Center was first opened at the university where we teach, its data tapes included a number of games which students were permitted to play during their leisure hours. Unfortunately, so many students seemed to find so much leisure that before long the terminals were occupied full-time by glassy-eyed game players. We were forced with reluctance to place the games off-line and out of circulation.

Our reluctance in doing so stemmed from a number of obvious sources. First, being naturally warm and open-hearted, we liked seeing our students having the kind of fun that would harm neither brains, genes, nor livers. Further, being concerned with their future, we liked the idea of their looking on the computer as a source of pleasure rather than threat or drudgery. And finally, being as usual desperate for new sources of motivation, we hated quashing rather than using that beautiful student interest.

Distress at losing that interest was in fact a major factor in our having pursued the line of thought we'll be sharing here. You see, we know how powerful such interest can be. Not only have we seen the little nippers hunched with deep intensity at their terminals, we've looked in reflective windows in our studies and seen ourselves in the same attitude. We've seen them turn in papers late because they were too much engaged with the computer to tear themselves away, and we've understood—because we've turned papers back late for the very same reason. The only apparent difference is that the students have been content to wallow in their dereliction, while we've had sufficient Puritan conscience to wish to turn it to positive use.

Fortunately, we have found an approach that looks promising. One of the games the students had been playing before being shut down was a modified version of the original adventure, first written by Willy Crowther and Don Woods years ago, passed from hand to hand (or, more appropriately, from machine to machine) by addicted computer hackers all across the country. We had had enough experience with adventures ourselves to know that to write one would require many of the traditional skills of the fictionist—that in fact *Oo-Topos*, one of the best, had been written by a twice-published science fiction novelist named Michael Berlyn. We knew too that to solve one would require the skills of the critical reader, and to enjoy one would require the qualities of imagination by which literature has always thrived. It stood to reason that if students weren't put off by knowing what they were doing was good for them, we might use the adventure to teach them some important introductory literary skills. We might also rekindle an interest in literature in students who had been turned off on the subject for years.

What Is an "Adventure"?

Allow us to explain to the uninitiated just what an adventure is and how it works. While it is as a whole *sui generis*, the adventure does combine conventional characteristics of the intellectual puzzle, traditional narrative, and fantasy role game. In a typical example, the creator develops a maze (or forest or castle or dungeon) through which the players must find their way in order to collect treasure and, usually, kill off the bad guys before they kill the players. To do this successfully, the players must find and interpret clues, make inferences, stay alert, and, in general, take nothing for granted.

When looking at the computer's display, the players see a description or graphic representation of the room where they are located. To take action, they must give the proper instruction, usually a two-word command like "go east" or "get sword." If the computer doesn't understand the command—if there's been a typo, for example, or if the words aren't in its two or three hundred word vocabulary—then it says so. If it does understand, then it either prints or, in most of the newer games, pictures the results of the action.

The skills and values fostered by the better examples of such games can reinforce any number of academic areas. For the teacher of literature, however, those that are most important are attention to detail, practical logic, understanding of plot and characterization, and enhancement of the imagination.

Attention to Detail

How often have we pulled our hair to see the blithe indifference with which our students skim past, not the subtleties, but the neon-flashing signposts to an author's meaning. We are reminded of a class discussion of Flannery O'Connor's *Good Country People* early this term. Not one of our students—college English majors all—could remember the identity, let alone the significance, of the three items Manley Pointer pulled out of his valise to show Hulga: the whiskey, the condoms, and the pornographic playing cards. To their credit, they did remember that he had hidden the stuff in a hollowed-out Bible. Still, if those students had begun an adventure without recognizing so obvious a clue as this representation of the three cardinal sins of the Christian fundamentalist (i.e., wine, women, and gambling—fundamentalists don't ordinarily object to songs), then they would never have seen daylight again. Some dragon, warlock, or other monster would have gotten them.

Players learn very quickly that every detail in an adventure must be observed closely. Nothing is meaningless. If you find an empty cage in one room (*Classic Adventure*), you can count on finding a bird later on to put in it. If you find yourself in a library (*The Prisoner*), you had better pay close attention to the titles of the books. If the sign says, "Don't Feed the Piranhas" (*Cranston Manor*, figure 9-1), then stay out of the water. If you find a key (any adventure), start searching for a lock. Wasn't it Chekov who said that if a loaded gun shows up in a story, it had better go off before the story ends? Students learn very quickly that in an adventure, it will, and as a result they start looking with remarkable assiduousness for loaded guns.

FIGURE 9-1
Cranston Manor, a Graphic Adventure from Sierra On-line.

Practical Logic

This emphasis on significant details leads naturally to development of skills in practical logic, a feature inherent in the nature of the genre. The centrality of this feature derives from the fact that the game-maker is like a detective novelist: his or her purpose is to provide sufficient clues for the solution of a mystery, but to disguise them in such a way that only the most careful inference and common sense can decipher their meaning. Allow us to try at least to illustrate this without revealing essential clues to potential players of the games we shall mention.

The general rules in an adventure are that everything is related and that the game-maker will always play fair—devious, but fair. This means that the player can be confident that every object will have its use, every place its entry and exit, every enemy its vulnerability. As the authors of *The Stone of Sisyphus* remind us:

> In every dungeon there is at least one exit. It is possible to escape from each and every dungeon with a whole skin. We state that fact . . . because players often believe this not to be true. We really aren't out to get you. Not really. . . .

The beauty of this situation is that, knowing solutions do exist for the problems they encounter, the adventurers are pushed to meet the challenge of discovering where the pieces lie and how they fit together.

Here is an example. In Scott Adams' *Pirate Adventure* (figure 9-2), the players are required to build a boat and sail it to Treasure Island. This seems simple enough. However, by following clues and making inferences, they discover that to build the boat, they must use plans inside a treasure chest inside a hut in the middle of a meadow. The trouble is that the chest is locked. The key is back in the very first room of the adventure, hidden under a rug. Unfortunately, the rug is nailed down, and the adventurers need a claw hammer to release it. The hammer is, of course, back at the meadow—inside a cave. The cave is dark, as caves are wont to be; to get the hammer the adventurers need a torch—which is upstairs at, needless to say, the original room. We could continue, but you can no doubt see already how this fabric of interrelatedness works.

Plot

Attending to the details and disentangling the pattern of such fabric are general intellectual skills. In addition to strengthening these skills the adventure can also contribute to the understanding of the specifically literary elements of plot and characterization. The contribution works in two ways. First, because of the peculiar nature of the adventure, the players actually help to create the plot and, in more and more instances, to define the characters. Second, because each playing is unique, the players are continually

```
I'M IN A ALCOVE. VISIBLE ITEMS:
OPEN WINDOW. BOOKCASE WITH SECRET
PASSAGE BEYOND.
SOME EXITS ARE: DOWN
<------------------------------------->
REMEMBER YOU CAN ALWAYS ASK FOR ''HELP''.
 --> WHAT SHALL I DO? GO UP
 I CAN'T GO IN THAT DIRECTION.
 --> WHAT SHALL I DO? CLIMB STAIRS
 --> WHAT SHALL I DO? TAKE BOOK
THERE'S A STRANGE SOUND
 --> WHAT SHALL I DO? READ BOOK
THE BOOK IS IN BAD CONDITION BUT I CAN
MAKE OUT THE TITLE: ''TREASURE ISLAND''.
THERE'S A WORD WRITTEN IN BLOOD IN THE
FLYLEAF: ''YOHO'' AND A MESSAGE: ''LONG
JOHN SILVER LEFT 2 TREASURES ON TREASURE
 ISLAND''
 --> WHAT SHALL I DO?
```

FIGURE 9-2
Pirate's Adventure, a Text Adventure by Adventure International.

reminded of the potentially radical implications of even small changes in plot or characterization. They are in fact encouraged to play "what if?" with these elements just to see what happens.

Let us explain how this works. In *Zork I* the object, as usual, is to collect treasure, stay healthy, and escape from the dungeon. As the players proceed—solving puzzles, surviving combat, and collecting goodies—they earn experience points. Along the way, though, they meet periodically a mysterious thief: a nasty customer who will rob them of their hard-earned treasure. The temptation is to try to kill the beggar (adventurers operate under sometimes questionable ethics), and if the players wait until they have earned at least 200 experience points they can probably do so. However, if neophytes with less than 200 points of experience attack the thief, they will themselves be killed.

Characterization

This matter of experience points demonstrates just one of several ways in which the adventurer can modify character as well as plot. In the earliest adventures, the players were expected merely to project themselves into the action, but the trend now is to give the player the option of defining a whole new persona to act in his or her place. In *The Stone of Sisyphus*, for example, the computer acts as Dungeon Master, assigning the characters randomly selected degrees of six attributes: strength, IQ, luck, constitution, dexterity, and charisma. The player can accept this profile or call for another. The decision is important, too, because the profile affects any number of options and events later on: for instance, whether the attempted use of a weapon will do more damage to the wielder than to the intended victim.

A special case of such creation of character is represented by a very popular game called *Wizardry* (figure 9-3), which—like *Sisyphus*—combines features of the regular adventure with additional features borrowed conceptually from *Dungeons and Dragons*. What makes *Wizardry* unique is that the player can combine traits to create, not one, but as many as 20 different characters with

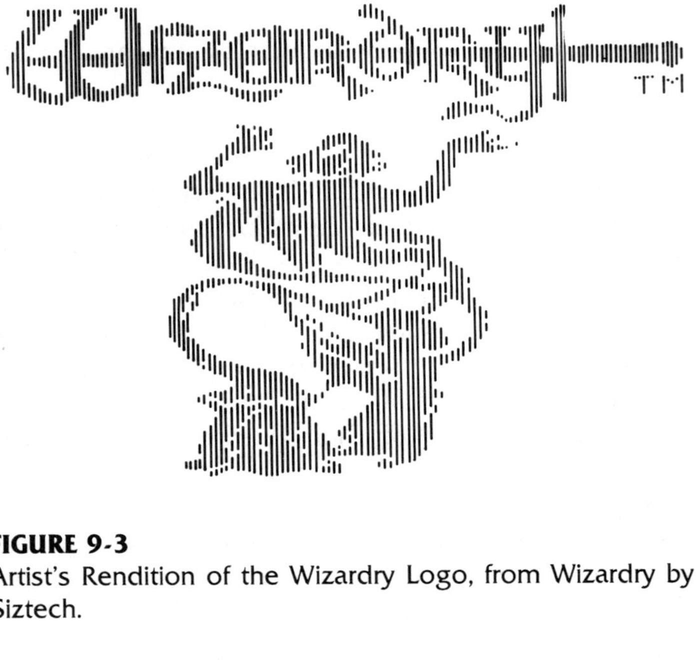

FIGURE 9-3
Artist's Rendition of the Wizardry Logo, from Wizardry by Siztech.

which to challenge the puzzles and dangers created by the makers of the game. No one character could succeed, for the possession of some traits precludes the possession of others, and all are necessary for survival. The result is that the

> nurturing and development of characters becomes one of the most entertaining and engrossing aspects of Wizardry. You can learn their qualities, and their abilities. You can mix experienced hands with beginners.*

To show how this works, let us quote Roe Adams' colorful description of a typical skirmish in *Wizardry*:

> As we break camp, my five companions and I sort out our weapons and supplies. We have accumulated wondrous treasures and mighty weapons. Dreams of returning to enjoy the subtle pleasure that this shared booty could bring fill our wakeful sleep. Sezmar, the samurai; Hawkwind, the ninja; and Sarah, the priest, are the vanguard. Moradin, the thief; Prospero, the mage; and Tuck, the bishop, bring up the rear.
>
> We slowly make our way down the zigzagging corridor. Suddenly, the eldritch light cast by Sarah's lomilwa spell reveals a secret door. Kicking the door open, we charge into a small room. Unfortunately, the hellhounds, demons, and deadly creeping coins do not welcome our company. A fierce battle ensues that shakes the very foundations of the dungeon. Hawkwind slays a lycarus with his bare hands, while Sezmar dispatches hellhounds with his murasama blade. The tide of battle turns and twists in a kaleidoscope of weapons and mystical energies. Finally, Prospero ends it. While Sarah shields us behind a maporific spell, Prospero casts the dreaded tiltowait spell. We are victorious!

The prose here might be excessively lurid and the names impossible to pronounce, but this should at least give an idea of the way the six characters must work together to survive. It should be noted also that the same characters with different weapons or different characters with the same weapons would require quite different strategy.

Real and Fictional Time

It can be seen, then, that each playing of an adventure constitutes the experience of a uniquely different quasi-literary work. With

* Dale Archibald, *Creative Computing* (April 1982).

normal literature, the creation (or writing) of the work takes place in one period of real time, the interaction with (or reading of) the work takes place in a different period of real time, and the plot of the work takes place exclusively in fictional time. With the adventure, on the other hand, the situation is more complex. Essentially, the neat distinctions among creation, interaction, and fiction break down. To the extent that their decisions help to determine the plot and even the characterization, the players' interaction becomes a part of the creation of the work. Likewise, to the extent that the action of the plot pauses, pending those decisions, the interaction becomes a part of the fictional world of the work's content. Real and fictional time are merged.

The effect of this merging of the real and the fictional is to create a striking involvement on the part of the player with the world of the game. Roe Adams, for example, cites this testimonial from a *Wizardry* player:

> Sometimes I submerge myself so much into my characters, I lose almost all sense of my own identity. I once played for three days straight without coming up out of the game. When my party was finally devastated, I almost broke down into tears.

Isn't this the kind of involvement we yearn for in teaching literature? It means that the players aren't learning about plot and character, they are living through them.

Imagination

This leads to consideration of the last contribution of the adventure to the student of literature, its fostering of the imagination. That they create such intense involvement is the only justification for the vivid pictorial ads that sell these games. At first the ads seem misleading. Leafing through the latest issue of *Byte*, you see a full-color glossy spread featuring a man and woman of spectacular physique, bulging muscles and mammaries (respectively) barely covered by minuscule costumes. In the background stands a battle-scarred castle, colorful pennants snapping smartly against a cobalt-blue sky. In the foreground looms the featured enemy, the dragon—its teeth are scimitars; its eyes are mirrors, reflecting the flames of hatred issuing from its nostrils, the green scales covering its twisted trunk, the scuzzy slime drooling from its fetid jaws.

How can you resist? You rush to the nearest Computerland, slap down your money, grab your program, and head for the door in a cold sweat of anticipation. Reaching home, you slam the disk into its drive, click on the power, and settle back with a cold Diet-Pepsi to watch for the muscles and mammaries. The whirring stops, the picture clears, and this is what you see—four lines of text and a blank screen—just four lines of text: no muscles, no mammaries, no castle, and no dragon. The text says:

> You are in a forest glade.
> Visible items are a cracked helmet and a dragon dropping
> Exits lie to the east and west.
> What will you do?

All that color turns out to have existed only in the adman's imagination. You feel cheated.

You really shouldn't, though, and if you stay with the program you will see why. The fact is that game players get so involved, even with the straight text adventures, that before long they find whole vistas evolving in their imaginations. They find the world of fiction growing so vivid as to pale the adman's palette and so vital as to filter through to the mundane world of quotidian reality. Consider this true-life story from Harry Conover:

> I've a friend, a high-ranking public official, who's deathly afraid of flying. He's been playing *Wizardry* ever since it came out. His addiction has become so bad that he dreamt he was on a plane that started to spin toward the ground. Rising from his seat, he cast the *Wizardry* spell kadorto (which brings characters back to life, even if they are ashes). Immediately the movie screen in the front of the cabin lit up with 'Spell failed' . . . and he knew all was lost.

You may laugh, but devoted adventurers will find nothing at all unusual in this.

Future Prospects

The future promises more of the same, more involvement and perhaps more nightmares. Scott Adams of Adventure International, the Central Florida firm that publishes probably more adventures than any other company, continues to expand his line. Adams told us in an interview that he plans to add only "Hi-Res" adventures from now on—the kind that show changing pictures (still or animated) rather than just describing things—but he noted that those who prefer to rely on their own imagination can simply turn off the pictures and use only the accompanying text.

We asked Adams if he thought we could see more games like *Zork I, II,* and *III,* which permit players to enter whole sentences rather than just one or two word commands, but he said he doubted it. He admitted that the longer sentences would seem to permit more realistic interaction, but he added that in his experience most players tend to get so caught up in the action that they end up using just one- or two-word commands. We also asked him if he thought there was a future for games like *Castle Wolfenstein,* which combines the fantasy and strategy of the adventure with the quick reflexes and physical interaction of the arcade games. He said yes, and noted that he wouldn't mind adding one to his own line if he could find a good one.

Sir-tech has published a new scenario for *Wizardry*; and more and more complicated, multi-disk fantasies are becoming available. *Ultima,* latest entry from famed programmer Lord British (Richard Garriott and friends) takes one from dungeon to outerspace and has over 16,000 squares of territory to explore. *Fantasyland 2041 AD.* covers both sides of three whole disks and includes a total of 420 high resolution pictures.

Infocom has published a game called *Deadline,* whose users become detectives in a very dangerous investigation. The program is sold complete with disk and case portfolio, including notes, photos, and diagrams. The program is unusually responsive to the players' decisions. If they handle the suspects deftly, they will solve the crime before the killer can strike again. If they are careless, they will themselves become the next victims.

We are not suggesting that teachers of literature should trade their classics for computer games, but we are suggesting that this wealth of new materials does provide an instrument of real potential, particularly for lower-level students with questionable motivation. We are also suggesting that with a little imagination, we might do those students a lot of good. The only danger is the one cited by a student of ours named Marcy

Robinson. The games are so exciting, she said, that the typical diet of freshman literature seems pale by comparison. Of course that puts the challenge where it belongs, on us!

Suggested Activities

To get the most good from the solving of adventures requires three steps: getting the students actually to work with the programs (not usually a problem!), making them aware of the processes they are exploring, and extending their learning to related areas. Each of these steps can be supported by a variety of activities, of which the following are representative.

1) *Motivation*: Getting students merely to play the adventures is not ordinarily the concern; the concern is first getting them to play the particular adventures you want and then later getting them to quit! To prod students in a constructive direction, at least two activities are worth trying.

a. Sponsor a competition, rewarding the contestants who solve the adventure most quickly, most efficiently, or with the biggest supply of loot (depending on the nature of the program). Interestingly enough, this same incentive has been recognized commercially, as some adventures feature significant rewards sponsored by the publishers themselves. The first persons to solve the puzzles are rewarded with cash or jeweled objects worth up to several thousand dollars. Teachers or parents aren't apt to match this, but they can take advantage of the same principle.

b. Sponsor an adventure club, which could meet after school or during an activities period. A model for this project would be the myriad "D & D" (Dungeons and Dragons) clubs which have sprung up in schools around the nation. Many will prefer this alternative to the other in that it features cooperation among students rather than competition.

2) *Sharpening Awareness*: Many of us have heard facile critics insist that to improve their writing, students should read more. However, research has shown that the process does not work automatically, that reading is unlikely to help much unless students are made self-consciously aware of the techniques employed in the works at which they are looking. The same is true with adventure games.

To obtain the greatest benefit from these games, students must be made to think consciously about the techniques they are observing and experiencing.

a. Ask students to describe the characters and summarize the plot of the adventure with which they are working. This will probably involve recourse to a map on which the characters' journey and encounters have been recorded. (The charting and subsequent reading of such maps are useful skills in themselves.)

b. Ask students to describe, not merely the plot, but the logical puzzles they have encountered and solved. The actual solution might have come through common sense, intuition, or plain luck. However, once they have the solution, they should be encouraged to work backward and decipher the logical processes involved in its derivation.

3) *Extending the Learning:*

a. Ask students to write down either of the above activities in essay form. This combines consciousness raising with writing practice. Similarly, to ask them to tell the class about those activities will combine consciousness raising with public speaking.

b. Ask students to illustrate key episodes of the adventure, preferably those that occur well into the process of solution. If they do this well and without giving away secrets, their work will serve as motivation to others.

c. Ask students to write their own adventures. For most, these will be mock adventures in which they establish a scenario, set up the puzzles, map the setting, and provide the command sequence. (Wide-square graph paper helps considerably with the mapping.) There may be some intrepid programmers about, and they can attempt the real thing. A variety of books and matrix-like programs are available to help beginners.

THE MAGIC OF WORD PROCESSING

10

The fantasy adventure is clearly an effective vehicle for motivating students to learn the elements of literary analysis and interpretation. If only we could find a similar vehicle to encourage the learning of composition. We are all aware of the outcry for improvement in our students' writing, and we are all looking for ways to handle the increased pressure to insure that improvement.

Do those who make the outcry for improved writing know what they are asking? Have they faced the wooden faces of those recalcitrant kids who have had years of experience producing at best wooden writing? Don't they realize that the carving of such separate skills as grammar and spelling into the skulls of our students will insure neither competent nor animated writing? Sometimes it seems as if they want as language arts teachers fairy godparents with magic wands to transform tongue-tied youths into real writers. Where are we to find the magic wands?

This sounds like Carlo Lorenzini's *Pinocchio: The Story of a Puppet*, doesn't it? Like Geppetto, language arts teachers wish to transform wooden puppets into real flesh-and-blood writers. And like the woodcarver, we could use the help of the fairy with blue hair who rewards the puppet's own efforts and good behavior by making him into a boy. But how are we to get the students' efforts and the magic to help transform them? We recommend the word processing capabilities of the microcomputer.

Redefining Word Processing

While not quite magic and certainly not a cure-all for our students' wooden or otherwise deficient writing, word processing represents an exciting opportunity for encouraging students to write and to enjoy writing. While the term *word processing* suggests to many a focus on the end-product—that is, the creation of quality, error-free documents by the aid of electronic devices—we prefer to think of it instead as an aid in the process of writing. The microcomputer's word processing capabilities provide step-by-step assistance for writers as they go through the composing process of planning, writing, revising, and producing the final product. For us, word processing embodies creating a text, playing with and shaping of that text, editing, saving of all of its forms, and printing and/or reproduction of whatever form or forms are desired.

The various configurations of microcomputers and software provide their users with extraordinarily easy and powerful means to control, edit, and format their writing. Writers can control everything from line length to page length, from line spacing to paragraph shape. They can move, insert, or remove characters, single lines, or blocks of lines. Writers using microcomputers as word processors can change their minds about a word or words used throughout their creations without hestitation: with just a few keystrokes the search-and-replace routine of the software text editor can find and replace every occurrence of the word or words that the writer wishes to change. Rough drafts or final editions can be printed or stored. Separate pieces of writing can be put together without retyping; portions of a large piece can be lifted out to be edited or presented as independent works. In short, there is little that writers cannot do with or to their texts using the microcomputer's word processing capabilities.

Learning by Doing

It is this power of the machine (and the ease in using it) that transforms the "language-arts-intensive computer operation" into the magic wand which we believe can help transform wooden puppets into flesh-and-blood writers actively involved in the processes of composing. The recent pedagogical emphasis upon teaching writing as a process of planning, writing, and revising has helped to free struggling writers from writer's block and other obstacles to successful writing.

How do we know? We have profited from the microcomputer's word processing magic in our own writing, and this, in turn, has shown us first hand how it can help our students. As professional educators at a traditional university, we are expected to produce scholarly work as well as to be effective teachers and to do community and university service. Teachers in other situations might not be under the same pressure, but they will undoubtedly *want* to write even if they do not *have* to. They too can learn from first hand experience how word processing can help the professional as *writer* to become more effective in the role of professional as *teacher*. Consider Mike's experience.

Mike especially has been under pressure to produce because he came to the university without being on "tenure track." While teaching a full load (including at least two writing courses), doing committee work, and trying to complete his dissertation, he attempted to turn his teaching experiences into papers to be presented at scholarly and professional conferences. After a paper had been read at a meeting, he then tried to find the time to convert it into a publishable essay. With class preparations, paper grading, department and committee meetings, and the minimal demands of an understanding wife, he found the days and nights entirely too short. To compound his difficulties, Mike is not a naturally gifted writer: he could identify all too easily with students who suffered with muses seemingly unwilling to provide their inspiration, who had trouble recalling those endless lessons on spelling and grammar, and who labored over manuscripts with gnashing of teeth and other signs of suffering.

Rough and final drafts of papers and essays quickly filled the growing number of filing cabinets in Mike's office; his wife Judy and the string of departmental secretaries nearly dropped from the fatigue of typing the papers and essays over and over for revision and/or submission. For example, Mike's 376-page dissertation was revised, typed, and proofread three times in one summer. Both he and Judy marvel that they are still married and that they have two sons now. It was an incredible ordeal for them as well as for those around them.

Now things have changed. Mike has discovered word processing. After booting *Apple Pie*, he does not fear the blank screen. Although a poor hunt-and-peck typist, he freely pounds away at the Apple II in his office or at home. *Apple Pie's* cursor command and editing capabilities free Mike to create and to think; he does not have to worry about spelling, grammar, punctuation, and that ever elusive muse. He need not—indeed, cannot—get up to sharpen that pile of pencils; he need not get self-conscious about wasting pads of legal-size paper; he need not worry about a typist being able to read his often obscure handwriting.

Not only is Mike free to concentrate on the content of his writing, he feels also that he can afford to play with his style. It is no trick to type up the same idea in a variety of ways and then to compare the choices. After selecting the preferred edition, he easily removes the others and places the winner where he wants in his text. Mike plays with anything from individual word choices or sentences to entire paragraphs or compositions. He has less emotional involvement in anything he writes. He is more willing to make choices based upon creative criteria rather than just trying to avoid more work or to avoid having to jettison writing that he has labored over.

When Mike finally constructs the text that he wants, he saves that text on a disk. He then can go back to do the editing and the rewriting that seems necessary. Because it no longer involves drawing arrows, inserting carets, writing on the back of the pages, pasting in new sections, mutilating the first edition, and ultimately retyping the entire manuscript, he seems more willing to make changes. And making the changes itself involves merely pushing keys which produce seemingly magical results: CTRL-P and anything can be inserted without violating what is already there; SHIFT-CTRL-N and whoosh that line is gone; FILENAME and a whole text from another file has been added to the one he is working on. If he does not like the new edition, the original remains intact on the disk and can be pulled back up for another try.

With the writing, revising, and editing complete, Mike engages the printer in his office to produce a hard copy of his work. Again, the control remains with him. Without having to dictate his specifications to Judy (who is intimately familiar with his sometimes cryptic codes) or the secretary (whose ESP isn't as well-developed), Mike quickly prints his composition with the line lengths, page lengths, spacing, and number of copies he wishes. If the format is not satisfactory, he merely uses the *Apple Pie* formatting capabilities to print the piece as desired. When it is right, he saves the text with the appropriate formatting commands on a disk for future use.

The results have been far-reaching if not remarkable. On the more pragmatic side, the prodigious growth of filing cabinets has subsided in Mike's office. His writing is now stored on disks that are in turn stored in 4-by-6 inch boxes. His consumption of pencils and legal pads is down to almost nothing. (The janitor is very relieved that he no longer finds piles of discarded drafts overflowing from the trash can in Dr. Raymond's office.) Judy and Cora, the faithful department secretary, are even more relieved. They are no longer typing multiple drafts of papers and essays. In fact, both are curious about this book because neither has typed a single word of it.

On the more idealistic side, the diminishing threat of writing, revising, and producing papers and essays has freed Mike for more thinking and more ideas. To be sure, he does not rush to the microcomputer with a newfound adoration for writing. He still suffers and finds writing hard work, but it is not nearly as frightening or as hard as it used to be. The reduction of fear and the increase of ease have encouraged the flow of ideas. He is producing more with less effort. For example, when he wishes to turn a paper read at a conference into an essay to submit for publication, Mike boots *Apple Pie* and loads the paper from a disk into the microcomputer's memory for expansion, revision, and printing. Fewer ideas developed for professional meetings have been left in filing cabinets. Perhaps one of the best indications of the value of microcomputer word processing is that although Mike has earned tenure, he is still writing. In fact, he is writing more than he ever did while striving for tenure. And he believes that he is now writing better than he did then.

As professional language arts teachers, we all write with varying degrees of ease (we hope with more ease than Mike). Whatever the teacher's ability, we believe the microcomputer can help his or her writing. Whether producing dittos for handouts or examinations for classes, constructing curriculum reports, creating essays for publication, or writing personal letters, teachers as writers can take advantage of the microcomputer's adaptability to the planning-writing-revising division of the composing process. Perhaps, like Mike, they can find writing easier and therefore more fun and more productive.

Sharing What You Have Learned

With more writing experience, language arts professionals can also improve their teaching of writing. Little is as valuable in teaching as actual experience in the subject being taught. Nothing seems more effective than talking about our own writing when we try to discuss writing strategies with our composition classes. Frequently, we bring to class samples of our work (reproduced from a ditto made on our printer) to suggest how we make decisions about audience, point of view, word choice, structure, and other rhetorical considerations. The students especially enjoy anecdotes about our difficulties with writing.

Sharing what you have learned about word processing can improve language arts instruction in a number of ways. On the practical side, imagine receiving a set of essays in which each submission is printed, double-spaced, and on uniformly sized paper! That alone should make it easier for the teacher to want to read and grade those papers.

Next, consider the value of a tool that clearly makes the production of writing easier for the students. Teachers who have experienced such help themselves will have no problem convincing their students that microcomputers can ease remarkably the mechanical process of composing, entering, revising, editing, formatting, and printing their compositions, book reports, newspaper articles, and creative writing. By making it easier, the microcomputer increases the chances that the students will write.

Another possible pragmatic value of the microcomputer's use in word processing is its ability to entice the reluctant student to write. Frequently, students who won't pick up a pen or pencil to do a writing assignment will click on a piece of modern technology to do the work. The appeal for the students may be the machine, but the product is still writing. We can hope that the students' primary interest in the microcomputer in time may transfer to some degree to the process of writing.

On the idealistic side, word processing can serve teachers as a teaching tool for their students. First, those students enamored either with the computer or with writing can see through the process of using the machine that writing is itself a process. As they use the computer for word processing to compose, revise, edit, and print their compositions, the students are reminded that writing itself is a process of planning, writing, and revising. Each time they use the microcomputer to write, they experience writing itself as a multi-staged process.

Second, students can learn through word processing the lessons that Mike has about writing. They too can be encouraged to play "what if" during the writing stage. We as language arts teachers can use the microcomputer to sell writing as game playing, as the manipulation and selection of rhetorical strategies. The machine promotes playing "what if" with writing by making it easy to create a variety of alternatives and to choose the most effective one. It costs the students very little to experiment.

Students can also be encouraged to edit and revise their writing, the third stage of the composing process. Again, we can exploit the microcomputer's flexibility and ease of use to convince them that this important third stage can be done effortlessly. How many times have we wished that our students would edit, revise, and proofread their work? In fact, with the proper software, microcomputers can provide actual feedback for a student's writing concerning such things as sentence structure, spelling, verb selection, and paragraph structure.

Finally, we believe that the most important value of microcomputer word processing as a teaching tool is that it breeds success. It helps the students produce better planned, better written, and better looking compositions. No one need remind us what success can do for any writer or student. As they enjoy success in their writing, they become more confident and therefore more willing to experiment and to write. Experimentation and practice represent paths to certain improvement in writing.

Word processing on a microcomputer does not replace writing. It is one way to write just as using a typewriter, a pen, or a pencil is a way to write. It helps those who are trying to write and encourages them to be better writers. Word processing will not transform all students into Chaucers, Shakespeares, Donnes, Popes, Wordsworths, or Faulkners. However, it might assist those who aspire to such heights and could involve others in writing who otherwise might have been content to "hate English—especially writing." To help either group and others who may not fit into such categories, word processing has to be used in order to be effective. It is incumbent upon us as language arts teachers to encourage fellow teachers and our students to overcome their respective apprehensions about word processing and to give the magic a try.

In the pages that follow, we will first describe the parts of the word processing system, whether self-contained or built around a microcomputer. We will discuss both minimal and optimal requirements for getting started in word processing, and will end with a few words about integrating word processing in the instructional program. In the succeeding chapter we will describe an experimental course in which word processing was made an integral part of the composing process.

What Is a "Word Processor"?

Cora, our faithful secretary, keeps threatening to take this summer off to "learn to use a word processor." In so doing, she reflects the three most common misapprehensions about the subject of this chapter.

1) The reference to "a word processor" suggests that the word processor is a single, unified device—perhaps like a typewriter.

2) The suggestion that an entire summer will be required for learning its use implies that it is complicated, devious, and tricky—perhaps too tough to be tackled by a granny.

3) The desire to put off the learning of word processing until the summer (as if it were a visit to the dentist) implies that the experience will be threatening and unfriendly.

None of these suggestions is accurate.

The cause of the first and key misapprehension—that the word processor is a single, albeit mysterious, machine—is probably twofold. First, the closest analogy to a word processor within the normal office environment is a typewriter, which *is* a single machine. Second, up until recently, most word processors have tended to disguise their various parts (and thus their true natures) beneath a hard, impenetrable shell; they have *looked* like a single machine.

If we can remove this shell—figuratively, of course!—the word processor will be much easier to understand. And if it is understood, it will be seen not to be a single device, not to be overly complicated (from the user's viewpoint), and not to be either threatening or unfriendly.

A helpful analogy

Instead of a typewriter, the word processor should be thought of as like a stereo system. The heart of such a system is the combined pre-amp and amplifier. You can put information (words or music) into the system through microphones, and you can store that information on cassette or reel-to-reel tape. You can manipulate the information through the editing facilities of your equipment, and you can "display" it through loudspeakers.

This whole system of interrelated devices can be combined in a single unit, or it can be laid out as a series of separate components. The amplifier around which the system is built can be dedicated solely to playing tapes or records, or it can serve other purposes as well (like driving a paging device or providing the output for a keyboard synthesizer).

Note how the stereo system is similar to the word processor. First, the parts of the systems are roughly comparable. Corresponding to the amplifier, the heart of a word processor is its microprocessor. You can put information (words and symbolic data) into the system by means of its keyboard. You can store that information, temporarily in RAM or permanently on tape or disk, and you can edit it from within the system. You can also display it, evanescently through the video screen or (a key difference) permanently through the printer.

Again, the normal configurations of the systems are also comparable. The parts of the word processor might be contained within a single unit, or they might be laid out in separate components. Like the amplifier, the processor at the heart of the system might be dedicated to a single role—in this case word processing—or it might be a multiple-purpose microcomputer, capable of many other tasks as well.

In general, the earliest systems, found mostly in offices, observed the unified configuration. In retrospect, these wholly dedicated machines resembled lobotomized behemoths: bulky, self-contained, and capable only of processing words. Today's systems are much more likely to consist of matched components and to be based on multiple-purpose computers.

Structure of the software

In either case, however, dedicated or multiple purpose, the key to enabling the processor to control the system is the set of commands contained in three complementary computer programs: the command processor, the text editor, and the formatter. In dedicated systems, the three programs may well be stored permanently in ROM. In multi-purpose systems they will be reloaded to RAM at each use, from tape or (more likely) from disk. Again, the three programs may be co-resident in storage or memory, thus disguising their separate identities, or they may be clearly distinguished. Either way, regardless of appearance, regardless of whether they are treated as independent programs or as subroutines of the same program, these three do serve three separate functions.

1) The command processor is the overall housekeeper. It saves files to or retrieves them from tape or disk. It may merge or delete files or perform *global* (universal or overall) operations on them, and it will call the other two programs as they are needed.

2) The text editor creates the shape and form of the working file. Essentially, it allows the user to enter, delete, modify, amplify, or rearrange information from the keyboard.

3) The formatter determines the appearance on the printed page of the final document. This document may duplicate the appearance of the working file, or it may seemingly bear no resemblance to it at all. The default functions of the formatter (like setting the page length or the offset of the text from the left margin) may be changed or added to by using the editor to embed non-printing commands in the working text.

Dealing with Anxieties

Since none of this is very complicated, why has the word processor been so intimidating to our secretary and to others like her? We suspect that there are three elements at work.

1) *The mystique of the computer.* Kids aren't usually impressed, but many adults in our society have found computers in and of themselves a mysterious, even a threatening, presence—and word processors either incorporate or are like computers.

2) *The mystique of machinery.* For many persons in our society, machines and technological devices of any kind seem hostile and unintelligible. Because of sexual stereotyping in youth, women are particularly susceptible to this sort of "machine anxiety." For somewhat different reasons, specialists in the humanities are too. Word processors compound the threat by incorporating a variety of machines in seemingly complicated interrelationship—at the very least a keyboard, a central processor, a tape or disk drive, a video display, and an automatic printer.

3) *The mystique of the symbolic instruction code.* Persons who are new to computers are frequently baffled by the needlessly arcane code that must often be employed in communicating with them. When they see instructions to type "<" to load a "text file" (whatever that is) or to type "0R*old string*CTRL-R*new string*CR" to perform a "global replacement" (whatever that is), they just want to scurry for cover.

How can we overcome these three mystiques?

1) Computer anxiety is best dispelled through education and through hands-on experience. For most persons, just one or two sessions at the keyboard are all that are needed to dissipate the mystery and to bring the computer within the realm of quotidian reality.

2) Machine anxiety can be dealt with in two ways. The first is to remind people of the black box principle we discussed in chapter 1. Clearly, you need not understand a machine in order to use it—thank goodness!

The second approach is to point out that anyone but a hermit must be familiar already with every individual element of the word processing system (assuming the computer part's been taken care of as in point (1) above), and that there's no reason to be buffaloed by the particular assemblage of those elements to be found there. The keyboard and printer are just two parts of a typewriter, separated instead of together; the video display is just a television screen; the tape recorder they certainly know, and the disk drive is just another variation of the same device—except that it uses round rather than ribbon-like tape.

3) Symbolic-code anxiety is best treated by sitting people down at the keyboard rather than allowing them to wander off into a corner to brood over the manual. Instructions which boggle the senses on paper can become quite clear with a little experimentation. Most word processors include tutorials both in the manual and in the software—tutorials aimed at the total novice—and many provide on-screen help and reminders at the touch of a key.

Getting Started

Getting your feet wet is easy. If you have a computer already, you need only add the appropriate software to be into the business of word processing. "But what about the printer?" you might ask. "You do need a printer, don't you?" The answer is "no"—not at the same location, anyhow.

Remember the way that the computer can transform and store information. It is quite possible to enter, edit, and format text in one place; to store it on magnetic medium (tape or disk); and then to print it in quite another place. In fact, that's just how a good part of the manuscript for this book was produced. Mike wrote part of his contribution at home and part in his office. He then stored it on floppy disks, which Wayne took to his own home to print on a high-speed dot matrix printer.

The implications for school applications are clear. If a printer is available even in one location—like a central classroom, an office, or a media center—then word processing can be practiced in many locations. Students will first prepare their text and then store it on tape or disk. Later they will either sign up to use a printer themselves or hand over their material to a teacher or aide who will do the printing for them. It's a bit of a hassle, admittedly, but it's really exciting for kids.

Building an Ideal System

Exciting or not, of course, this kind of situation is only a stopgap, and before long you will wish to provide a more convenient arrangement. This is where the advantage of using a microcomputer-based system shows up. In addition to being both cheaper and more versatile than a dedicated unit, this kind of system can be upgraded just one component at a time—as the older parts are worn out or outgrown, or as fortune smiles on the old budget.

In the previous section we showed you that you can get started with almost anything you have on hand. In this one, we'll show you what to look for when you're building the system you really want. We will look first at hardware and then at software, but you should be reminded that the two cannot really be separated. Because of problems with compatability, your choice with one will inevitably restrict your choice with the other. And to complicate matters still further, certain kinds of hardware are incompatible with other kinds, and certain packages of software—even for the same computer!—are incompatible with other packages. Look carefully before you leap.

Hardware

Keyboard

For word processing, a full-stroke keyboard is much preferable to a flexible membrane. A typewriter-style layout with all the usual printing characters (including the underline and both brackets) is desirable, as is the ability to switch from upper to lower case characters through normal use of the shift key. (This last is not as universal as you might think, and its absence makes necessary some tricky and often inconvenient software fixes.) Another desirable feature is the Auto-Repeat function, whereby the character or operation is repeated automatically for as long as its key is held down.

If you're slightly more sophisticated, you might look for numeric keypads or programmable function keys. If you're just plain fussy, you'll debate about QWERTY vs. Dvorak configurations, both of which are available.

Video display format

You can get by with a 32- or 40-column display, particularly if your software gets around the limitation by "faking" a full page width on the graphics screen. (That's the way Wayne's part of this book was written.) Nevertheless, real pros prefer 64 or 80 columns for their added convenience and flexibility.

The same is true of the capacity to display lower-case characters on the screen. It's comforting, but you can get by without it. Remember that most computers can send the printer the appropriate ASCII codes for lower-case characters even if they can't display those characters on their own screen. Different software packages handle the display problem in different ways. Mike's program (Hayden's *Pie Writer*) shows lower-case characters in normal mode and upper-case in inverse (black character on white background). Wayne's program (On-Line's *Screenwriter II*, figure 10-1) fakes both types of characters on the graphics screen.

Video display unit

Anything that can be driven by your computer to display an image can be used. However, for word processing, a monitor is better than a television set; a monochrome monitor is better than a color one; and (most people agree) a green or amber one is better than a black and white one. Further refinements you might consider include the anti-glare filter and the ability to tilt or swivel the screen.

Main memory

Generally, the more memory you can get, the better. At the very least, you need the minimum RAM required by your particular software package. Beyond that, in most cases, additional RAM permits you to prepare longer documents without having to break them up into separate files. This means easier up- and down-loading, and more convenient editing. For example, load-

```
This is the screen display of the
Screenwriter II program by Sierra
On Line.

This program displays text on the
Apple's high resolution graphics
screen, up to 70 columns wide, thus
obviating the necessity of a
supplementary 80-column card.

The display at the bottom shows that we
are in ''insert'' mode (''i''), that there
is plenty of storage left on the disk
(254 units), that this is a new file
(''IN'' is blank), that it will be stored
in a virtual file called ''Target,'' and
that screen tabs are set at columns 5,
10, 15, etc.
■
                                        251
COMMAND: i
  5 10 15 20  IN:
 25 30 35 40 OUT: TARGET
```

FIGURE 10-1
Screenwriter II by Sierra On-line.

ing the *Telewriter* or C.C. Writer word processor in a 32K Radio Shack Color Computer™ leaves you respectively with 18,500 or 19,000 bytes of working space, each byte capable of storing a single letter or numeral. However, loading the same software in a 16K model leaves you with just 2100 or 4600 bytes, respectively—in other words, with room for just 1½ to 3 pages of text! In other cases, additional RAM permits you to keep both editor and formatter co-resident in memory, another important convenience when you are doing heavy work.

Storage devices

If you don't have a disk drive, then sell your blood to get one. Without the patience of Griselda, the cassette-based word processor will drive you crazy. It works, all right, and has even been used by professional writers. Still, to our way of thinking, it's insufferably slow, cumbersome, and inconvenient.

If you can afford a second drive, get that too. It's like air-conditioning in the Deep South. You can live without it, but it surely does make life easier. Depending on the software, two drives enable you to copy files or entire disks, to keep the program in one drive and the text files in another, to use a disk drive as an extension of RAM (*virtual memory*), or to enjoy other luxuries.

Printers

As noted in chapter 1, despite advances in technology, you're still forced to accept trade-offs in respect to your printer. For school use, the best bet is probably a reasonably priced, reasonably fast, reasonably flexible dot-matrix machine. Printers take more mechanical abuse than any other part of the system, so look for one that's solidly built (heavy on the metal and light on the plastic) and easy to get repaired.

Among features, you will want both friction and tractor or pin feed (meaning the ability to use both single sheets and fanfold sheets with perforated edges); a variety of type fonts; "true descenders" (that's the bottom part of letters like "g," "p," "q," and "y"); and underlining. Block graphics like those used by the TRS-80 are nice, and individual dot-addressable graphics are even nicer.

One factor that makes your choice a little tougher is that there is no industry standard for defining print quality. Three often-used terms are *data processing quality* (suitable for such uses as rough drafts and program listings), *correspondence quality* (suitable for internal documents or letters to friends), and *letter quality* (suitable for important formal business letters). The trouble is that these terms have meaning relative only to each other and that the print quality one company would use for an important document, another would hesitate to foist on Aunt Matilda. All we can advise is to read the reviews; ask your friends, colleagues, students, and user groups; and—above all—try to see your printer in action before you buy it.

Hardware compatibility

One more word before we move on to software. If you are building a system one piece at a time, you must remember that not all hardware is mutually compatible. This is hardly the place for a technical discussion, but we did wish to warn you about the pitfalls that might lie in your path. Do not trust the literature or the manufacturers' promises. If at all possible, see the equipment in action—not just the individual pieces, but the particular combination of pieces you plan to build. If that's impossible, try to talk with someone who has put the exact same combination together: not similar, not comparable, but the exact same combination. There's just no substitute.

Software

For the sake of clarity, we will treat software differently from hardware, in terms of general characteristics rather than actual elements of the package.

Requirements

Operating system

An operating system is a specialized computer program which controls the storage and retrieval of data from disk. With minor exceptions, files or programs created under a given system can be used or recalled only under that same system.

This is important to you in two ways. First, most major manufacturers have updated their operating systems several times during the past few years. A program designed for one revision might not work on another. One example is Apple 3.2 DOS as opposed to 3.3. Programs designed for one require a software *translator* or hardware modification to be used with the other.

Second, some major software in which you might be interested is sold only in the format of the CP/M® operating system. Developed by Digital Equipment Corporation, this particular system has become a sort of *de facto* industry standard, and it will run on many different brands of microcomputers. The catch is that to use it you must have purchased the CP/M operating system (assuming it wasn't supplied with your equipment), and in some cases you must make hardware modifications as well.

Hardware

In respect to the hardware requirements of your package, you must ask these questions:

1) How much RAM is needed?

2) How many columns does it require in the video display?

3) Does it accommodate lower-case adaptors in machines that normally display upper case only? Does it require lower case?

4) How many disk drives does it require? accommodate?

5) How many of the features of your printer does it support?

Features

In addition to observing the hardware requirements of your program, you will also wish to consider the number and quality of the utility and convenience features it offers.

Back-up

Find out if the software is copyable. If not, does it come supplied with a back-up copy or can you get one inexpensively? What happens if your original doesn't work?

Documentation

Check the reviews and ask around. Is the manual clear, complete, and accurate? Does it include a tutorial? If possible, see the actual product before you lay down your money.

What you see vs. what you get

Assuming that you have only a 40-column or narrower display, as many of you will, can you still enter lines that are greater than 40 characters in length? If so, how is that handled? Some editors make no attempt to show you how the final page will actually look. (Remember, the formatter controls that.) Others (like Art Sci's *Magic Window*™) use what might be thought of as a moving window, which scrolls from one side of the page to the other. Still others (like one version of Muse's *Super Text*™) forego the text screen altogether, using graphics to simulate up to 70 columns of their own design.

How does your package distinguish upper- and lower-case letters, especially if you have an upper-case only display? How does it handle underlining, italics, or control characters? What about proportional spacing (in which an *I*, say, is narrower than an *M*)?

Editing

What provisions are made for entering and editing of text? Editors come in two types, line-oriented and screen-oriented. In the former, individual lines must be called and edited one at a time. In the latter, the entire screen is "live," and changes can be made at any point you can reach with the cursor. The latter is clearly preferable.

Your editor should be able to move the cursor anywhere you want: to enter, delete, modify, move, or duplicate words, lines, or whole sections of text. It should be capable of inserting spaces or characters, of splitting lines, or of entering blank lines. It should also be capable of finding and replacing specified strings globally throughout your text, preferably both manually and automatically. If possible, it should also display word and line count and free memory.

Formatting

How easy is it to set up the kind of document you will be writing the way you want it to look? Every formatter will enable you to set the obvious dimensions: margins on four sides, line length, page length, etc. Differences will appear in such refinements as the ability to handle *headers* and *footers* (i.e., lines appearing above and below the main body of text), to generate subscripts and superscripts, and to create automatic indexes. Some even perform arithmetic operations on columns of numbers you might include in your text. Many of the best will provide *right justification* (i.e., even right margins), using one of three methods: insertion of microspaces alone, of microspaces plus proportional characters, and of whole spaces within the line. You should also consider the ease with which you can change your formatter's default parameters, and the ease with which you can adjust it to different printers and interfaces (assuming you might wish to upgrade or just replace your equipment).

Supplementary software

In addition to the three main parts of the word processor (command processor, text editor, and formatter), more and more supplementary software is becoming available, and much of it deserves a second look. From the educator's point of view, the obvious questions to ask are how these programs might make the writer's life easier and how they might even prove instructive. In addition, some persons ask some less obvious but perhaps more interesting ethical and pedagogical questions: Do we really want a computer program to be fixing a kid's spelling and even grammar for him? Do we think that kind of help might be more appropriate at some grade levels than at others?

The most common of these software packages is the spelling checker, which tests every word of your text against a built-in dictionary of from 30,000 to 70,000 words. None of these programs will tell you when you've substituted, say, "fore" for "four" or "insure" for "ensure," but they should catch any overtly misspelled words. The best of them will recognize embedded formatting commands and will enable you to add your own specialized words to the built-in list. They will also give you a read-out of the total number of words you have used and of the total number of unique words. Such information as this can be quite helpful in stylistic analysis.

The next step beyond the spelling checker is represented by a program called *Grammatik*, available at this writing in just three formats: CP/M, IBM-PC, and TRS-80. *Grammatik*® can check for 15 different errors, including wordiness, lack of variety in sentence construction, overuse of "to be" verbs, capitalization, and certain kinds of mechanics and punctuation problems. This program represents the future in supplementary software, because it enables its user to check for style as well as for mere correctness. Look for other programs of the same sort.

Ease of use

Ease of use is the last, but not the least, of the features to be considered. We take it up here because it is a feature of the supplementary as well as of the main software. Unfortunately, the general rule is that the more powerful your system, the more complicated it is to learn—or at least to learn thoroughly. Thus you must make a decision: which is more important in your situation, power and flexibility, or ease of use?

An example is the contrast between two programs, *Wordstar*® and *The Bank Street Writer*. *Wordstar* has been described often as the "Cadillac" of word processors, perhaps because it cruises along with such latent power. But *Wordstar* is a bear to set up and use. Lots of people use it with the Apple computer, but to emulate them you can't just pop it in the drive and go. First you must purchase the optional Z-80 processor card (with CP/M software) and the optional 80-column card. And that's only the beginning. This program was designed early in the game by computer nuts rather than real people, and it shows it in the command structure. It's no accident that the bookstores are packed with "How to Use Your *Wordstar*" tutorials.

In complete contrast is *The Bank Street Writer*, a lower horsepower but still powerful compact (to stick with the automobile metaphor). This program is versatile and full-featured, but it's simple enough to learn that by using its built-in tutorial even an elementary student can have it up and running in less than a half hour. And *Bank Street* is but the latest in a growing line of increasingly sophisticated but easy-to-use packages.

You must make a choice, but with so many varieties of software available you should be able to find one that provides just the combination of features and facility that you need.

Instructional Implementation

Once they have seen how word processing works, most educators are enthusiastic about its potential benefits. Nevertheless, they are also understandably wary, especially if they have been around long enough to remember the promised panacea of the "teaching machines" of the early 'sixties. For reassurance, they ask three good questions.

1) *At what grade level should word processing be introduced?* The answer here depends in part on the ruggedness and complexity of your system, of course, but in general we can say that it's never too early to start and that each age group will derive its own particular benefit from implementation.

While few would advocate replacing instruction in penmanship with touch typing, many have recognized the benefits of introducing elementary-age children to the typewriter. And whatever is said in favor of the typewriter is doubly true of the word processor.

We have heard the objection that young children lack the hand-eye coordination to control a keyboard, but this is misleading. We might counter by noting, first, that cursive handwriting requires much greater fine-motor control than one-finger typing and, second, that errors are no problem at all with a word processor. On the other hand, we might simply point to the neighborhood *Pac Man* champion. If a kid can play an arcade game, he can certainly use a word processor!

Even granting the potential difficulties, consider the benefits of starting kids early. Imagine a generation of students that grew up assuming the following in respect to writing:

a) It is fun.

b) It is supposed always to be revised, edited, and proofread; and these steps also are fun.

c) It is supposed always to look attractive in its final draft.

There would be a lot fewer early retirements among English teachers, and a lot less for Edwin Newman and his ilk to complain about.

With older students the benefits are of two kinds. In a practical sense, even the most ham-handed are given the tools with which to prepare cleanly edited and attractively printed final copy. The old idea, inherited from the structural linguists, that writing is merely transcribed speech, has been pretty well refuted by the psycholinguists. Instead, they have shown that writing is primarily a visual rather than an aural medium. Many professional writers have testified that they could never make final revisions until they had seen their copy in typescript or even in galley-proof. Now ordinary, impecunious students can enjoy the same advantage.

The less immediately practical benefits are even more important. Students are able to take pride in their finished work, regardless of their difficulties with handwriting. They are able to overcome their writer's anxiety and instead start enjoying themselves—playing with the text to find the most pleasing combinations of sounds and images and ideas, yet knowing that if the combinations don't work they have lost nothing and can start over with the original version intact. What a new world that would be for most students!

2) *For which ability level is word processing most appropriate?* Again, the answer is in part practical. How difficult is your system to operate? How much hand-holding can your staff or aides provide? How rugged is your equipment?

Beyond that we can say again that all ability levels can benefit, each in its own way. In the public schools of the county where we live, typewriters and learning machines are used in the EMR classes—the former to help students who lack fine motor skills, the latter to hold interest. On the other hand, the first classes in this county to have wide access to word processing systems will consist of gifted elementary students, who will teach themselves on the tutorial section of *The Bank Street Writer.*

3) *What classroom structures provide the best means for introducing word processing?* We would like to say, "Give every kid his own micro and software and blast away at the whole-class level!" But reality constrains us.

Assuming that your resources are limited, you might begin by allocating your word processor(s) to special groups or classes: perhaps a "basic" or a gifted class, a newspaper staff, an advanced writing class, or a creative writing club.

Within those groups—or alternatively within whole-grade groups—you might vary the setup by providing one or more resource centers. The system(s) could be placed in a central location and students could go there as they wished, with special permission or on an assigned rotation.

Then maybe the benefits would become sufficiently apparent that the school board or the PTA would come across, and you really could go with our first suggestion!

Suggested Activities

This chapter discusses practical steps to be taken by the person just actually getting into word processing. If you're not fortunate enough to be at that stage yet, you might still try the following activities while waiting for your financial angel to arrive.

1) *Motivation.* Anyone can see that word processing will help students to produce better looking documents. What's less obvious but even more important is that it will help them also to produce better written documents. If they can be shown this through discussion, it ought to make them more eager to learn the process.

The key to the discussion will be the distinction between the writing and editing stages of the composing process. Students who fail to keep these stages discrete or to work through them conscientiously will find themselves subject to a variety of difficulties. For example, those who are blither of spirit will just fly through a rough draft and then turn that in as if it were a finished product—with predictable results! Those who are more conservative (or more afraid of a teacher's red pen) will agonize so over such niceties as rhythmic phrasing and proper mechanics that they'll be bound tight in writer's block and never even finish that first draft.

The contribution here of the word processor is obvious. It makes the "what if" part of editing both easy and fun. It obviates completely the drudgery of typing a new draft. With proper software it can even serve as an auxiliary editor, checking the spelling and mechanics and making suggestions for style.

2) *Orientation.* To help prepare students for word processing, a minor field trip might be in order. Most teachers will know of an office where word processing is practiced, and many will find one within their own school. Paradoxically, a field trip might serve simultaneously both to demystify the process and to show its genuine magic—particularly if the system includes provision for such enhancements as electronic mail for form letters or for merging of data from other computer programs.

3) *Raising Awareness.* Discussion of the steps involved in word processing can help to raise students' awareness of the writing process, even if they never get near an actual computer. For example, to walk them through the setting of basic *parameters* (measurements) for a formatter will make them more aware of the importance of the appearance of a document on the page. These parameters will include top margin, left margin, line length, page length, spacing, *headers* (material printed above the main body of the text), and *footers* (material printed below the main body of the text).

Similarly, to walk them through the standard editing features of a word processor will make them more aware of the kind of editing they ought to do on their own work. These features include inserting or deleting characters, words, or entire lines; moving or repeating blocks of text; changing *globally* (throughout a document) selected words or phrases. These are steps employed in editing by all good writers, whether they have computers to help or not.

Word Processing Terminology: A Brief Glossary

Append. (a) In editing, to move a file from mass storage (e.g., disk drive) and add it to the end of the file in the word processor's buffer. (b) In formatting, to print a second file immediately after the one just finished, without wasted space or page breaks.

Block. A multi-word or multi-line segment of text treated as a unit in the editing process.

Buffer. A section of RAM set aside to hold the document being edited.

Editing. (a) Local editing involves manipulating text (inserting, deleting, etc.) at a specific place in the document. (b) Global editing involves manipulating text throughout an entire document.

Embedded Commands. These are symbols placed within the text but not actually printed. (a) Commands to the formatting program are ordinarily placed on a separate line of the text and preceded by a period. For example, the command ".pa" might instruct the formatter to issue a carriage return and line feed. (b) Commands to the printer are usually entered as control characters. For example, the command "Esc 'E'" instructs the Epson® MX-80® printer to enter its emphasized printing mode.

Footer. Any material printed below the main body of text.

Formatting. (a) Screen formatting refers to the way the text is displayed on the video screen for editing. (b) Print formatting refers to the way the text will appear on the printed page.

Header. Any material printed above the main body of the text.

Merging. (a) In editing this means adding material within the body of the file in the buffer. (b) In formatting it means taking information from one file and inserting it within the body of a document being printed from another. An obvious example is to take names from a mailing list and insert them within a form letter.

Pop. Move a block of text into a special temporary storage buffer.

Push. Move a block of text out of a storage buffer in order to merge it with the main body of a file that is being edited.

Word Wrap. A feature of an editor in which a word which would ordinarily be broken at the end of a line is instead moved down complete to the beginning of the succeeding line, without the typist's having to enter a carriage return.

CONSUMMATING THE UNION: Computers, Communications, and the Curriculum

11

I love to play computer games!
I hate computers, but my mother insists that I take this course because her boss put one in his office.
I program computers as part of my business.

Such are the range of attitudes toward computers and the degrees of computer literacy exhibited by the students who enroll in our English classes or participate in summer programs conducted at the university. These are the kinds of students whom we try to encourage to use computers and microcomputers. And we are not satisfied with mere passive use—we strongly urge them to use the machines actively and creatively as tools of inquiry and expression.

Whatever their previous experience, the students are startled by this use of computers in our English classes. The enthusiasm of our encouragement and the insistence of our urgings toward this marriage of seeming incompatibility bewilder them. Theirs is similar to an eighteenth-century reader's reaction to the courtship of Pamela Andrews by her master Mr. B. How could the reader expect the pure and virtuous but low-born serving maid to end up with the hot-blooded and morally dissolute aristocratic landowner? How could a woman of innocence, beauty, and warmth even consider a man who in an effort to make her his mistress tries to bribe her, to kidnap and imprison her, and to make forceful sexual advances against her? "Never! Never! Never!" protested the eighteenth-century reader. "Never! Never! Never!" declared our students, equally as aware of the forceful assaults by technology on the virtue of the humanities.

But we all know what happened in Samuel Richardson's epistolary story. Pamela and Mr. B. become the happiest of married couples after he discovers her virtues by reading her journal and after she experiences his reformed behavior. Likewise, when the startled and bewildered students discover the reformed virtues of computers and get to see them in action and to use them as interactive information processors in English classes, they can accept our proposed marriage of microcomputers and the language arts.

A Representative Union

One example of such a growing acceptance occurred during a summer program at our university. It was an experimental course for promising secondary students in which we made programming and word processing alike a central feature of instruction. As a part of Stetson University's 1982 Advanced Studies Program and a designated component of the State of Florida Governor's Summer Program, "Communications and the Computer" involved a three-phase, interdisciplinary approach in which students earned three semester hours of college credit in composition and three in computer science.

Course description

"Communications and the Computer" provided a unique perspective on communications in the 1980's. It was designed not only to discuss the integration of humanistic and technological values, but also to demonstrate that integration. It was not designed to be a computer course that required writing or a writing course that required computing. It was a synthesis of disciplines which reinforced one another.

The composition phase of the course focused students' reading and writing activities on the effects of technological and humanistic advances in society. Four thematic units were developed from readings in volume three of *The Best of Creative Computing*.* These units included "Technology—Present and Future," "Computers and Education," "Computers in Medicine and Science," and "Computers in Music." While discussing such topics, the talented high school students also explored contemporary strategies in technical, creative, business, and expository writing.

In the second phase of the course, the students investigated the hardware, software, and concepts involved with operating mini- and microcomputers. They had access to the university's academic computer—a Data General C-350 Eclipse—and to an Advanced Studies' microcomputer lab equipped with two Apple II's, a TRS-80, and a Commodore PET. On the Data General, they learned to operate the terminal, to use a line editor, and to create structured programs using pseudo code and BASIC. On the microcomputers, they learned to operate at least one machine (and its peripherals) with which they were not already familiar, to use a word processor, and to program with a structured language of their choice, either Logo or Pascal.

While using the Data General, the participants shared terminals, computer time, and experiences with regularly enrolled summer school students and faculty. When using the microcomputer lab, the participants had the machines virtually to themselves. For students who preferred using microcomputers in the company of regular college students, additional micros were available in the library and the main classroom building.

The third part of this course had students using line editors and word processors on the mini- and microcomputers, creating, composing, formatting, and reproducing their assignments. By the second week, all out-of-class assignments were produced in this manner.

Faced with students of diverse backgrounds, the program

*ed. David H. Ahl and Burchenal Green (Morristown, New Jersey: *Creative Computing* Press, 1980).

implemented a holistic approach to the teaching of computer science and composition through additional classroom instruction, directed computer lab work, undirected computer lab work, individual student-instructor conferences, and the assignment of a term project. In a typical day, students attended one-hour classes in computer science and writing, did computer science and composition assignments in the computer labs, and were free to experiment with the computers whenever the micros or the university terminals were available. The program director and instructors held regular, daily office hours to provide counseling or academic assistance in the day-to-day assignments or the term project. The term project called for each student to create a computer program with a detailed user's manual, in a field of the student's particular interest.

The composition segment of the program generally proved to be the bonding agent for the holistic approach. The classroom instruction in composition introduced, analyzed, and discussed such readings as "Computer Power to the People!," "Interactive Computing in Secondary Schools in France," "The Miraculous Medical Microprocessor: A Look into the Future," and "The Digital Computer: Orchestra or Composer's Assistant?" as well as satires, poems, short stories, and cartoons about computers.

Here each student developed a thesis which was a direct response to the readings or a spin-off of any idea connected to the issues of technology and humanistic advances. Students submitted their ideas in a variety of technical, creative, business, and expository assignments and used computers to produce their class assignments and the term project. This segment showed them how attention to detail is as important in writing as in programming a computer. Parallel assignments revealed the comparison between writing structured compositions and creating structured computer programs. Class discussion emphasized how thinking strategies like inference, regression, subgoals, trial and error, and contradiction can be used for solving problems on as well as off the computer. While the course called for some adjustments on the part of the students at first, the impassioned exhortations of an English teacher who praised computers, called for computers across the curriculum, and insisted upon holistic educational experiences tended gradually to lower their eyebrows (as well as their anxieties!).

Besides volume three of *The Best of Creative Computing*, the basic texts used were a standard English handbook (H. Ramsey Fowler, *The Little, Brown Handbook.* Boston: Little, Brown and Company, 1980) and a technical writing book (John Lannon, *Technical Writing*, second edition. Boston: Little, Brown and Company, 1982). The following is the course syllabus for our "English" half of the program.

Communications and the Computer

Unit I: Technology—Present and Future

Class Meeting

1) Course Introduction/Diagnostic Testing.

2) **a)** Read "One Holistic Approach to Teaching Writing" reprint.

- **b)** Creative response to "One Holistic . . ." due.
- **c)** Read *Best of Creative Computing*:
  - "Trends into the Future," p. 2
  - "EFTS: Living Is Better Electronically or Is It?," pp. 3–4
  - "The World in Your Own Notebook," pp. 5–7
- **d)** Read *Technical Writing*, "Summarizing Information," pp. 66–81.

3) **a)** Read *Best of Creative Computing*:

  - "Eeny, Meeny, Micro and More," pp. 8–11
  - "The Pocket Calculator Is (Almost) Here," pp. 12–13
  - "Microprocessors—A Primer," pp. 14–15
- **b)** Summary of article due.

4) **a)** Read *Best of Creative Computing*:

  - "The Land of Halco" (satire), pp. 112–113
  - "The Hobbyist" (poem), p. 113
  - "Reviews," pp. 292–321
- **b)** Critical Review due.

5) Deductive Argumentative essay due.

Unit II: Computers in Education

6) Read *Best of Creative Computing*:

- "Interactive Computing in Secondary Schools in France," pp. 32–34
- "A Microcomputer Software Course," pp. 34–35
- "Computer Science at Carnegie-Mellon University," pp. 36–37

7) **a)** Read *Best of Creative Computing*:

- "Final Exams—Let the Computer Write Them," pp. 38–41
- "Computational Unsolvability," pp. 42–44
- "State-of-the-Art vs. Compatibility," p. 44

b) Creative Project due.

8) **a)** Inductive Argumentative essay due.

b) Read *Technical Writing*, "Writing Effective Letters," pp. 346–394.

9) **a)** Direct Inquiry business letter due.

b) Read *Technical Writing*, "Writing a Proposal," pp. 428–472.

10) Preliminary Proposal for Term Project due.

Unit III: Computers in Medicine and Science

11) **a)** Final Proposal for Term Project due.

b) Read *Best of Creative Computing*:

- "Computer Control" (story), pp. 114–116
- "How I Installed a Yellow Computer and Saved $.50 a Week" (story), p. 117

12) **a)** Narrative or Descriptive Creative Project due.

b) Read *Best of Creative Computing*:

- "A New Generation of Biomedical Instruments," pp. 66–67
- "The Miraculous Medical Microprocessor: A Look into the Future," pp. 67–68
- "Computerized Robots: A Step into the Future for the Hospitals," p. 69
- "Computer Correction of Optical Illusions," pp. 70–72

c) Read *Technical Writing*, "Defining Your Terms," pp. 86–103.

13) **a)** Definition essay due.

b) Read *Best of Creative Computing*:

- "Brown Scientists Peer into Fourth Dimension," p. 73
- "An Inexpensive Reading Machine for the Blind," pp. 74–75
- "Medical Computerized Data Bases," p. 75
- "The Placebo and the Computer—Unexpected Antagonists," p. 75

14) **a)** Request Refusal business letter due.

b) Read *Technical Writing*, "Writing Informal Reports," pp. 400–424.

15) Progress Report on Term Project (preliminary) due.

Unit IV: Computers in Music

16) **a)** Progress Report on Term Project due.

b) Read *Best of Creative Computing*:

- "Music Dream Machine: New Realities for Computer-Based Instruction," pp. 76–80
- "Interactive Woman-Machine Improvisations or Live Computer-Music, Performed by Dance," p. 81
- "New Horizons for Microcomputer Music," p. 82.

17) **a)** Creative Project due.

b) Read *Best of Creative Computing*:

- "Bottom-Up Bizet: Reflections on Implementing Release 234.5 of the Pearl Fishers," pp. 83–87
- "The Digital Computer: Orchestra or Composer's Assistant?," p. 88
- "The Transposition and Composition of Music by Computer," p. 89

c) Read *Technical Writing*, "Dividing and Organizing," pp. 110–126

18) **a)** Classification or Comparison/Contrast essay due.

b) Read *Technical Writing*, "Writing the Résumé and Job Application Letter," pp. 372–394.

19) **a)** Prospecting Job Application Letter and Résumé due.

b) Read *Technical Writing*, "Explaining a Process," pp. 184–227.

20) **a)** Progress Report II on Term Project due.
b) Test and In-class writing.

Unit V: Term Project

21) Individual conference.
22) Individual conference.
23) Individual conference.
24) Individual conference.
25) Original Computer Program with User's Manual and Documentation due.

Student Reactions

As the term unfolded, we understood why the students' eyebrows and anxieties had been raised. The students had not been accustomed to supposedly divergent disciplines cooperating in and out of the classroom. Why were computer scientists talking about structured compositions? What were English teachers doing expounding on the relative merits of word processing software? What did machines have to do with creative writing or creative projects? Students who had been successful and therefore comfortable in either an English class or a science class found the respective havens invaded by the opposite side. An artistically talented student, for example, was asked to try something other than drawings for her creative projects, while another student with a TRS-80 at home was led (with some resistance) to explore another make of microcomputer.

Through such guidance and through the repetition of our sermon on holistic education, "Communications and the Computer" was brought to overall success. By the end of the summer, the student whose computer experience had been primarily with games did an interactive instructional sine wave program for the Apple II as his term project. His creative assignments for our phase of the program demonstrated the opposite development. His first creative response was an expository essay; by the end of the term he produced a short story written in the form of PRINT statements, a poem in couplets, and a cartoon in the Doonesbury tradition. For the student who "hated" computers upon entering the program, the effects of the holistic approach appeared outside the course work. Once adamant about her future college major and her vocational goals, she now declares herself undecided. She wants more opportunities to see what other fields have to offer before she commits herself to physics. The student who programs computers as part of his business gained two new perspectives from "Communications and the Computer." First, his disdain for writing and composing—"irrelevant" skills that he had associated only with English classes—diminished as both the computer science and the composition instructors showed him that the careless mechanical errors he was making in his writing also were being made when programming. It occurred to him that perhaps all that English training was not as irrelevant to his business as he had thought. His second new perspective may not be as pleasing to his business partners. He learned to play with computers. Rather than business, his term project focused on fun as he created a game that anyone could play on a microcomputer.

Wider Implications

With such results, "Communications and the Computer" represents not only the title of an Advanced Studies Program, but also an exciting approach to finding a common ground between composition and computers. More importantly, we believe that it represents another exciting approach for the successful teaching and learning of language arts.

As a composition course with creative, expository, business, and technical writing assignments, it involved the students with what James Britton terms the three functions of language: the expressive, the poetic, and the transactional.* The students found themselves using writing as a personal tool for discovery and aid to learning, as a creative aesthetic medium, and as an instrument for reporting information and for responding to specified audiences. The range of writing assignments, involving the diversity

**The Development of Writing Abilities* (London: Macmillan Education, 1975), pp. 11–12.

of subjects touched upon in the readings, invited the talented high school students to experiment with a variety of ideas, forms, and audiences.

Furthermore, those participating in the program came to experience writing as a process as well as a product. Whether working with an entire unit striving to refine a thesis (for example, on computers and music) or presenting a series of proposals and progress reports concerning the individual term projects, each student used separate writing assignments to explore, to modify, and to clarify thinking as well as communications skills.

As a course employing computers both as a tool for learning and as a subject to be learned, this program demonstrated to students that the machines and the learning about them share with language the expressive, the poetic, and the transactional functions. As we have seen while reviewing commercial software or creating such programs as *Mix and Match, Relative Clauses,* or *Missing Words,* and as our students have experienced, the machines can be tools that aid learning and lead to discovery. As we indicate in the appendix on how to generate graphics routines and as our students' creative projects showed, these same machines can create aesthetic objects—abstractly in the structure of their programs or concretely in their printed words, graphics, and/or sounds. And, of course, as we discussed in chapter 1 and as our students demonstrated with their technical and business writing assignments, everyone knows of the machines' uses for conveying information.

After the introduction, 11 chapters, and four appendices, it should not come as any surprise that we believe that writing (and the rest of the language arts) and the use of computers play similar and crucial parts in education. They both promote learning; they both represent a complex, diverse, and dynamic means for communicating; they both can be used to form values. As objects of learning as well as means for learning, writing and computers promote the exploration, the modification, and the clarification of ideas as well as data.

This union need not be confined to special summer programs, universities, talented students, or adults. With the development of word processing software which can be used easily by anyone who can read and follow simple directions, writers of all ages and abilities can avail themselves more and more of the microcomputer's powerful capabilities. *The Bank Street Writer* package is an example of just such word processing software. This package "for the entire family" includes a tutorial program, a utility program, a back-up disk, and a reference manual.

Unlike the more common word processing packages which can be intimidating with their dependence upon complex codes, massive manuals, and keyboard dexterity, *The Bank Street Writer* is menu-driven and user friendly. With the utility program, users can create and massage a text with remarkable ease. By toggling arrow keys, pressing RETURN, and responding to simple commands and questions, any user can do just about anything to or with a text.

With word processing such as *The Bank Street Writer* available for users of varying ages and abilities, fewer reasons exist for not consummating the union of computers and the language arts. Students at all levels should have the opportunity to experience the union, to profit from it, and to enjoy it.

Convincing the Skeptics

However, assuming that you and other language arts teachers have met computer science and the language arts and have determined that the couple belong together, how is this union to be accomplished? As you recall in Richardson's account of Pamela's ordeal, even after the pure and virtuous young woman converts the dissolute brute (notice how we have resisted the temptation to identify the language arts with purity and virtue and technology with depravity and brutishness), they had still to convince society that the simple servant would be a suitable and acceptable mate for the aristocratic heir.

In *Pamela: or, Virtue Rewarded*, the couple marry and then go out to society to win over the skeptics, the gossips, and everyone else by demonstrating the merits of each separately and together. That is what we think has been and can be done with our unexpected allies. In "Communications and the Computer," we not only brought computer science and other disciplines to the study of composition; we also brought the skills associated with the language arts to computer science. We believe that is what we all ideally should do: consummate the union and then take it out in public for the public to see how well it behaves and performs.

Finding a Strategy

More pragmatically, we realize that few schools or school systems are willing to commit themselves to such undertakings on faith. Therefore we recommend that we as parents and language arts teachers take advantage of a current but well-entrenched movement to introduce the unexpected allies to individual courses, to the schools, and to the public. This is the "writing-across-the-curriculum" movement that has swept into the consciousnesses of parents, administrators, and educators alike and has placed the responsibility of language arts instruction with every teacher in the school system.

The premises of most "writing-across-the-curriculum" programs are that education in the language arts (writing, reading, speaking, and listening) is the duty of the entire educational community, that such education should be promoted in as many academic departments as possible, and that it should be reinforced continuously throughout the students' education. By including a range of language arts activities in classes not usually considered to be English courses, the teacher uses writing, reading, speaking, and listening activities to teach his respective discipline and the students use them to learn from the teacher or on their own. Language arts become a process for learning as well as a set of skills to be learned. Writing, for example, is taught and learned as an entity in a composition class; however, it can be used as an enhancement for teaching and learning because it provides an interactive process for both objectives. Writing in every discipline represents a form of social behavior in that discipline with its attention to particular forms and audiences. It is a tool for communication, for learning, and for shaping ideas and values.

As teachers dedicated to language arts education, how could we argue with such thinking? We do not, but consider the scientists, the mathematicians, and the others on a faculty who find themselves facing some responsibility for language arts instruction. Do the cries of "Never! Never! Never!" sound familiar? This is where the computer and its association with writing and the language arts becomes valuable. We can gain support both for the union of our unexpected allies and for the concept of "writing-across-the-curriculum" by demonstrating to those not comfortable with teaching English that their familiar friend the computer can be used to teach the language arts. The use of the tool that the teachers from the other disciplines are perhaps a little more comfortable with should ease some of their resistance to helping us improve the students' language arts skills and learning abilities. When we demonstrate that the computer shares with the language arts the expressive, poetic, and transactional functions, we should have improved our chances for encouraging those of the diverse disciplines to join us in teaching "writing-across-the-curriculum," to accept the union of language arts and computer science as a suitable and valuable marriage that will benefit both, and to support the strengthening of a holistic liberal arts education.

Thus, as we draw *Language Arts Computer Book* to a close and leave you with the appendices, we find ourselves even more committed to the union. Individually, the disciplines of the language arts and computer science alike teach learning skills and communications skills as well as cognitive and emotional growth. In the writing of this book, we have discovered that the disciplines together become a creative, seemingly limitless impetus for education. We have discovered a great deal about ourselves, each other, those around us, and those whom we have never met personally; we have learned a great deal about computers, about the language arts, and about teaching and writing; we have unearthed so much more we want to learn. What more could be said about the value of such a union?

We believe that you too can benefit from such couplings of the unexpected allies as we have suggested. More important, however, is that we expect that you will derive even greater profits as you sally forth with microcomputers and the language arts and create your own uses and applications as you launch your own filaments and form your own bridges.

Suggested Activities

The preceding chapter describes a particular interdisciplinary course at the introductory college level. However, what matters in that chapter is not the course itself but the principles on which it is based.

Principles

These principles can be summarized as follows:

1) To balance our schools' arbitrary division of knowledge into separate and discrete subjects, young people must be given specific encouragement to see learning integrally and holistically.

2) In these times it is particularly important that they be helped to see the humanistic and technological realms as allies rather than enemies.

3) Such unified vision can improve performance and achievement in both realms.

Activities

1) Individual students can be encouraged to explore the relationship between human and technological learning regardless of their classroom situation. Two obvious approaches are through investigative and creative projects.

2) Individual teachers can foster these principles within their own self-contained classrooms through such activities as discussion, reports, projects, and field trips. This is probably easiest in elementary school, where holistic learning has not yet been completely supplanted by subject-area specialization. But concerned teachers can make the effort at any level.

3) Two or more teachers can work together informally to help students on joint projects. For example, this year students at the high school attended by Wayne's daughter prepared single term papers for two different classes. The English teacher evaluated the papers for form and for quality of writing, and the science teacher evaluated them for content.

4) Teachers at schools whose curricular structure or physical environment is open should find it easy to implement these principles—at any level from elementary through college. Ideal situations would include IGE structures, "schools-within-schools," and open-space environments. These situations almost always involve team-teaching already, so the only necessary extension is to create open-minded teams including both humanistic and technological orientations.

The point once again is that the principles are what matter, not the level or the delivery system. These ideas are appropriate for students of all ages. The sooner we reach them, the better; but it's never too late.

GLOSSARY

Acoustic Coupler. A device for connecting a computer to a telephone handset. Used in combination with a modem for exchanging information with other computers over the telephone lines.

Address. A number or a variable name or label which indicates where information is stored in main memory.

Algorithm. A carefully defined set of steps or processes for solving a problem. Named for an Arabic mathematician, the term is not restricted to the world of computers.

Alphanumeric. A term referring to a character or character set containing letters, numerals, and such other characters as relational symbols and marks of punctuation.

Array. An arrangement of elements (numbers or strings) in one or more dimensions. One-dimensional arrays are sometimes called *vectors*. Two- or multi-dimensional arrays are usually called *tables* or *matrices*.

ASCII. An abbreviation for the American Standard Code for Information Interchange. Defining the digital equivalents for alphanumeric characters, this code makes possible the exchange of information among computers and peripheral devices.

Assemble/Assembler. A process or device for translating symbolic source code into the ones and zeroes of machine language.

Auxiliary Memory. A mass storage device external to the main computer. These days this usually means magnetic tape or hard or floppy disks.

Baud. A unit for indicating the speed with which computers can exchange information with each other or with external devices. It is roughly equivalent to "bits per second."

Binary. Any system consisting of just two parts. In computer usage it ordinarily refers to a number system consisting only of zeroes and ones or to the symbolic or electronic representation of such a system.

Bit. A shortened form of "binary digit." A zero or one, the smallest unit of information dealt with by a computer.

Bootstrap. A start-up program which runs automatically when the computer is powered up and which prepares it to accept information from the keyboard. It is derived from the phrase "pulling yourself up by your own bootstraps."

Branch. A place in a program where a conditioned choice of steps or routines must be made.

Buffer. An area of main memory set aside for temporary storage of information.

Bug. An error which causes a program to produce faulty results or even to crash. Like their entymological counterparts, computer bugs can prove devastating in their ability to cause damage and exasperating in their ability to hide.

Byte. A unit consisting of a set number of bits used for the digital representation of information. For example, in most contemporary microcomputers an eight-bit byte is used to represent a single alphanumeric character. Computer memory is usually defined in terms of kilobytes, or Ks.

Call. To transfer control of a program to a specified subroutine.

Carriage Return. An operation which shifts the printhead of a printer back to the left margin. It usually occurs in conjunction with a line feed, but can function independently.

Central Processing Unit. The traffic controller for the computer, responsible for interpreting and executing instructions and for transferring information hither and yon throughout the system.

Code. As a verb, this means to write the actual instructions which constitute a computer program. This is the part of a programming job which comes after the planning, flowcharting, or pseudocoding.

Code. As a noun, this refers to the set of instructions which constitute a computer program. The code is clarified through documentation (often contained in REMARK statements) and is designed to manipulate data, which might be built in or might be called for through input statements.

Command. Usually, an order given by the user to the computer, ordinarily from the keyboard. Sometimes it is used also to refer to instructions contained in a program or embedded in data.

Compile. To produce a machine language program from a set of instructions written in some higher level language such as Pascal.

Compiler. A special program for performing the task of translating higher level instructions to machine language.

Control Character. A non-printing character, inserted usually in a data statement, whose purpose is to signal some part of the computer system to perform a prescribed function.

CPU. Abbreviation for central processing unit.

CRT. An abbreviation for cathode ray tube—part of the video display unit of a computer. While technically the term should refer only to the tube itself, it is often applied also to the video screen of a microcomputer or to an entire computer terminal.

Cursor. An indicator—usually a flashing square or rectangle—to show where the next character to be typed or printed will appear on the video screen.

Data. A general term which refers to all the numbers, letters, and symbols to be manipulated by the instructions of a computer program.

Debug. To find and correct the bugs in a computer program.

Digital Computer. A device for manipulating discrete elements of data. As today's pocket calculators get more and more programmable, it is becoming more and more difficult to distinguish them from full-fledged computers. In general, though, the latter are more flexible, performing both logical and arithmetic operations and storing both programs and data in the same areas of memory.

Dump. To copy the contents of the computer's memory to some external device. For example, main memory can be dumped to tape or disk. Files or graphics images can be dumped to a printer.

Editor. A special program to help the user to modify text files or programs in memory. Editing subroutines are often included as a convenience in such complex programs as higher level languages or communications packages.

Empty String. Related to the concept of a null set. A string of characters with no characters in it. This might seem foolish to humans, but the computer needs the concept for certain print formatting and logical operations. Many programs in this book make use of empty, or null, strings.

Execute. To carry out one or more instructions.

External Storage. A separate device for storing information needed by the computer. The two most common devices for microcomputers are cassette tape and floppy disks.

Field. A unit of information within a record.

File. A composite collection of information treated as a unit. Everything from raw data to complete computer programs can be referred to as files.

Flag. A variable or a location in memory used to record the status of a program or of an external device. For example, you might use a variable flag to indicate whether a student's answer were correct and subsequently to condition a branch.

Flowchart. A graphic convention using boxes, arrows, and other symbols for the representation of logical operations. In this context we think of a flowchart as depicting a computer program, but in fact it can be used to represent the dynamics within any system.

Handshaking. A procedure exercised by computers and terminals or modems to indicate that they have made contact and that communication can proceed.

Hardware. Physical computer equipment, consisting of mechanical, electrical, or electronic parts.

Hexadecimal System. A number system in base 16 rather than base 10 (decimal) or base 2 (binary). It is used primarily to identify contents or addresses in computer memory.

Initialize. To set the initial values of variables or arrays.

Input. Information fed into a computer for its manipulation. As a verb, the process of providing such information.

Instruction. A command which causes the computer to perform a single operation, usually a single line of a computer program.

Intelligent Terminal. A terminal which has the capacity to perform a certain amount of processing on its own, before communicating with the main computer. A micro equipped with a modem can function as a *smart* or *intelligent* terminal.

Interactive. A system or program that functions by maintaining an ongoing dialogue with its user.

Interface. The point of contact and accommodation between two disparate elements of a system. The accommodation often requires additional electronic circuitry, and the term is applied by extension to the plug-in card which bears that circuitry.

Interpreter. A program which translates higher-level instructions to machine language, one line at a time, each time the higher-level program is run. It should be contrasted with a compiler.

Jump. To skip from one spot in a sequence of instructions to another.

K. An abbreviation for kilo—actually 1024 (2 to the 10th power) rather than the implied 1000.

Language, Assembly (or Assembler). A low-level symbolic language designed for efficient translation by an assembler into machine language code.

Language, Computer. A system of symbols designed for communicating instructions to the computer. The closer these symbols to English and the further from machine language, the higher the level of the computer language.

Language, Machine. A system of binary instructions directly usable by the CPU.

Line Feed. An operation which advances the paper in a printer by one line. It usually occurs in conjunction with a carriage return, but can function independently.

Line Number. A number which indicates the sequence in which the instructions which constitute a computer program are to be executed. Unless shifted by a branch or jump instruction, execution proceeds incrementally from the lowest numbered line of a program to the highest.

Load. To transfer either data or program instructions from some other source into the computer's internal memory.

Loop. A sequence of instructions that is executed repeatedly until some specified condition for exit is achieved.

Matrix. A two-dimensional array.

Modem. Short for *modulator/demodulator*, a device for translating electronic signals between the protocol used by a computer and that used by the telephone system. In other words, the modem makes possible the long distance exchange of information between computers using the telephone lines.

Monitor. (1) A special computer program designed to organize and control the functioning of the CPU. (2) A special receiver which will accept a video signal from a computer but (unlike a regular television) will not accept one from the airwaves.

Nesting. Burying one program loop inside another.

Network. An interconnected system of terminals or computers. Elements of the system can communicate with one another and can share processing power and expensive peripherals.

Null String. See *Empty String*.

Off-line. Disconnected or not subject to the direct control of the computer.

On-Line. Connected to the computer and subject to its direct control.

Operating System. A set of interrelated utility programs which control the operation of a computer system. The term is encountered most often in reference to the storage or retrieval of information from disks.

Output. Information fed out of a computer to a display screen or to some peripheral device. As a verb, the process of sending such information to the screen or other device.

Parallel Communication. A technique for the electronic transfer of information. Its most common use with micros is to exchange information between a printer and a computer.

Peripheral Devices. Narrowly, all units of a computer system apart from the CPU; more commonly, all units apart from the main console. Such units are used for input, output, and storage of information.

Program. The complete sequence of instructions necessary for solution of a problem or performance of a function.

Protocol. A set of techniques or procedures for communicating among electronic devices.

RAM. Random Access Memory. That portion of main memory to which users can write information and from which they can read it.

Random Access. A technique for recovering information with great rapidity, regardless of its physical position in the storage medium or of its relative position within the file.

Read. (1) To transfer information from an input device to main memory. (2) A BASIC instruction to fetch information from a data statement.

Real Time. That time during which the live operator interacts with the computer. It is to be contrasted with the incredibly accelerated time during which the computer interacts with its own processes.

Record. A collection of related items of data (fields), and itself a composite unit within that larger collection of information called a *file*.

ROM. Read Only Memory, one of the two primary types of main memory. This is permanent memory. The user can read from it, but he cannot write to it.

Routine. A sequence of program instructions designed to perform a particular task. Usage varies, but most people think in terms of the following progression: subroutine, routine (or subprogram), and program.

Run. To execute the sequence of instructions which constitutes an entire computer program.

Sequential Access. A technique for recording or retrieving information from a storage device. The information is stored sequentially, either physically upon the medium or relatively within the file. Consequently, to find a given unit of information, the entire file must be scanned, from its beginning to the point where that unit is located.

Serial Communication. A technique for the electronic transfer of information. The most common standard for serial communication is RS-232C and is used among other purposes for connecting computers with printers or modems.

Software. The programs and routines used to control a computer. By extension, the term is applied somewhat loosely to the media on which the programs are recorded.

Statement. An individual instruction in a program.

String. A sequence of alphanumeric characters, treated literally rather than symbolically.

System. An integrated combination of software and hardware designed to accomplish a particular processing task.

Terminal. A peripheral device by which information can be entered into or read from the computer.

Variable. A symbol to which different values might be assigned during execution of a program. Variables are of three main types: real (representing a real number), integer (representing an integer), and string (representing a sequence of alphanumeric characters).

Write. To transfer information from main memory to a peripheral device. In Pascal, the equivalent of a PRINT statement in BASIC.

APPENDICES

GRAPHICS ROUTINES

A

The following routines provide samples to show how graphics enhancements might be added to your educational programs. They are numbered from line 2000 ff. so that they might be substituted for the title page of the relative clause program, but of course they could really be used anywhere you would like.

The computers represented are Apple, ATARI, PET, Timex, and TRS-80 brands. The reason for this is practical rather than theoretical: they are the only machines to which the authors had the necessary access to develop routines!

In every case, the routine that is listed will draw a head-on picture of a small country schoolhouse. Needless to say, the pictures themselves will vary slightly because of the varying capabilities of the computers involved. Low-resolution techniques are used, regardless of machine, but color is added if it's available.

Apple

```
2000  REM
2010  REM SCHOOLHOUSE PICTURE
2020  REM
2030  HOME
2040  REM BACKGROUND
```

```
2050  GR
2060  COLOR= 6
2070  FOR I = 0 TO 34: HLIN 0,39 AT I: NEXT I
2080  COLOR= 12
2090  FOR I = 35 TO 39: HLIN 0,39 AT I: NEXT I
2100  REM BASE
2110  COLOR= 8
2120  HLIN 5,34 AT 35
2130  HLIN 7,32 AT 36
2140  HLIN 9,30 AT 37
2150  REM HOUSE
2160  COLOR= 1
2170  FOR I = 34 TO 21 STEP - 1
2180  HLIN 10,30 AT I
2190  NEXT I
2200  J = 20:K = 11:L = 11:M = 20
2210  FOR I = 1 TO 10
2220  VLIN J,21 AT K: VLIN L,21 AT M
2230  J = J - 1:K = K + 1:L = L + 1:M = M + 1
2240  NEXT I
2250  VLIN 9,12 AT 18: VLIN 9,12 AT 22
2260  REM OUTLINES
2270  COLOR= 0
2280  VLIN 26,34 AT 17: VLIN 26,34 AT 23: HLIN 18,22
      AT 26
2290  J = 9:K = 20:L = 11:M = 22
2300  FOR I = 1 TO 12
2310  PLOT J,M: PLOT K,L
2320  J = J + 1:K = K + 1:L = L + 1:M = M - 1
2330  NEXT I
2340  J = 17:K = 20:L = 9:M = 6
2350  FOR I = 1 TO 4
2360  PLOT J,L: PLOT, K,M
2370  J = J + 1:K = K + 1:L = L - 1:M = M + 1
2380  NEXT I
2390  REM FILL-IN
2400  COLOR= 15
2410  FOR I = 18 TO 22
2420  VLIN 27,34 AT I
2430  NEXT I
2440  VLIN 8,11 AT 19: VLIN 7,10 AT 20: VLIN 8,11 AT
      21
2450  TEST: HOME
```

ATARI

This routine was prepared by a friend of ours, an Atari, Inc. programmer named Everett Wells. Everett's first love is graphics, and he chose the ATARI over other computers because of its capabilities in this regard. It's hard to rein in a graphics fanatic, but we did manage to hold him down to a simple low-resolution picture, bereft of landscaping. As a consolation, we at least allowed him to label his schoolhouse.

Program listing

```
2000  REM
2010  REM SCHOOLHOUSE PICTURE
2020  REM
2030  REM (SKY)
2040  REM
2050  GRAPHICS 5
2060  SETCOLOR 4,9,8
2070  REM
2080  REM (GRASS)
2090  REM
2100  COLOR 2
2110  X=0: Y=30: A=79
2120  FOR I = 1 TO 10
2130  PLOT X,Y: DRAWTO A,Y
2140  Y = Y + 1: NEXT I
2150  POKE 709,210: REM (DARKER GRASS)
2160  REM
2170  REM (ROOF)
2180  REM
2190  COLOR 1
2200  X = 35: Y = 5: A = 35: B = 5
2210  FOR I = 1 TO 17
2220  PLOT X,Y: DRAWTO A,B
2230  X = X-1: Y = Y+1: A = A+1: B = B+1
2240  NEXT I
2250  COLOR 2: PLOT 18,22
2260  DRAWTO 35,5: DRAWTO 52,22
2280  REM
```

```
2290  REM (HOUSE)
2300  REM
2310  COLOR 1
2320  X = 21: Y = 22: A = 49: B = 22
2330  FOR I = 1 TO 15
2340  PLOT X,Y: DRAWTO A,B
2350  Y = Y+1: B = B+1
2360  NEXT I
2370  REM
2380  REM (WINDOWS)
2390  REM
2400  COLOR 3
2410  X = 23: Y = 25: B = 29
2420  FOR I = 1 TO 9
2430  PLOT X,Y: DRAWTO B,Y: Y = Y+1
2440  NEXT I
2450  COLOR 1: PLOT 26,25: DRAWTO 26,33
2460  PLOT 23,29: DRAWTO 29,29
2470  REM
2480  REM (DOOR)
2490  REM
2500  COLOR 2
2510  PLOT 36,39: DRAWTO 36,24
2520  DRAWTO 46,24: DRAWTO 46,39
2530  COLOR 3: X = 38: Y = 26: A = 40
2540  PLOT 38,32
2550  FOR I = 1 TO 3
2560  PLOT X,Y: DRAWTO A,Y: Y = Y+1
2570  NEXT I
2580  X = 42: Y = 26: A = 44
2590  FOR I = 1 TO 3
2600  PLOT X,Y: DRAWTO A,Y: Y = Y+1
2610  NEXT I
2620  POKE 752,1
2630  ?:?:?" PUNCTUATING ADJECTIVE CLAUSES"
2640  REM
2650  REM (SCHOOLHOUSE)
2660  REM
2670  COLOR 3: PLOT 4,0: DRAWTO 2,0
2680  DRAWTO 2,3: DRAWTO 4,3: DRAWTO 4,6
2690  DRAWTO 2,6: PLOT 8,0: DRAWTO 6,0
2700  DRAWTO 6,6: DRAWTO 8,6
2710  PLOT 10,0: DRAWTO 10,6: PLOT 12,0
```

```
2720  DRAWTO 12,6: PLOT 11,3
2730  PLOT 14,0: DRAWTO 14,6: DRAWTO 16,6
2740  DRAWTO 16,0: DRAWTO 14,0
2750  PLOT 18,0: DRAWTO 18,6: DRAWTO 20,6
2760  DRAWTO 20,0: DRAWTO 18,0
2770  PLOT 22,0: DRAWTO 22,6: DRAWTO 25,6
2780  PLOT 45,0: DRAWTO 45,6: PLOT 47,0
2790  DRAWTO 47,6: PLOT 46,3
2800  PLOT 49,0: DRAWTO 49,6: DRAWTO 51,6
2810  DRAWTO 51,0: DRAWTO 49,0: PLOT 53,0
2820  DRAWTO 53,6: DRAWTO 55,6: DRAWTO 55,0
2830  PLOT 59,0: DRAWTO 57,0: DRAWTO 57,3
2840  DRAWTO 59,3: DRAWTO 59,6: DRAWTO 57:6
2850  PLOT 63,0: DRAWTO 61,0: DRAWTO 61,6
2860  DRAWTO 63,6: PLOT 62,3
```

PET

Please note the convention used in presenting this listing. The characters we show are the characters that will actually appear on your computer's screen as you enter the routine. In some cases, what you type is what you see; in others, not. For example, to get the ♥ we show, you must type SHIFT/CLR. The effect of this instruction is to clear the screen and home the cursor in the upper lefthand corner. To get the ◢ we show, you must hit the RVS key before typing the appropriate graphics symbol. If you keep this in mind, you should have no trouble.

Program listing

```
2000  REM
2010  REM SCHOOLHOUSE PICTURE
2020  REM
2030  PRINT " ♥ ": REM CLR
2040  PRINT TAB(20); "  ◢▲◣  "
2050  PRINT TAB(19); " ◢███◣ "
```

```
2060  PRINT TAB(19); " ▐  ▌ "
2070  PRINT TAB(19); " ▐◢◣▌ "
2080  PRINT TAB(19); " ◢ " ;TAB(22); " ◣ "
2090  PRINT TAB(18); " ◢ " ;TAB(23); " ◣ "
2100  PRINT TAB(17); " ◢ " ;TAB(24); " ◣ "
2110  PRINT TAB(16); " ◢ " ;TAB(20); " ◢◣" ;
      TAB(25) " ◣ "
2120  PRINT TAB(15); " ◢ " ;TAB(26); " ◣ "
2130  PRINT TAB(14); " █ " ;TAB(27); " █ "
2140  PRINT TAB(14); " ▐ " ;TAB(28); " ▌ "
2150  PRINT TAB(14); " ▐  ▐▌" ;
      TAB(23) " ▐▌  ▐ "
2160  PRINT TAB(14); " ▐  ▐▌▄▄▄▐▌  ▐ "
2170  FOR I = 1 TO 3
2180  PRINT TAB(14); " ▐ " ;TAB(19);
      " ▐  ▐ " TAB(27); " ▌ "
2190  NEXT I
2200  PRINT TAB(10);
2210  FOR I = 1 TO 22: PRINT " █ ";:NEXT I
2220  PRINT:PRINT TAB(12);
2230  FOR I = 1 TO 18: PRINT " ⊞ " :NEXT I
2240  PRINT:PRINT TAB(14);
2250  FOR I = 1 TO 14: PRINT " ⊟ " ;:NEXT I
```

Timex

```
2000  REM
2010  REM SCHOOLHOUSE PICTURE
2020  REM
```

2030 CLS

2040 PRINT AT 3,13; "  "

2050 PRINT AT 4,12; "  "

2060 PRINT AT 5,12; " 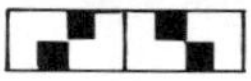 "

2070 PRINT AT 6,11; "  "

2080 PRINT AT 6,15; "  "

2090 PRINT AT 7,10; "  "

2100 PRINT AT 7,16; "  "

2110 PRINT AT 8,9; "  "

2120 PRINT AT 8,17; "  "

2130 PRINT AT 9,8; "  "

2140 PRINT AT 9,18; "  "

2150 PRINT AT 10,8; "  "

2160 PRINT AT 10,18; "  "

2170 PRINT AT 11,9; "  "

2180 PRINT AT 11,16; "  "

2190 PRINT AT 12,9; "  "

2200 PRINT AT 13,9; " 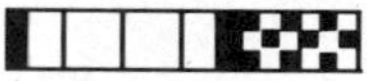 "

2210 PRINT AT 13,15; " 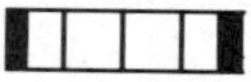 "

2220 PRINT AT 14,9; " 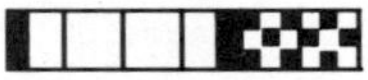 "

2230 PRINT AT 14,15; " 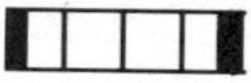 "

2240 PRINT AT 15,9; " 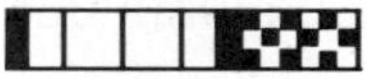 "

2250 PRINT AT 15,15; " 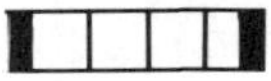 "

2260 FOR I = 4 TO 23

2270 PRINT AT 16,I; "  "

2280 NEXT I

2290 FOR I = 6 TO 21

2300 PRINT AT 17,I; "  "

2310 NEXT I

2320 FOR I = 8 TO 19

```
2330  PRINT AT 18,I; " ▚ "
2340  NEXT I
```

TRS-80

This routine is written in TRS-80 Level II BASIC. Within that BASIC there are two fundamental means for handling graphics: the "SET x,y" technique for plotting individual blocks on a 128 × 48 grid, and the graphics character technique for plotting six blocks at a time as a 2 × 3 unit.

We have elected to use the latter method. While less precise, this method does improve efficiency. The only trouble is that the graphics characters can be accessed only by means of their ASCII values—for example, PRINT CHR$(161). This is obviously a pain when you're typing in a long listing.

To save a few keystrokes, we decided to load these values into a string array, and then to print the appropriate array elements in the ordinary way. Thus, instead of PRINT CHR$(191), we would type PRINT G$(64)—a savings of at least three strokes for every character. There are other ways of going about it: some that are easy, but inefficient with memory; others that are tough, but highly efficient. We recommend that you have some fun and try experimenting.

Program listing

```
2000  REM
2010  REM SCHOOLHOUSE PICTURE
2020  REM
2030  DIM G$(64): CLEAR 64: CLS: PRINT CHR$(23)
2040  PRINT  TAB(15)  G$(33);  G$(63);  G$(62);
      G$(17)
2050  PRINT TAB(14) G$(25); G$(64); G$(2); G$(3);
      G$(64); G$(37)
2060  PRINT TAB(15) G$(64); G$(1); G$(1); G$(64)
2070  PRINT  TAB(13)  G$(33);  G$(7);  TAB(19)
      G$(10); G$(17)
2080  PRINT TAB(12) G$(25); G$(2); TAB(20) G$(3);
      G$(37)
```

```
2090 PRINT  TAB(10)  G$(33);  G$(7);  TAB(22)
     G$(10); G$(17)
2100 PRINT TAB(9) G$(57); G$(2); TAB(23) G$(3);
     G$(53)
2110 PRINT TAB(8) G$(7); G$(64); TAB(24) G$(64);
     G$(10)
2120 PRINT TAB(9) G$(64); TAB(24) G$(64)
2130 PRINT TAB(9) G$(64); G$(1); G$(43); G$(64);
     G$(22);  G$(1);  G$(61);  G$(61);  G$(61);
     G$(61);  G$(1);  G$(43);  G$(64);  G$(22);
     G$(1); G$(64)
2140 PRINT TAB(9) G$(64); G$(1); G$(11); G$(16);
     G$(6);  G$(1);  G$(54);  G$(59);  G$(54);
     G$(59);  G$(1);  G$(11);  G$(16);  G$(6);
     G$(1); G$(64)
2150 PRINT  TAB(9)  G$(64);  TAB(15)  G$(64);
     G$(64); G$(64); G$(64); TAB(24) G$(64)
2160 PRINT  TAB(9)  G$(64);  TAB(15)  G$(64);
     G$(64); G$(64); G$(64); TAB(24) G$(64)
2170 PRINT TAB(7) G$(16)
2180 FOR I = 1 to 18: PRINT G$(64);: NEXT I
2190 PRINT G$(16)
2200 PRINT TAB(8) G$(4)
2210 FOR I = 1 to 16: PRINT G$(16);: NEXT I
2220 PRINT G$(4)
```

TRANSLATING PROGRAMS

B

To adapt a program written for one computer so that it will at least run on another is not too difficult even at first, and the more you do it, the easier it gets. The key is to exercise patience and to develop a systematic approach to the task. The steps outlined below suggest one such approach.

Step One: Analyze the Original Program

The object of this process of adaptation is to produce a new program which will achieve the same results as the original. This might be accomplished best by a line-for-line translation, altering nothing more substantial than the occasional word, number, or mark of punctuation. On the other hand, it might be accomplished best through wholesale revision, requiring the thorough rewriting and reorganization of the original. To know which approach is best, you will need to analyze in some detail both the structure and the mechanics of the program you are adapting.

In making this analysis, you will need to consider three different questions:

1) *What does the original accomplish?* The ideal is to start by seeing the program in action on the machine for which it was designed. Since this is frequently impossible, however, you must ordinarily rely on what is called a *walk-through* to accomplish the same end. The walk-through consists of your starting at the first line of a program and following the flow of control wherever it is directed. During the process you must exercise your imagination, picturing the words and images that will appear and hearing the sound effects. Along the way, you will want to try all manner of right and wrong responses to see what will happen.

2) *How does it do it?* Once you have satisfied yourself that you know what the program will do under a variety of circumstances, you will next wish to analyze the way it works. You will have the best success in this effort if you work from the top down, in the following progression: First, distinguish all of the main program sections, routines, and subroutines. Next, define the hierarchical and reciprocal relationships among these various program segments. Finally, decide how each particular segment performs its own particular task.

During this process you will be trying to develop a diagram which reveals the workings of the program. Some people employ formal flowcharts for the task, keeping careful track of the size, shape, and orientation of the various pre-defined symbols. Others just slap together a series of boxes, combined with squiggly arrows and cryptic notes. Since this diagramming is simply a means to an end, the rule is that if it makes sense to you, then it's right.

3) *Why does it do it that way?* The last stage of your analysis requires that you try to get inside the original programmer's head. You will work again from the top down, looking first at your diagram and then at the actual program code. At each level you will be seeking to discover the best, most efficient way of accomplishing whatever task is at hand. You will start by asking yourself why the original author handled the problem as he did. Then you will ask whether that original motivation should still hold sway with you. If the answer is "No," then you will of course look for new techniques that are more in line with your own objectives.

To see what we mean, consider the way the screens are formatted in the programs included with this book. The problem is to achieve as attractive a layout as possible, and our solution has been to set up our screens on a 32 column by 20 row grid. What was our motivation for doing it this way? It was to make sure that the text would fit on almost any computer the user might own. Should that motivation hold for you as well? Of course not. Your objective will be to achieve as attractive a layout as possible for your machine, and that will probably mean changing the grid to 40 × 20, 64 × 16, or whatever is appropriate.

Step Two: Structuring Your Adaptation

The next step is to create a structural diagram for the adaptation you are preparing. Depending on the decisions you have made at the end of step one, this diagram may be identical to the one you made in analyzing the original, or it may be completely different. In either case, you will move again from the top down, setting up the main program and the various levels of subroutines that will work together to make the program do what you want.

Step Three: Writing the Code

While the novice may be surprised to hear it, the next step is usually the easiest—provided you have done a comprehensive job with steps one and two. It consists of writing the actual program code to flesh out the structure you have developed. Fortunately, if you are using the same or almost the same structure as the original, you can just copy its code as well. Even if you have changed the structure substantially, there are almost certain to be large segments of the original code you can transfer directly.

In either case, you will need to watch during this process for elements of the original code that won't work on your machine. These elements may lie in command structures (like IF/THEN/ELSE) or functions (like string concatenation) that are not available in your dialect of BASIC. To deal with them, you will probably write subroutines which accomplish the same end.

On the other hand, the troublesome elements may lie in those workhorse commands which almost every computer can handle, but for which there are many different names. For example, to clear the screen and place the cursor in the upper lefthand corner, the command may be HOME, CLS, or even ESCAPE-SHIFT-CONTROL-P. To terminate a line and insert to memory what you have typed there, you might hit RETURN, ENTER, or NEW LINE. To generate a random number, you would almost certainly type RND(n), but you might use a "0," a "1," or another number altogether between the parentheses. Furthermore, the same *argument* (number) might create different results on different machines. To compensate for such problems, you will need to know both what the command does in the original dialect and how to accomplish the same result in the new.

Step Four: Debug the Program

We have almost never had a program of any consequence run flawlessly on the first try—even when it had been written for our computer and we had typed it directly out of a book. That being so, you can imagine the luck we have had with translations. In other words, *debugging*—finding and fixing the inevitable errors—is not a response to failure; it is an expected and legitimate part of the creative process.

Different computers include different aids for assisting with the debugging process. On some you can adjust the speed at which the CPU processes information, slowing things down and giving you a better chance to see what's happening. On some you can TRACE the program's execution, listing the line number or even the line itself just before it is executed. On most you can stop the program's execution to check the values that have been assigned to variables. The computer manual will tell you which aids you have and will show you how to use them.

This is not the place for a complete discussion of debugging, but we can make a couple of suggestions:

1) Take plenty of aspirin.

2) Make a special copy of your program just for debugging and keep it on a different tape or disk from the "archival" version. This original will save your neck in case the power fails or (more likely) you totally foul up the version you're working on. It also permits you to remove from the working copy such time-consuming extras as a title page or long list of instructions.

3) If at all possible, get a *hard* (i.e., printed) copy of the program you are developing. That way, if you get an error message, you can check its context and can trace the flow of control backwards from where the problem shows up to where it initially developed.

4) Build in some temporary checkpoints where you can stop to examine variables. Some dialects of BASIC include embedded commands which permit you to stop execution of a program temporarily, with all variables intact. Others require that you do so by means of a command sequence from the keyboard, like pressing BREAK or CONTROL-C. In either case, you can also add embedded commands which stop execution pending a keystroke or which print out the current values of key variables.

5) When the program is up and running, try as a final test giving it as many permutations of right, wrong, and off-the-wall responses you can. If it asks for a number, give it a letter; if it asks for specific input, hit NEW LINE with no input at all; if it asks for a "YES" or "NO" response, try "YEP" or "NOPE." Whenever you cause a foul-up, try to figure out why it happened and how you can prevent its being duplicated by your students. You won't think of everything, but you can probably thwart all but the most ingenious of those destroyers.

SELECTED RESOURCES

C

The following is a selected list of resources to help you get started in computing. You will wish to expand the list as you scout around because new items are appearing almost daily, and because we have undoubtedly omitted many of the best that are available right now—not through choice but through lack of acquaintance.

I. Anthologies

Best of Creative Computing. Vols. I–III. David Ahl and Burchenal Green, eds. Morris Plains, NJ: *Creative Computing* Press.

Best of Micro. Vols. II–III. Chelmsford, MA: Micro Ink, Inc.,

Computer in the School: Tutor, Tool, Tutee. Robert Taylor, ed. New York: Teacher's College Press, 1981.

Microcomputers in Education: Getting Started, Conference Proceedings, 1981. Nancy Watson, ed. Tempe, AZ: Arizona State University, 1981.

Microcomputers in K-12 Education, First Annual Conference Proceedings. Pierre Barrette, ed. Rockville, MD: Computer Science Press, 1982.

Microcomputers in the Schools. James L. Thomas, ed. Phoenix, AZ: The Onyx Press, 1981.

II. Bibliographies

Annual Bibliography of Computer-Oriented Books, 15th ed. Computer Newsletter.

"Computer Literacy Bibliography." Susan Friel and Nancy Roberts. *Creative Computing* (September 1980), 92–97.

Directory of Educational Computing Resources. Peter Kelman, ed. Watertown, MA: Intentional Educations, 1983.

ERIC Microcomputer Bibliographies. Marilyn Laubacher, ed. Syracuse, NY: ERIC Clearinghouse on Information Resources, Syracuse University, n.d.

III. Books

Ahl, David H. *BASIC Computer Games.* Morristown, NJ: *Creative Computing* Press, 1976.

---------. *More BASIC Computer Hames.* Morristown, NJ: *Creative Computing* Press, 1977.

Billings, Karen, and David Moursund. *Are You Computer Literate?* Forest Grove, OR: Dilithium Press, 1979.

Brain, David A. *The BASIC Conversions Handbook for Apple, TRS-80, and PET Users.* Rochelle Park, NJ: Hayden, 1981.

Coburn, Peter, et al. *Practical Guide to Computers in Education.* Reading, MA: Addison-Wesley, 1982.

Hargan, Carol, and Beverley Hunter. *Instructional Computing . . . Ten Case Studies.* Alexandria, VA: Human Resources Research Organization, 1978.

Lien, David A. *The BASIC Handbook, 2nd ed.* San Diego: Compusoft, 1982.

Noonan, Larry. *Basic BASIC-English Dictionary for the Apple, PET, and TRS-80.* Beaverton, OR: Dilithium Press, 1982.

Papert, Seymour. *Mindstorms: Children, Computers, and Powerful Ideas.* New York: Basic Books, 1980.

Poirot, James. *Computers and Education.* Austin, TX: Sterling Swift, 1980.

Willis, Jerry. *Peanut Butter and Jelly Guide to Computers.* Beaverton, OR: Dilithium Press, 1978.

Willis, Jerry, and William Donley, Jr. *Nailing Jelly to a Tree.* Beaverton, OR: Dilithium Press, 1981.

IV. Software Directories

The Addison-Wesley Book of Apple Computer Software, 1982. Lawndale, CA: The Book Company.

The Apple Software Directory, Volume Three: Education. Chicago: WIDL Video.

Commodore Software Encyclopedia. King of Prussia, PA: Commodore Business Machines.

Educator's Handbook and Software Directory. Overland Park, KA: Vital Information, Inc.

Index to Computer-Based Learning, 1981 Edition. Anastasia Wang, ed. Milwaukee, WI: University of Wisconsin.

Instructor's 1982–83 Computer Directory for Schools. Elsa Silander, coordinator. Duluth, MN.

Radio Shack TRS-80 Educational Software Sourcebook. Fort Worth, TX: Tandy Corporation.

Reference Manual for the Instructional Use of Microcomputers. Victoria, BC: JEM Research.

School Microware Directory. Dresden, ME: Dresden Associates.

Sources for Courses. Oak Park, IL: TALMIS.

1982 Swift's Directory of Educational Software, Apple II Edition. Austin, TX: Sterling Swift.

Texas Instruments Home Computer Program Library, 1982. Texas Instruments.

VanLoves Apple II/III Software Directory, Vol. II. Overland Park, KA: Vital Information, Inc.

V. Software Reviews

Courseware Report Card.

Journal of Courseware Review.

Peelings II.

School Microware Reviews.
Software Review.
TALMIS Courseware Ratings.

INDEX

I. GENERAL

II. SOFTWARE

DATE DUE